KONFUZIANISMUS UND CHRISTENTUM

Dialog der Religionen
Herausgegeben von Hans Waldenfels
in Verbindung mit Heinrich Dumoulin, Raimundo Panikkar,
Ary A. Roest Crollius und R. J. Zwi Werblowsky

JULIA CHING

Konfuzianismus und Christentum

MATTHIAS-GRÜNEWALD-VERLAG · MAINZ

FÜR WOLFGANG FRANKE

Titel der Originalausgabe
Confucianism and Christianity
A Comparative Study
© 1977 by Kodansha International Ltd.
Tokyo, New York and San Francisco
Neubearbeitung für die deutsche Ausgabe durch die Autorin
Aus dem Englischen von Detlef Köhn
unter Mitarbeit von Reinhard Bernauer

CIP-Titelaufnahme der Deutschen Bibliothek

Ching, Julia:
Konfuzianismus und Christentum / Julia Ching. [Aus d. Engl.
von Detlef Köhn unter Mitarb. von Reinhard Bernauer].-
Mainz: Matthias-Grünewald-Verl., 1989
(Dialog der Religionen)
Einheitssacht.: Confucianism and christianity <dt.>
ISBN 3-7867-1442-8

© 1989 Matthias-Grünewald-Verlag, Mainz
Printed in Germany
Das Werk einschließlich aller seiner Teile ist urheberrechtlich geschützt.
Jede Verwertung außerhalb der engen Grenzen der Urheberrechtsgesetzes
ist ohne Zustimmung des Verlages unzulässig und strafbar. Das gilt
insbesondere für Vervielfältigungen, Übersetzungen, Mikroverfilmungen
und die Einspeicherung und Verarbeitung in elektronischen Systemen.
Umschlag: Ulrike Bettermann
Gesamtherstellung: Clausen & Bosse, Leck
ISBN 3-7867-1442-8

INHALT

Danksagung 9

Einleitung
APOLOGIA PRO LIBRO
Definitionen 11
Methodik 12
Der Horizont 15
Der Aufbau des Buches 16

Erstes Kapitel
DIE BEGEGNUNG
Einführung 21
    Was ist Christentum? 21
    Was ist Konfuzianismus? 25
Die historische Begegnung 30
    Die jesuitische Interpretation
        des Konfuzianismus 32
    Der Begriffs- und Ritenstreit 36
    Anti-christliche Polemik in China
        und Japan 43
Die heutige Situation 46

Zweites Kapitel
KONFUZIANISMUS: EINE KRITISCHE
NEUEINSCHÄTZUNG DES ERBES
Einführung 49
Die frühen Kritiken 51
Die modernen Kritiken 55
    Die Suche nach einem historischen
        Konfuzius 58
Die marxistische Kritiken seit 1950 59
    Die Frage der Methodologie 59
    Die Kontroverse über *jen* 63
Die Anti-Konfuzius-Kampagne: 1966–1974 65
Die westliche Kritik 69
Eine Kritik der Kritiken 74

Drittes Kapitel
DAS MENSCHENBILD

Einführung 81
Der konfuzianische Mensch 84
    Das Problem des Bösen 87
    Die Frage der Selbsttranszendenz: Weisesein 93
    Eine Frage der Modelle 98
    Die Lehre vom Märtyrertum 100
Das konfuzianische Gewissen 103
    Des Menschen Herz 105
    Allumfassende Tugend 108
Die konfuzianische Gemeinschaft 111
    Die fünf Beziehungen 111
    Eine Gemeinschaft der Kultur 115
Schlußbetrachtung 117

Viertes Kapitel
DIE GOTTESFRAGE

Einführung 121
Der persönliche Gott 122
    Die Bejahung Gottes 124
    Der Schöpfer 127
    Der Lenker der Geschichte 129
    Gottes Wille 130
    Die Verneinung Gottes 133
Das Absolute 135
    Das Absolute als Werden 137
    Das Absolute als Geist 142
    Das Absolute als Beziehung 146
Die heutige Situation 148
Haben wir denselben Gott? 150
    Die Historizität Gottes 152

Fünftes Kapitel
DAS PROBLEM DER SELBSTTRANSZENDENZ

Einführung 155
    Gebet als Gespräch mit Gott 157
    Mystik: Jesus und Konfuzius 161
Der konfuzianische Mystiker 164
    Gefühlseinklang und Stillesitzen 165
    Aktivität und Passivität in der
        konfuzianischen Geistigkeit 169

Das Ritualproblem 172
    Die konfuzianische Liturgie: der Himmelskult 175
    Die Übergangsriten. 177
Zusammenfassung. 179

Sechstes Kapitel
DIE FRAGE DER POLITISCHEN RELEVANZ
Einführung 183
Der konfuzianische König. 188
    Eine paradigmatische Persönlichkeit 188
    Eine Lehre des Aufruhrs 191
Der konfuzianische Minister 193
    Die Bedeutung der Treue 194
    Loyalität und Protest 197
Die konfuzianische Gesellschaft 199
    Ideale Politik 201
    Die heutige Situation 206
Schlußbemerkung. 208

Zeittafel 212

Das Christentum in China: Übersicht 215

Auswahlbibliographie 217

Bibliographischer Nachtrag 220

Sach- und Personenregister 227

DANKSAGUNG

An dieser Stelle möchte ich meine Dankbarkeit gegenüber all denen zum Ausdruck bringen, die auf diese oder jene Weise geholfen und mich zur Niederschrift dieses Buches ermutigt haben.
Einige von ihnen will ich mit Namen nennen, allen aber, auch den namentlich Nichtgenannten, bin ich für ihre Unterstützung bei der Arbeit an dem vorliegenden Buch zu Dank verpflichtet. Zunächst möchte ich einige asiatische Fachleute auf dem Gebiet chinesischer Philosophie erwähnen: Wing-tsit Chan, T'ang Chün-i und Okada Takehiko, die mich alle in der Durchführung meines Plans bestärkt haben, wenn auch einige von ihnen nicht dem christlichen Glauben angehören. Ich denke auch an die, die in näherer Verbindung zum Christentum stehen: Thomas Berry, Tilemann Grimm, Douglas Lancashire, James Martin, Yves Raguin, Christel Rudolph, D. Howard Smith und Hans Waldenfels. Besonders dankbar bin ich denjenigen, die einzelne Kapitel des Manuskriptes im Entwurf durchgelesen haben; ihre Ratschläge führten mich zu vollständiger Neubearbeitung der betreffenden Kapitel. Ich spreche hier von W. Theodore de Bary, David Dilworth, Hans Küng und John E. Smith. Norris Clarke, Edmund Leites, Hans Küng und Willard G. Oxtoby haben das Manuskript in späteren Stadien des Entwurfs durchgesehen. Ich möchte auch meine Freunde in Hongkong nicht vergessen, die ein besonderes Interesse an der Entwicklung der asiatischen Philosophie haben, besonders Peter Lee, Lee-ming Ng und Philip Shen. Und schließlich denke ich in Freundschaft und Respekt an Heinrich Dumoulin; er war es, der als Allererster die Niederschrift angeregt und damit die ganze Angelegenheit ins Rollen gebracht hat.
Detlef Köhn besorgte, mit tatkräftiger Unterstützung von Reinhard Bernauer, die Übertragung ins Deutsche. Danken möchte ich auch den Herausgebern und Mitarbeitern des Matthias-Grünewald-Verlags für ihre freundliche Kooperation und Pater Dr. Roman Malek SVD, der den deutschen Text überarbeitet und einen bibliographischen Nachtrag zur neueren deutschsprachigen Literatur zusammengestellt hat. Und nun muß ich das zweite Kapitel erwähnen: »Konfuzianismus: eine kritische Neubewertung des Erbes« und Kapitel Vier: »Die Gottesfrage«. Sie sind in leicht abgewandelter Form 1975 beziehungsweise ein Jahr später in der Märzausgabe des *International Philosophical Quarterly* erschienen.
Es ist mir eine Freude, meine Danksagung gerade in Marburg zu ergänzen, an deren Universität Friedrich Heiler lehrte. Ich habe in diesem Buch seine Gedanken über prophetische und mystische Religionen benutzt. Obwohl ich nicht immer Heilers Einschätzungen zustimme, freue ich mich heute in Mar-

burg, Heilers einstiger Wirkungsstätte, anläßlich der Joachim-Wach-Vorlesungen sein zu können, und danke meinen Kollegen in Marburg, die mich dazu eingeladen haben.

Viele Leute haben mich zum Schreiben dieses Buches ermutigt, einige haben mir viele positive Ratschläge und Unterstützung gegeben. So möchte ich hiermit allen, den namentlich Genannten und den nur weitläufig Erwähnten, meinen Dank abstatten. Ich freue mich auch auf die Hilfe, Unterstützung und Bewertung durch meine Leser. Ich hoffe, es werden vergleichende Philosophen, Religionswissenschaftler, Theologen, Sinologen und Asienkundler darunter sein, aber auch die allgemeine Öffentlichkeit, Menschen, die sich der Herausforderung stellen wollen, eine religiöse Welterbschaft anzutreten, zu der sowohl Konfuzianismus als auch Christentum gehören. Ich weiß, daß ich nicht jedermann zufriedenstellen kann. Einige werden meine Verallgemeinerungen in Frage stellen, andere werden detailliertere Information verlangen. Doch ich hoffe, daß ich zumindest einige Gedanken anregen kann, und daß ich auch persönlich von denjenigen lernen werde, die so angeregt werden.

Die Fehler des Buches hingegen, mögen sie sich nun in der Darstellung der Tatsachen selbst oder in meinen Interpretationen finden, obliegen auschließlich und allein meiner Verantwortung und keiner der vorgenannten Personen.

Marburg, den 24. Juni 1987   Julia Ching

Einleitung

APOLOGIA PRO LIBRO

Konfuzianismus und Christentum. Ist ersterer eine Philosophie oder eine Religion – oder beides? Und ist er mit letzterem vereinbar? So lauten einige der Fragen, die vor über dreihundert Jahren von Missionaren in China aufgeworfen wurden. Sie sind niemals angemessen beantwortet worden. Die Zeiten haben sich natürlich geändert, und es gibt wohl Leute, die diese Fragen heute für veraltet halten. Und doch sind Konfuzianismus und Christentum *lebendige* Traditionen geblieben, selbst wenn jede der beiden ihr Überleben auf diese oder jene Weise gefährdet sieht. Meiner Meinung nach werden diese Fragen noch lange Zeit relevant bleiben, nicht nur für den vergleichenden Religionswissenschaftler oder -philosophen, sondern auch für den Theologen, der um ein rechtes Verständnis des Christentums bemüht ist.

Definitionen

»Konfuzianismus« ist im Grunde genommen eine Fehlbezeichnung für eine Tradition, die im Lande ihrer Entstehung als Schule der Gelehrten oder Literaten bekannt ist. Das heißt, der Konfuzianismus ist eigentlich eine umfassende intellektuelle Tradition, die auf der fortdauernden Interpretation einer Sammlung von Schriften beruht, welche als Klassiker bekannt sind. Diese klassischen Schriften schließen Werke verschiedener Genres mit ein: Poesie, angeblich historische Dokumente, Orakel und ihre Deutung, Annalen eines Feudalstaates und gewisse Ritualtexte.[1] Gerade die Verschiedenheit dieser Texte hat eine Vielzahl von Methodenansätzen und Interpretationen möglich gemacht, gerade auch da, wo sie den größten Einfluß ausgeübt haben: in China, Korea, Japan und Vietnam, dem früheren Annam. Der Konfuzianismus ist eine Tradition, die philosophische und religiöse Belange umfaßt und über sie hinausgeht. Er hat eine lange Entwicklung durchgemacht, noch bevor Fachausdrücke wie »Philosophie« und »Religion« im chinesisch-japanischen Wortschatz auf-

---

1 Die Namen dieser Klassiker sind: *Shih-ching* oder *Buch der Lieder*, *Shu-ching* oder *Buch der Urkunden*, *I-ching* oder *Buch der Wandlungen*, *Ch'un-ch'iu* oder *Frühling- und Herbst-Annalen* sowie *Li-chi* oder *Buch der Riten*. Alle diese Werke werden von der Tradition Konfuzius als dem Herausgeber oder Hauptautor zugeschrieben. Die Glaubwürdigkeit dieser Zuschreibung ist jedoch zweifelhaft. Die »Fünf Klassiker« gehen wahrscheinlich auf Textsammlungen der Zeit vor Konfuzius (551–479 v. Chr.) zurück und erhielten ihre gegenwärtige Form in den Jahrhunderten nach seinem Tod.

tauchten.² In diesem Zusammenhang sollte man sich in Erinnerung rufen, daß Philosophie und Religion auch in der christlichen Tradition bis in die Renaissance, wenn nicht länger, nicht klar voneinander geschieden waren.
In diesem Lichte darf man, wie ich meine, den Konfuzianismus als eine Tradition menschlicher Weisheit bezeichnen. Es ist dies, was »Philosophie« in Ostasien im Grunde bedeutet. Demzufolge unterscheidet er sich vom Christentum, das zu allererst eine Offenbarungsreligion ist. Andererseits stimmen zeitgenössische Gelehrte, wie der chinesische Philosoph Wing-tsit Chan und die Religionshistoriker Joseph Kitagawa und Ninian Smart, mit Max Weber dahingehend überein, daß auch der Konfuzianismus eine starke Religiosität beinhaltet. Schließlich haben sowohl Konfuzianismus wie Christentum einen maßgeblichen Einfluß auf die Entwicklung von Glaubensüberzeugungen, Sittenregeln und Verhaltensweisen in ihren jeweiligen Einflußgebieten ausgeübt. Eine vergleichende Studie über Konfuzianismus und Christentum sollte daher nicht nur möglich, sondern sogar fruchtbar sein.

Methodik

Die Durchführbarkeit einer solchen Studie einmal vorausgesetzt – welche Methodik sollte man ihr zugrunde legen? In den Vereinigten Staaten werden östliche Religionsphilosophien in drei verschiedenen Fachbereichen unterrichtet und erforscht: Philosophie, Religionswissenschaft (manchmal Theologie) und Ostasienwissenschaften. Diese Tatsache deutet bereits die Probleme der Definition und Methodik an, mit denen jeder Wissenschafler in diesem Gebiet konfrontiert ist. Wie sollte ein Buch wie dieses geschrieben werden, und an welchen Leserkreis sollte es sich richten?
Der vergleichende Philosoph ist grundsätzlich am Vergleich von Ideen und spekulativen Problemen über verschiedene Kulturkreise hinweg interessiert. Wer sich mit Religion beschäftigt, mag von der Philosophie, der Geschichte oder den Sozialwissenschaften herkommen. In jedem Fall sind vergleichende Philosophie und Religionswissenschaft bis zum heutigen Tage eher zwischen den etablierten Disziplinen zu finden denn als eigenständige Gebiete. Jeder,

---

2 Sowohl den Ausdruck für »Philosophie« (*che-hsüeh*) als auch das Wort für »Religion« (*tsung-chiao*) gibt es im Chinesischen erst seit dem Ende des 19. Jahrhunderts. Die Termini wurden durch die Übersetzungen westlicher Werke eingeführt, nach China mithin erst durch japanische Prägungen vermittelt. Davor wurden alle intellektuellen Traditionen – Konfuzianismus, Taoismus, Buddhismus, etc – als »Lehren« (*chiao*) oder »Schulen« (*chia*) bezeichnet. Es ist interessant, daß auch im Sanskrit keine passenden Ausdrücke für »Philosophie« oder »Religion« vorhanden sind. In diesem Falle hat man auf das Wort »Dharma« zurückgegriffen, das benutzt wurde, um traditionelle Lehren zu bezeichnen.

der sich um eine Öffnung der Grenzen zwischen den Disziplinen bemüht, läuft daher Gefahr, als Dilettant verdächtigt zu werden, der Unmögliches wagt.[3] Tiefe des Wissens und Breite der Perspektive scheinen sich gegenseitig auszuschließen: Der Ostasienspezialist ist gewöhnlich entsetzt über die Einfalt, mit der Philosophen und Religionswissenschaftler die östlichen Traditionen zu erklären versuchen, ohne über die nötigen Sprachkenntnisse zu verfügen; der vergleichende Philosoph oder Religionswissenschaftler, bislang ein ziemlich seltenes Exemplar der Gelehrtenspezies, kritisiert seinerseits den scheinbaren »Ghettoinstinkt« der Orientalisten. Darüberhinaus neigen beide dazu, die Missionswissenschaftler zu verachten, die als Theologen ein offenkundig pragmatisches und sektiererisches Interesse verfolgen, d.h. die Zahl der Bekehrungen zum Christentum erhöhen wollen.

Die angewandte Methodik schwankt dementsprechend, sie hängt nicht nur von der Definition einer Tradition ab, wie z.B. der des Konfuzianismus als Philosophie, Religion oder – Sinologenstandard – Kulturtradition, sondern auch vom spezifischen Interesse der jeweiligen Fachrichtung. Das Methodenproblem wird in diesem Falle dadurch erschwert (oder möglicherweise vereinfacht), daß die Autorin aus Ostasien stammt, sowohl im Osten wie im Westen studiert hat und gegenwärtig im Westen lebt und arbeitet. Das Dilemma ist letztendlich ein Identifikationsproblem – mit dem Osten oder dem Westen. Joseph Kitagawa macht die Problematik deutlich und formuliert gleichzeitig einen Ausweg:

Jemand aus dem Osten, der sich im Westen ansiedelt, hat eine Reihe von Alternativen. Er kann bewußt Asiate bleiben und die östlichen Religionen von diesem Standpunkt her interpretieren. Er kann sich auch mit dem Westen identifizieren und asiatische Religionen methodologisch westlich bearbeiten... Er kann sich auch entscheiden, auf der Grenze zu bleiben, beider Seiten... bewußt, doch... ohne sich jemals ganz auf eine Seite ziehen zu lassen... Der Autor hat eine weitere Alternative gewählt, eine etwas schwierigere... Er hat versucht, sich mit dem Westen zu identifizieren, ohne seine Identität mit dem Osten zu verlieren.[4]

Ich habe versucht, mein persönliches Ost/West-Dilemma auf eine ähnliche Weise zu lösen wie Joseph Kitagawa und habe wie er betont, daß es mehr darauf ankommt, eine Lösung zu verfolgen als sie am Ende zu erreichen. Ich bin für meinen unentschiedenen Hintergrund dankbar und hoffe, sinnvoll aus ihm schöpfen zu können. Während Kitagawas Arbeit hauptsächlich sozialwissenschaftlich orientiert ist, d.h. sich mit dem Phänomen der Glaubensorgani-

---

3 Ein Werk, das Wesen und Methodologie der »Vergleichenden Philosophie« zu erklären sucht, verdient besser bekannt zu sein, obwohl sein Autor eher mit indischer als mit ostasiatischer Philosophie vertraut ist: Paul Masson-Oursel, *La Philosophie comparée* (Paris, 1923). Lobenswerte Arbeit wird auch in Zeitschriften wie *Philosophy East and West* geleistet.
4 Joseph M. Kitagawa, *Religions of the East* (Philadelphia, 1968), Vorwort S. 12.

sation und -gemeinschaften in Ostasien beschäftigt, ist meine Arbeit stärker auf theoretische Probleme hin ausgerichtet. Ich betrachte die hier vorliegende Arbeit als die einer vergleichenden Historikerin von Ideen und Doktrinen, wobei ich das Wort *doctrina* im weiten Sinne als »Lehre« verstehen möchte.[5] Ich möchte außerdem einen theologischen Horizont mit dem Ziel offenhalten, einen religiösen Dialog zwischen den beiden lebendigen Traditionen anzuregen. Meine Vorgehensweise ergibt sich demzufolge aus der Natur der zu untersuchenden Traditionen: Ich werde jeweils von den heiligen Büchern und klassischen Texten ausgehen und dann auf die Entwicklung philosophischer Interpretationen und ihre Relevanz in der Gegenwart eingehen. Die Weite des Gebiets verbietet eine umfassende Behandlung. Priorität hat die klare Auslegung des Konfuzianismus unter Berücksichtigung besonders jener Themen, die er mit dem Christentum gemeinsam hat. Ich betrachte das Christentum als eine religiöse Tradition, die auf den Lehren des Neuen Testaments gründet und durch zeitgenössische Exegese, sowohl protestantische als auch katholische, bekannt ist. Ich betrachte den Konfuzianismus als eine Tradition, die sich auf klassische Texte gründet, auf die sogenannten Fünf Klassiker und Vier Bücher.[6] Selten und nur um bestimmte Ideen zu verdeutlichen, nehme ich auf die zahlreichen Kommentare der konfuzianischen Schriften Bezug; andererseits schenke ich der Bewegung des sogenannten Neo-Konfuzianismus große Beachtung, da diese die gegenwärtige Form des Konfuzianismus bestimmt. Diese Methodik erscheint dem Studium beider Traditionen angemessen, da beide ihren Ursprung in der Verehrung des zunächst gesprochenen, dann niedergeschriebenen Wortes haben. Im Zentrum von beiden Traditionen finden wir Texte: einmal Sammlungen göttlicher Offenbarung, zum anderen Lehren der Weisen des Altertums. Gelegentlich greife ich auf semantische Analysen zurück, um die ursprüngliche Bedeutung von Schlüsselbegriffen zu ermitteln sowie die Entwicklung dieser Bedeutung und die Institutionalisierung des Interpretationsprozesses zu erörtern. Ich betrachte die Exegese als entscheidend für ein richtiges Verständnis des Christentums sowie auch des Konfuzianismus. Ich hoffe, daß diese Methodik zur Klärung der Gemeinsamkeiten in beiden Traditionen und damit auch zur umfassenderen hermeneutischen Aufgabe, Erklärung und Interpretation *bedeutungsvoll* zu machen, beitragen wird.

---

5 Richard McKeon, »Philosophy and Theology, History and Science in the Thought of Bonaventura and Thomas Aquinas«, *Journal of the History of Ideas* 36 (1975), S. 387.
6 Die Vier Bücher sind die Analekten *(Gespräche)* des Konfuzius, die überlieferte Gespräche des Meisters mit seinen Schülern enthalten: *das Buch Menzius, die Gespräche des Menzius mit seinen Schülern*, die *Große Lehre* und die *Lehre von der Mitte*. Die beiden letzteren Texte sind Kapitel des *Buches der Riten*, denen seit dem 10. Jahrhundert besondere Aufmerksamkeit zuteil wurde.

Der Horizont

Diese Arbeit ist nicht die erste, die sich mit Konfuzianismus und Christentum beschäftigt bzw. den Konfuzianismus im Lichte von Perspektiven betrachtet, die dem Christentum entlehnt sind. Gelehrte Missionare wie J. Legge und W.E. Soothill haben Ende des letzten Jahrhunderts Studien über die chinesischen Religionen vorgelegt, die auch den Konfuzianismus betreffen. Neuerdings wendet besonders D. Howard Smith in seinen Arbeiten eine thematische Vorgehensweise an, die eine gewisse Kenntnis der christlichen Religion voraussetzt.[7] Doch glaube ich, daß diese Arbeit die erste Studie des Konfuzianismus ist, die im Lichte eines eindeutig zeitgenössischen Verständnisses des Christentums unternommen wurde und die erklärte Absicht verfolgt, den intellektuellen Dialog zwischen beiden Traditionen zu fördern. Mein Schwerpunkt bleibt dabei der Konfuzianismus, meine Untersuchung konzentriert sich auf die innere Struktur konfuzianischen Denkens, um Wege und Möglichkeiten anzudeuten, wie jede der beiden Traditionen nach einem vorher festgelegten, hierarchisch ausgerichteten Wertsystem beurteilt werden kann. Die Fragen dieses Buches haben mich seit langem beschäftigt und ich habe oft über sie nachgedacht, als Christ nicht-christlicher Herkunft, die sich sowohl als Christ als auch als Nicht-Christ fühlt und zutiefst um eine dialektische Integration dieser Doppelerbschaft bemüht ist.

In diesem Sinne lege ich dieses Buch all jenen vor, die sich für den Konfuzianismus als religiöse Tradition interessieren. Ich hoffe, daß mein historisches Verständnis und meine systematische Behandlung des Gegenstands, der nun einmal die Lektüre vieler Primärquellen voraussetzt, sinologischen Kreisen helfen wird, einige der Probleme zu lösen, die noch ungelöst und verwirrend sind. Ich denke dabei etwa an die Frage, ob die konfuzianische Tradition theistisch, atheistisch oder pantheistisch ist. Ich hoffe zu zeigen, daß solche Probleme sinnvoll nur im Gesamtzusammenhang der chinesischen Tradition als ganzer angegangen werden können, nicht aber, wenn man einen Teil für das Ganze nimmt. Ich vertraue darauf, daß dieses Buch die Ansichten all jener Religionswissenschaftler bestätigen wird, die schon immer den religiösen Horizont des Konfuzianismus betont haben. Auch sollte es jenen Philosophen einen Ansatzpunkt bieten, die sich vergleichenden Fragestellungen widmen. Ferner würde ich es begrüßen, wenn unter zeitgenössischen Theologen, sowohl im Osten wie im Westen, mehr Interesse für dieses Thema aufkäme.

---

7 Ich beziehe mich hier auf Arbeiten wie James Legges *The Chinese Religions* (London, 1881), W.E. Soothills *The Three Religions of China* (Oxford, 1923) sowie auf D. Howard Smiths *Chinese Religions* (New York, 1968) und sein *Confucius* (New York, 1973). Es gibt natürlich noch zahlreiche andere Arbeiten über Konfuzius und den Konfuzianismus. Einige werden im folgenden angeführt.

Tatsächlich nehmen christliche Theologen heutzutage mehr und mehr Kenntnis von den außerchristlichen Traditionen der Welt, die bislang hauptsächlich in den kleineren Kreisen der Religionswissenschaftler und Missionswissenschaftler behandelt wurden. In den letzten Jahren haben verschiedene wichtige Übersichtsdarstellungen der christlichen Lehre dieses Thema mit einbezogen. Ich denke dabei z. B. an Hans Küngs *Christ sein* (1974), Küngs *Existiert Gott?* (1978) und an Hans Waldenfels' *Kontextuelle Fundamentaltheologie* (1985). All diese Werke messen außerchristlichen Religionen auf die eine oder andere Weise Bedeutung bei, die jedoch immer noch in Umfang und Tiefe begrenzt ist. Theologen, Ostasienwissenschaftler, vergleichende Philosophen und Religionswissenschaftler halten sich gegenseitig auf sicherer Distanz. Die zunehmende Beachtung, die den Weltreligionen zuteil wird, ist daher eher noch ein Zeichen der Zukunft, ein Zeichen eines tieferen und ernsthafteren Interesses für die vielfältigen Wege der Menschheit, dem Göttlichen zu begegnen und der religiösen Erfahrung Ausdruck zu verleihen. Dies ist um so wichtiger in einer Zeit wie der heutigen, in der eine wachsende Anzahl junger Menschen, die in der westlichen und damit christlich bestimmten Welt aufwachsen, ein intensives und andauerndes Interesse an östlicher Weisheit, an asiatischen Religionen und Philosophien, zeigen. Dieses Interesse kann durchaus bereichern und Horizonte erweitern. Es erfordert jedoch Führung und Förderung von fachmännischer Seite.[8] Es verlangt weiterhin nach sorgsamer Beachtung durch jene Gelehrte, die einerseits eine tiefe Besorgnis um die heutige Welt haben und andererseits dem Christentum auch künftig Vitalität und Relevanz zusprechen. Im Grunde wird für Theologen, die in einer Welt der religiösen Vielfalt leben, Ehrlichkeit und Relevanz nur dann zu bewahren sein, wenn sie ihre eigene religiöse Erbschaft im Lichte anderer Traditionen betrachten, d.h. im Lichte der Erfahrungen und Überlieferungen der gesamten Menschheit. Dies trifft um so mehr zu als dies eine Zeit ist, in der die Theologie den Pfad des Menschlichen beschreitet, um das Göttliche zu erreichen.

Der Aufbau des Buches

Ich habe mich entschieden, mit der konkreten Begegnung von Christentum und Konfuzianismus zu beginnen (1. Kap.). Diese Begegnung findet nicht primär auf internationalen Konferenzen und Tagungen statt, obwohl sie natürlich wichtig sind und gefördert werden sollten, sondern ist zunächst eine historische Tatsache, die bis in die Gegenwart wirkt und auch weiterhin existen-

---

[8] R.C. Zaehner erörtert besonders in der Einleitung zu seinem Buch *Our Savage God* (London, 1974) einige der Gefahren, die sich aus einem vereinfachenden Verständnis östlicher Traditionen ergeben können.

tielle Bedeutung hat. Die jesuitische Interpretation der später als Konfuzianismus bekannten chinesischen Tradition war der Beginn der Bearbeitung einer Aufgabe, die auf unterschiedliche Weise von verschiedenen Interpreten weitergeführt wurde, von Europäern und Chinesen, Christen und Agnostikern. Die historischen Auseinandersetzungen um die Übersetzung bestimmter Begriffe, etwa um das chinesische Wort für Gott, und um die Frage, ob und wie konfuzianische Riten mit dem christlichen Glauben vereinbar sind, haben uns schon vor mehreren Jahrhunderten einen Überblick über die Ähnlichkeiten und Unterschiede gewisser »gemeinsamer Themen« und ihrer subtilen Konsequenzen gegeben. Ich habe speziell ein Kapitel zur kritischen Neueinschätzung des konfuzianischen Erbes eingefügt (2. Kap.), da sein Überleben heutzutage keineswegs gesichert scheint und doch gerade auf der Frage nach seiner Überlebensfähigkeit die Bedeutung – oder Irrelevanz – einer solchen Studie beruht.

Erst nach Fundierung der Studie durch Betrachtung der historischen Begegnung und ihres mehrdeutigen Vermächtnisses sowie durch einen Überblick über die kritische gegenwärtige Situation des Konfuzianismus wende ich mich spekulativeren Fragestellungen zu. Hier steht an erster Stelle das Menschenbild und die Frage, wieweit der Mensch theoretisch und praktisch in der Lage ist, über sich selbst hinauszugehen (3. Kap.). Daraus ergibt sich das Problem des Gewissens als der Grundlage für die Selbsttranszendenz sowie der Gedanke der Gemeinschaft. Das konfuzianische Gewissen hat immer einen ausgeprägt sozialen Schwerpunkt gehabt, der in sich eine Art von Selbsttranszendenz enthält und das Ideal des Weisen als das eines Handelnden in der Gemeinschaft entwickelte. Das theoretische Grundprinzip dieser Dimension der Transzendenz führt zur Frage nach dem Absoluten oder Gott (4. Kap.). Hier, wie im folgenden Kapitel, das sich mit Gebet, Meditation, Mystik und Kult beschäftigt (5. Kap.), vollzieht sich die Betrachtung unter Berücksichtigung heuristischer Prinzipien. Ich beziehe mich besonders auf Friedrich Heilers Arbeit über das Gebet[9], auf die Unterscheidung zwischen prophetischer und mystischer Religion, die jeweils eine persönliche Gottheit oder aber ein transzendentes Absolutes betonen und unterschiedliche Formen des Gebets haben, entweder als Dialog mit Gott oder als Meditation, die zur Einheit mit allen Dingen führt. Mein besonderes Interesse gilt der Verdeutlichung von Ähnlichkeiten zwischen den beiden Traditionen, ohne dabei die grundlegenden Unterschiede zu übersehen. Begriffe wie Prophetie und Mystik verwende ich nicht, um die Vorzüge des Konfuzianismus besser herauszustellen, sondern nur im Wissen um die Grenzen solcher Analogien. Im übrigen ist es meine Überzeu-

---

9 Friedrich Heiler, *Das Gebet* (München, 1921). Seiner Grundüberzeugung von der Überlegenheit des Christentums, prophetischer Religionen ganz allgemein, kann ich allerdings nicht zustimmen.

gung, daß das Christentum im Glauben an den Gott Jesu Christi gründet, während im Konfuzianismus ethische Werte über die Religionszugehörigkeit entscheiden. Wie das vierte und fünfte Kapitel eine gewisse Einheit bilden, so gehören auch das dritte und sechste zusammen. Hier ist die Diskussion der Praxis der Selbsttranszendenz in Richtung auf ihre politische Relevanz weitergeführt. Dieses Problem war immer schon ein bewußter und wesentlicher Teil konfuzianischer Lehren und wird heute immer mehr auch von Christen als fester Bestandteil christlicher Verantwortung erkannt.

Unsere Konfrontation in der Gegenwart führt stets in eine Zukunft. Ich erwarte durchaus keinen Weltglauben, wenn ich auch die Möglichkeit nicht ausschließen möchte, gewisse universale Elemente in den einzelnen Weltreligionen aufzuspüren und so zu einem erweiterten Anerkennen gemeinsamer Glaubensgrundlagen beizutragen. Andererseits kann ich beispielsweise die Theorie der »radikalen Entwurzelung« nicht akzeptieren, nach der ein Konvertit oder eine Konvertitin mit der jeweiligen kulturellen Vergangenheit brechen muß, um Christ oder Christin werden zu können – weil das Christentum von seinen Anhängern lange als der einzige Weg zur Erlösung angesehen wurde.[10]

Ich bekenne mich zu einem theologischen Horizont, auf den in diesem Buch immer wieder hingewiesen wird. Doch ich möchte auch erklären, daß ich dem Werk vieler anderer verpflichtet bin, die einen anderen Ansatz wie den religionswissenschaftlichen oder religionsgeschichtlichen verfolgt haben. Jedoch ist dieses Buch nicht nur an Theologen gerichtet, sondern an alle, die sich für vergleichende Philosophie oder Religionswissenschaft, oder auch Sinologie, interessieren. Obwohl ich mich meistens auf die konfuzianische Gelehrsamkeit Chinas beziehe, vergesse ich den immensen Beitrag nicht, den Japan, Korea und andere Länder in der Interpretation und Entwicklung des Konfuzianismus sowie in seiner Begegnung mit dem Christentum geleistet haben.[11] Es ist nicht meine Absicht, eine erschöpfende Studie vorzulegen, ich gebe nicht vor, kontroverse Probleme endgültig zu lösen. Ich hoffe daher, daß Umfang und Tiefe der Betrachtung der gemeinsamen Themen von Kon-

---

10 Besonders Hendrik Kraemer hat die »radikale Entwurzelung« als Bedingung der Konversion zum Christentum hervorgehoben. Vgl. H. Kraemer, *Die christliche Botschaft in einer nichtchristlichen Welt* (Zürich, 1940). Bereits William E. Hocking, von der Vision eines aufkommenden Weltglaubens inspiriert, war anderer Meinung. Vgl. W.E. Hocking, *Living Religions and a World Faith* (New York, 1940), 3. Kap.
11 In der Entwicklung der wichtigsten Themen habe ich mich auf konfuzianische Texte und Repräsentanten der konfuzianischen Tradition Chinas beschränkt, obwohl die wichtigen Beiträge japanischer und koreanischer Denker nicht verschwiegen werden sollten. Ich habe mich wegen meiner größeren Vertrautheit mit der chinesischen Kultur zu dieser Beschränkung entschlossen. Darüberhinaus bietet ein engerer Gesichtskreis mehr Klarheit und Übereinstimmung in den Hauptgedanken.

fuzianismus und Christentum, die dieses eher einführende Buch leistet, zur Erweiterung des Gedanken- und Überlegungshorizontes beitragen. Als die chinesische Philosophie – hauptsächlich in der Form des Konfuzianismus – im 17. und 18. Jahrhundert durch Jesuitenmissionare in Europa bekannt wurde, beeindruckte sie die europäischen Intellektuellen der Aufklärung ganz außerordentlich. Zur gleichen Zeit gab der Konfuzianismus auch Anlaß zu hitzigen Kontroversen über Fragen wie die der Vereinbarkeit konfuzianischer Riten mit christlichen Glaubensvorstellungen. Heute nun scheinen christliche Intellektuelle und Missionare das Studium des Konfuzianismus in neuentdecktem Enthusiasmus für den Buddhismus weitgehend zu vernachlässigen.[12] Ich möchte ein solches Interesse nicht entmutigen und halte es für sehr nützlich, ja notwendig, daß diejenigen, die ihr eigenes religiöses Erbe besser und intensiver verstehen wollen, dies mit Hilfe einer breiteren und vergleichenden Perspektive versuchen und dabei das Erbe menschlicher Religiosität in seiner Gesamtheit und Mannigfaltigkeit mitberücksichtigen. Ich bin aber auch der Überzeugung, daß der Konfuzianismus mit dem Christentum eher zu vereinbaren ist als der Buddhismus, und zwar wegen des ausgeprägten ethischen Anliegens, das ihnen gemein ist. Im übrigen fehlt es dem Konfuzianismus keineswegs an spiritueller Tiefe, der Kontakt mit dem Buddhismus über lange Perioden hinweg hat viel zur Erweiterung seines spirituellen Horizontes beigetragen. Man kann sogar sagen, daß der Konfuzianismus buddhistische Spiritualität und Mystik für seine eigenen Zwecke umgewandelt hat, indem er sein zentrales ethisches Anliegen mit jener tieferen Dimension des Innern verband. Wie das Christentum besitzt auch der Konfuzianismus sowohl »Innerlichkeit«, die auf angemessener Selbstbetrachtung, auf der Würde des Menschen und seiner Fähigkeit zur Transzendenz gründet, wie auch »Äußerlichkeit«, die auf wahrem Respekt vor sozialer und sogar weltweiter Verantwortung beruht. Ich habe mich bemüht zu zeigen, daß der Konfuzianismus auch über eine eindeutig vertikale Dimension verfügt, die in seiner Offenheit gegenüber dem Transzendenten wurzelt. Ich betrachte daher ein besseres Verständnis des Konfuzianismus als wichtigen Pluspunkt, mit dessen Hilfe man das christliche Erbe neu bewerten und ein wenig über seine Zukunft spekulieren kann. Solche Kenntnis sollte nicht nur zum christlichen Selbstverständnis beitragen, sondern auch zum Aufbau eigenständiger asiatischer Theologien.

12 Die Traditionen des Buddhismus und Hinduismus sind Welten für sich und verdienen Respekt und sorgfältige Interpretation. Ich möchte lediglich darauf hinweisen, daß R.C. Zaehner in *Our Savage God* (siehe Anm. 8) gewisse Probleme benennt, die sich aus der ethischen Ambivalenz dieser Traditionen ergeben. Er weist ebenfalls auf eine größere Übereinstimmung zwischen Christentum und Konfuzianismus hin. Dies ist beachtenswert aus dem Munde eines vergleichenden Religionswissenschaftlers, der auf indische Religionen spezialisiert ist und sich offen zum Katholizismus bekennt.

Mein Eintreten für den Konfuzianismus ist nicht völlig unkritisch. Einerseits versuche ich, die konfuzianischen *Ideen* von der menschlichen Fähigkeit zur Vervollkommnung und der idealen Politik zu erläutern, die in der Offenheit des Menschen gegenüber dem Göttlichen und seiner Harmonie mit der Natur liegt. Andererseits stelle ich Schwierigkeiten heraus, die zum Teil mit der Verknöcherung von Ideen und Idealen zu tun haben, zum Teil auch mit spezifischen historischen Zusammenhängen und Verhältnissen. Ich hätte zum Beispiel die niedrige Stellung der Frau im konfuzianischen System in größerer Ausführlichkeit behandeln können. Doch für ein Werk wie dieses scheint mit das, was ich gesagt habe, hinreichend. Indem ich darstelle, wie Konfuzianismus und Christentum voneinander lernen könnten, gebe ich natürlich auch zu verstehen, daß beide nicht vollkommen sind. In der Erörterung von Mensch und Gemeinschaft, Gott und Absolutem, Gebet und Mystik habe ich demgemäß auch auf bestimmte Probleme des Christentums hingewiesen – Probleme, die ebenfalls durch Epoche und Kultur bedingt sind.

Nachdem ich nun meine theoretischen Voraussetzungen dargestellt habe, ein Wort zur Klärung einiger praktischer Punkte. Die Bibel ist in der Lutherschen Standardausgabe zitiert, bei den chinesischen Klassikern folge ich zumeist den englischen Übersetzungen von James Legge (Oxford, 1893), wobei ich meine Version gelegentlich mehr dem Originaltext annähere. An manchen Stellen mache ich auch von den Übertragungen anderer Wissenschaftler Gebrauch, was dann im einzelnen in den Anmerkungen festgehalten wird. Die Romanisierung des Chinesischen folgt dem Wade-Giles System, das immer noch am besten unter westlichen Sinologen bekannt ist. Die wichtigsten technischen Begriffe sind in Chinesisch, d.h. in Umschrift, mit angegeben, doch habe ich zumeist auf die Anführung chinesischer und japanischer Arbeiten in den Anmerkungen und der Bibliographie verzichtet, da diese mehr für den Spezialisten von Interesse sind. Eine chronologische Übersichtstafel sowie ein Index finden sich am Ende des Buches.

Für die deutsche Übersetzung habe ich die Bibliographie überarbeitet und neue Entwicklungen, vor allem in der Volksrepublik China, zur Kenntnis genommen.

Erstes Kapitel

DIE BEGEGNUNG

Einführung

Diese Studie will eine Untersuchung einiger gemeinsamer Züge des Christentums und des Konfuzianismus bieten. Sie hat zum Ziel, bei Christen und Konfuzianern – und ebenso bei allen, die sich für diese beiden Traditionen interessieren – mehr Interesse für die jeweils »andere Seite« zu wecken und zur Vertiefung ihres Studiums anzuregen. Als solche beginnen wir die Studie mit einigen Übersichtsdefinitionen: des Christentums, wie ich es verstehe, einerseits und des Konfuzianismus andererseits.
Einige der Fragen, die zur Zeit der Begegnung jesuitischer Missionare mit der konfuzianischen Zivilisation erstmals zu Auseinandersetzungen führten, betrafen die Übersetzung des Wortes »Gott« und die Übernahme konfuzianischer Rituale. Diese Auseinandersetzungen werden hier in einem primär historischen Kontext betrachtet. Die Probleme, für die sie stehen, werden in späteren Kapiteln als theologische Fragen wieder auftauchen, besonders im vierten Kapitel, das sich mit der Gottesfrage beschäftigt, und im fünften, das die Frage der Riten und Sakramente berührt. Auf diese Weise hoffe ich zu zeigen, daß diese wichtigen theologischen Probleme historische Wurzeln in der frühen Begegnung haben, doch gleichzeitig nach wie vor außerordentlich aktuell sind. Man kann sogar sagen, daß sie im Lichte des Bewußtseins der Gegenwart von der Notwendigkeit eines interkulturellen und interreligiösen Dialogs neue Bedeutsamkeit erlangt haben. In diesem Bewußtsein und in der Hoffnung, zu einem solchen Dialog beizutragen, schreibe ich dieses Buch.

Was ist Christentum?

Was verstehe ich unter »Christentum«? Beziehe ich mich auf die ursprünglichen Lehren Jesu Christi oder auf spätere Entwicklungen der Lehren über zwei Jahrtausende hinweg? Meine ich primär die Institution oder Institutionen oder spontane Gruppierungen, aus denen sich die heutige Jesus-Bewegung zusammensetzt? Ist meine Grundlage all das, was *gut* ist – wie Christen das Wort christlich gerne gebrauchen – oder etwas ganz Spezielles? Weiter, läßt das Wort »christlich« die Verknüpfung mit einem anderen zu: Kann es ein konfuzianisches Christentum, ein buddhistisches Christentum usw. geben?
Um überhaupt ein Buch zum Thema Christentum und Konfuzianismus schreiben zu können, muß ich natürlich eine gewisse Vorstellung davon haben,

wie sich die beiden Lehren unterscheiden. Sonst hätte ich keinen Spielraum für eine vergleichende Analyse. Ich kann die Verwendung des Wortes »christlich« zur Bezeichnung all dessen, was gut und tugendhaft ist, nicht akzeptieren. Das ist zu anmaßend: Wie wenn man gute Buddhisten »anonyme Christen« nennt, während diese doch ebenso gut gute Christen »anonyme Buddhisten« nennen könnten, sollten sie glauben, diese dadurch retten zu können. Für mich ist das Christentum eine Religion, die sowohl historisch als auch heutzutage relevant ist. Es ist ursprünglich semitisch, wurde später hellenisiert und latinisiert, breitete sich dann im Europa nördlich der Alpen aus und bildete gleichzeitig einen philosophischen Rahmen. Dieser war lange Zeit an zunächst platonische und neuplatonische, dann aristotelisch-thomistische Traditionen gebunden. Christentum beinhaltet für mich sowohl die lateinisch-römische wie die griechisch-orthodoxe Richtung. Letztere breitete sich besonders unter den slawischen Völkern Osteuropas aus und hielt sich mehr an die platonischen Formulierungen. Erstere wurde mehr mit West- und Mitteleuropa identifiziert, bis Entdeckungsreisende sie auch auf andere Kontinente brachten. Christentum beinhaltet auch die Entwicklungen im Nachklang der Reformation des 16. Jahrhunderts, die zahlreiche Aufspaltungen und neue theologische Richtungen mit sich brachte. Christentum beinhaltet weiterhin die institutionellen Kirchen, die sich zum Namen Jesu Christi bekennen, selbst wenn sie sich voneinander in dogmatischer, kultureller und strukturell-institutioneller Ausprägung unterscheiden. Darüberhinaus bezieht sich das Wort »Christentum« auf individuelle oder »Gemeinde-Christen«[13], die es – aus welchem Grund auch immer – vorziehen, sich von den Institutionen abzusondern, aber an bestimmten wesentlichen Glaubensüberzeugungen und an der dadurch vorgeschriebenen Lebensweise getreu festhalten. Nicht zuletzt bezieht sich Christentum auf das Christentum der Zukunft, das all die gegenwärtigen Krisen überstanden haben wird, um daraus erneuert hervorzugehen. Es wird auch aus einem dynamischen Dialog mit den nicht-westlichen Religionen und Kulturtraditionen, aus ihren grundlegenden Einsichten in Gott und den Menschen sowie aus ihren weniger festgelegten Formen der strukturellen Ausprägung und ihrer wiedererstarkten Kraft in der heutigen Welt neue Dimensionen beziehen. In allen diesen Definitionen ist die eine wesentliche Bedingung, die den Anhänger des Christentums vom Nicht-Christen unterscheidet, sein freies und bewußtes Bekenntnis zu Jesus Christus in seinem Glauben und Verhalten.

Die Frage der mit anderen Religionen »verknüpften« Christen ist komplexer, wird sich aber mit der Zeit häufiger stellen. Judentum, Islam und Christentum gelten alle bis heute als einander ausschließende Religionen, während Hinduis-

---

13 Vgl. Andrew Greeley, »The Communal Catholic«, *National Catholic Reporter* (1.11.1974) sowie die Antwort von Michael Novak, »The Communal Catholic«, *Commonweal* 101 (17.1.1975), S. 321 und 341.

mus, Buddhismus, Konfuzianismus, Taoismus und Shintō für ihren eher synkretistischen Charakter bekannt sind. Der Übertritt zum Christentum, ein entscheidender Schritt im Leben eines Menschen, bringt nach allgemeiner Auffassung einen *Bruch* mit der Vergangenheit mit sich, besonders wenn dieser Mensch vorher gläubiger Jude, Moslem oder Buddhist gewesen ist. Tatsächlich hat die christliche Ausschließlichkeit zu sektiererischen Unterscheidungen geführt. Ein Protestant, der katholisch wurde, war zwar nicht zu einer zweiten Taufe verpflichtet, empfing sie aber bis zum II. Vaticanum in der Regel trotzdem – *freiwillig* – und sagte sich öffentlich von seinen früheren »Irrtümern« los.

Natürlich war das Christentum immer eine mit anderen Religionen »verknüpfte« Angelegenheit – da es die Glaubensüberzeugungen Griechenlands und Roms, die der germanischen Stämme Mitteleuropas wie auch die der indianischen Stämme von Mittel- und Südamerika aufgenommen und in verschiedener Weise umgeformt hat. Dies ist nicht immer in angemessener Weise anerkannt und untersucht worden. Heute jedoch, in einer Atmosphäre größerer gegenseitiger Toleranz unter den verschiedenen christlichen Gemeinschaften selbst, aber auch unter allen religiös Gläubigen, zerfallen die Wälle der Ausschließlichkeit nach und nach. Obwohl sich niemand gleichzeitig Protestant und Katholik nennt, ziehen es doch die meisten vor, sich einfach Christen zu nennen, um die wichtigen Gemeinsamkeiten zu unterstreichen, statt die geringen Unterschiede zu betonen. Die Beziehungen zwischen Christen und Juden, Christen und Moslems scheinen sich zu verbessern, wiewohl die Tradition der Ausschließlichkeit im Herzen dieser drei großen Religionen so groß ist, daß sich »Verknüpfungen« nicht schon einfach aus dem Dialog ergeben, es sei denn vielleicht bei Christen, die dem jüdischen oder arabischen Volk angehören.

Der Dialog zwischen Christentum und den Religionen Südasiens und des Fernen Ostens eröffnet dagegen weitergehende Möglichkeiten. In dem Maß, in dem das Christentum auf seinen früheren Herrschaftsanspruch und seine Ausschließlichkeit verzichtet, scheinen sich dort neue Wege zur Entwicklung religiöser Lebensformen wie etwa Hindu-Christentum oder Zen-Christentum anzubahnen. Konfuzianisches Christentum bietet noch mehr Möglichkeiten. Konfuzianismus und Christentum sind meiner Ansicht nach eher vereinbar als Hinduismus und Christentum oder Zen-Buddhismus und Christentum. Diese Ansicht wird im Fortgang dieses Buches dargelegt werden. Hier mag es genügen zu sagen, daß ich gewisse Möglichkeiten für ein mit anderen Religionen verknüpftes Christentum sehe – vorausgesetzt, daß bestimmte wesentliche Bedingungen erfüllt sind.

Dies wird besser verständlich, wenn wir zum Kern des Christentums zurückkehren, zum Glauben an Jesus Christus und seine Botschaft. Im Rahmen dieses Buches ist es nicht möglich, ausführlich darauf einzugehen. Ich möchte daher lediglich sagen, daß ich den Glauben an Jesus Christus als die Offenbarung Gottes, ein Glaube, der durch eine mit dem Geist der Evangelien übereinstimmende Lebensweise zum Ausdruck kommt, als *das* wesentliche Charakteristikum des Christentums ansehe. Es kann keine mit anderen Religionen verknüpften Christen geben, wenn die betreffenden Gläubigen diese Bedingung nicht erfüllen. Und es kann ein solches verknüpftes Christentum nur dort geben, wo die jeweils *andere* Religion, d.h. Zen-Buddhismus, Konfuzianismus, etc., diese zentrale Glaubensüberzeugung zuläßt, ohne sie zur Grundlage für fundamentale Konflikte zu machen. Mit anderen Worten, im Leben des Zen-Christen oder des konfuzianischen Christen können Buddha und Konfuzius Verhaltensvorbilder und Quellen der Inspiration sein, aber nur neben und nach Jesus Christus, dessen Leben und Lehren für alle Formen des Christentums normativ sind.

Jesus Christus ist die entscheidende Norm für Christentum und christliche Lebensweise. Die christliche Botschaft besteht nicht aus Jesu Lehren »plus«... Sie kann nur aus *seinen* Lehren bestehen. Und christliche Theologie muß diese Lehren erhellen; sie kann eine philosophische Dimension haben, obwohl Jesus kein Philosoph war, sie kann (oder muß) auch eine Dimension der Andacht und Spiritualität haben. Diese schließt die Ausarbeitung von Formen des Gebets und geistigen Lebens ein, Formen, die sich nicht in den Evangelien finden lassen. Theologie ist auch die *Antwort* des Menschen auf die Offenbarung Gottes, auf einer intellektuellen wie auch auf einer moralischen Ebene, und auch auf einer persönlichen und existentiellen, hier als die Suche nach Gott in der eigenen Seele. Auf allen diesen Ebenen findet der Dialog zwischen Christentum und anderen Formen religiösen Glaubens und Lebens statt.

Jesus Christus ist für das Christentum entscheidender als Konfuzius für den Konfuzianismus. Das wird an späterer Stelle deutlicher werden, wenn ich ausführe, was ich mit Konfuzianismus meine. Hier will ich zunächst meinen Entschluß erklären, bestimmte konfuzianische Themen im Lichte des Christentums – wie von Jesus Christus gelehrt – zu untersuchen. Allgemein gesprochen habe ich wenig über die darauffolgenden Entwicklungen zu sagen, ausgenommen im Bereich von Andacht und Spiritualität, wo das Persönliche und Subjektive eine besondere Bedeutung gewinnt. In der Regel werde ich auf Jesu Lehren Bezug nehmen, so wie sie heutzutage verstanden werden, d.h. mit Hilfe gegenwärtiger wissenschaftlicher Erkenntnisse, des Fortschritts in den verschiedenen verwandten Disziplinen sowie einer Unabhängigkeit und Offenheit, die nicht länger zulassen, daß alte Tabus in theologischen Untersuchungen weiterhin unangetastet bleiben. Dies ist um so notwendiger wegen meiner Zielsetzung, für Leser dieser Epoche zu schreiben, sie einzuladen, mehr über Christentum *und* Konfuzianismus zu lernen, in der Hoffnung, daß Studien wie diese auf beiden Seiten zu kreativer Verständigung und Erneuerung führen.

Was ist Konfuzianismus?

Was verstehe ich unter Konfuzianismus? Dies ist keine leicht zu beantwortende Frage, und doch hängt der Sinn aller Kritik an Konfuzius und Konfuzianismus weitgehend von ihrer Beantwortung ab. Der Ausdruck »Konfuzianismus« ist offenbar mißverständlich. Er bezeichnet eine Ideologie, die von einem Mann namens Konfuzius entwickelt wurde. Aber wenn wir damit den Ausdruck »Christentum« – oder besser das französische Äquivalent *christianisme* – vergleichen, sehen wir, daß der Person des Konfuzius keine annähernd so entscheidende Rolle zufiel, wie sie Jesus Christus für seine Sendung und Lehren in Anspruch nahm. »Konfuzianismus« ist eigentlich eine Fehlbezeichnung, ein westlicher Name für eine chinesische Tradition. Die Chinesen sprechen eher von *ju-chia* oder *ju-chiao*, d. h. der Schule oder Lehre der Gelehrten, als von »Konfuzianismus« oder *K'ung-chiao*. Konfuzius selbst hat niemals als Lehrer einen Anspruch auf Ausschließlichkeit erhoben, vielmehr hat er sich einen »Übermittler« der Lehren und Weisen des Altertums genannt. Aber sogar für Chinesen hat die einheimische Bezeichnung *ju* viele Konnotationen. Sie bezieht sich zum einen auf Konfuzius und die ethischen Lehren, die er späteren Epochen überliefert hat. Zum anderen bezieht sich *ju* auf die gesamte Entwicklung der sogenannten konfuzianischen Tradition über Jahrhunderte hinweg. Dies schließt die metaphysischen Richtungen ein, die seit dem 11. Jahrhundert vorherrschend waren. Für unkritische Geister schließlich bezieht sich *ju* häufig, selbst unter Gelehrten, auf die konfuzianischen »Überreste« des 20. Jahrhunderts: die Lehren von politischer Loyalität, kindlicher Pietät, weiblicher Keuschheit und Gerechtigkeit oder Rechtschaffenheit, oder auch die konfuzianische Sozialstruktur, in der diese Lehren eingebettet waren. Insbesondere als ein solches intellektuelles und soziales Gefüge kam der Konfuzianismus im frühen 20. Jahrhundert unter Beschuß, d.h. besonders im Jahre 1916 und in der Bewegung vom 4. Mai des Jahres 1919 und ihren Nachfolgern. Auf dieses Gefüge der Vergangenheit, abschätzig »Konfuzius & Söhne« genannt, weisen heutige Kritiker hin und sagen, der »Geist« des Konfuzianismus »schleiche noch umher«, obwohl der Staat der marxistischen Ideologie folgt.

Wenn schon der allgemeine Ausdruck »Konfuzianismus« mißverständlich ist, so ist der Begriff »Neo-Konfuzianismus« noch problematischer. Im Westen wird mit Neo-Konfuzianismus zumeist eine Richtung des Konfuzianismus bezeichnet, die nach der T'ang Dynastie (618–906) unter den Sung (960–1279) aufkam und, von buddhistischen und taoistischen Einflüssen bedingt, stärker an Metaphysik interessiert war. Problematisch ist dabei, daß nicht alle späten Konfuzianer Metaphysiker waren, ja sogar viele Gelehrte der Ch'ing Dynastie (1644–1911) bewußt anti-metaphysisch eingestellt waren und doch immer Konfuzianer blieben. In China wurde der Ausdruck *Hsin Ju-hsüeh*, i.e. Neuer

Konfuzianismus, hauptsächlich in den Jahren des sino-japanischen Krieges benutzt, um eben diese eher unmetaphysische Entwicklung des Konfuzianismus zu bezeichnen und moderne Erneuerung zu fördern. In diesem Sinne wird er immer noch in Taiwan gebraucht, wo die Regierung eine konfuzianische Erneuerung befürwortet.
Meiner Absicht in dieser Studie entsprechend werde ich den Ausdruck »Konfuzianismus« für die gesamte konfuzianische Tradition verwenden, besonders aber für diejenigen Aspekte, die für die Anfänge der Tradition charakteristisch und mit dem Namen des Konfuzius und seinem Andenken verknüpft sind. Ich werde den Ausdruck »Neo-Konfuzianismus« für die philosophisch-metaphysische Bewegung der Sung- und Ming- (1368–1644) Dynastien verwenden, d. h. die Richtung des Konfuzianismus, die bis zum Ende des chinesischen Kaiserreiches als orthodoxe Staatsphilosophie betrachtet wurde.
Ist Konfuzianismus nun eine Religion oder eine Philosophie? Ist er am Ende nur eine Sammlung von praktischen Morallehren, von Vorschriften und Verboten, die für soziales Verhalten relevant sind? Diese Fragen wurden und werden immer wieder gestellt, meist von Kritikern des Konfuzianismus. Im Rahmen unserer Zielsetzung hier werde ich versuchen, die Stellung des Konfuzianismus durch Termini wie »Religion«, »Philosophie« etc. zu erklären. Zunächst möchte ich daher die Begriffe definieren.
Wenn man unter »Religion« eine institutionelle Kirche westlicher Art versteht – wie etwa die römisch-katholische Kirche mit ihrer organisierten Hierarchie und Priesterschaft, ihrem klar definierten System von Dogmen und Moralvorschriften, ihrem feierlichen, öffentlichen Kult und ihrem sakramentalen System –, dann kann vom Konfuzianismus nur gesagt werden, daß er einige dieser Züge besaß und andere nicht. Der Konfuzianismus hatte einen öffentlichen Kult: Wie bereits erwähnt, waren die Riten ein Anlaß zur Kontroverse. Er hatte einen Opferkult zur Verehrung des Himmels und der Ahnen und gestattete Weihrauch- und Speiseopfer für »halb-vergöttlichte« historische Personen einschließlich Konfuzius selbst. Andererseits gab es im Konfuzianismus keine organisierte Priesterschaft, wenn man von der Funktion des Kaisers als dem »hohen Priester« des Staates, der allein das Himmelsopfer vollziehen durfte, einmal absieht. Darüberhinaus waren die Oberhäupter der einzelnen Familien Vermittler zwischen den Ahnen und den lebenden Mitgliedern des Klans. Städtische Beamte standen gewöhnlich Zeremonien für die Schutzgottheiten des Gebietes vor, die in konfuzianischen Tempeln im ganzen Land abgehalten wurden. Weiterhin hatten die Ahnen des Konfuzius einen besonderen Rang inne, sie waren speziell beauftragte Sakralbeamte in Ch'ü-fu, dem Geburtsort des Weisen im Osten Chinas. Im ganzen kann man daher sagen, daß der Konfuzianismus eine Art weltlicher Priesterschaft hatte, die vom Rest der Gesellschaft nicht klar getrennt war. Er hatte definitiv keine Klostergemeinschaften oder religiöse Orden. Die Betonung von Familienleben und Nachkommen-

schaft war immer ein zentrales Thema des Konfuzianismus, und damit war die Tradition priesterlichem Leben und klösterlichem Zölibat gegenüber grundsätzlich negativ eingestellt. Die konfuzianische Lehre von der sozialen Verantwortung bedeutete einen Widerstand gegen jede selbst auferlegte Isolation, wenn diese nicht an sich ein Mittel der Sozialkritik und damit ein Beitrag zum Wohle der Gemeinschaft war. Konfuzianismus war daher – und ist, wo immer man ihn noch antrifft, – eine weltliche Religion.[14]

Was Glaubens- und Sittengrundsätze angeht, so identifizierte der Konfuzianismus beide in der Lehre von *jen*, der Tugend der Humanität, die allumfassend ist, und allen speziellen weiteren Tugenden, die den fünf sittlichen Bindungen zugrunde liegen. Diese Bindungen sind die Beziehungen von Vater und Sohn, Herrscher und Untertan, Mann und Frau, älterem und jüngerem Bruder, sowie zwischen Freunden. *Jen* ist, was den Menschen wahrhaft menschlich macht, indem es aus ihm einen vollkommenen Menschen, einen Weisen macht. Die Tugend *jen* erhielt eine metaphysische, ja kosmische Dimension im chinesischen Mittelalter, als sie während der Sung- und Ming-Dynastien mit der kosmischen Lebenskraft an sich identifiziert wurde. Konfuzianismus ist im wesentlichen ein Humanismus, in dessen Mittelpunkt die wirkliche und mögliche Größe des Menschen steht – denn es kann jedermann ein Weiser werden.[15] Konfuzianischer Humanismus bleibt der sozialen Ordnung verpflichtet. Ein Weiser ist nicht nur eins mit dem Himmel, der Erde und allen Dingen, er ist vor allem ein Mensch *für andere*. Er ist es, der sich als erster über die Nöte der Welt Sorgen machen und als letzter ihre Vergnügungen genießen wird.[16] Das heißt nicht, daß er sich ganz und gar einer Arbeits-Ethik verschreibt, die der protestantischen entspricht. Der Konfuzianer findet seine Freude in seiner Harmonie mit der Natur und in seiner eigenen Humanität, in *jen*. Er strebt nicht danach, in diesem Leben lauter gute Werke anzuhäufen, um im nächsten Heil zu finden. Er hat eher nüchterne Ansichten über die letzten Fragen dieser Welt. Hier auf Erden ist das zukünftige Leben nicht seine vorrangige Sorge. Das wird sich finden.

Wenn man diese weltliche und menschliche Lebensorientierung mit christlichen Glaubens- und Sittengrundsätzen vergleicht, hinterläßt sie ein Vakuum

---

14 Vgl. Wing-tsit Chan et al., *The Great Asian Religions* (London, 1969), S. 99f.
15 Vgl. »A Manifesto for a Reappraisal of Sinology and Reconstruction of Chinese Culture« (1958), unterzeichnet von Carsun Chang, T'ang Chün-i, Mou Tsang-san und Hsü Fu-kuan. Publiziert in Carsun Chang, *The Development of Neo-Confucian Thought* (New York, 1962), S. 462–464. Siehe weiterhin Robert P. Kramers, »Some Aspects of Confucianism in Its Adaptation to the Modern World«, *Proceedings of the IXth Congress for the History of Religions*, Tokyo und Kyoto 1958, S. 332f.
16 Fan Chung-yen beschreibt diese Vorstellungen in einem seiner Aufsätze, dem *Yüeh-yang-lou chi*. Vgl. auch W. Th. de Bary (Hrg.), *Sources of Chinese Tradition* (New York, 1960), S. 448.

für das Übernatürliche als solches. Nicht daß der Konfuzianer das Übernatürliche leugnete. Die konfuzianischen Riten bringen ganz deutlich zum Ausdruck, was die konfuzianische Philosophie lehrt, allerdings in einer ziemlich unklaren Sprache, nämlich daß eine jenseitige Welt existiert, mit der man in Verbindung treten kann. Der Allerhöchste, der Himmel der klassischen Schriften, ähnelt dem christlichen Gott. Die halb-göttlichen Weisen einschließlich Konfuzius selbst sind mit christlichen Heiligen vergleichbar. Ahnengeister sind schwer einzuordnen, da ihre sittliche Relevanz nicht immer erwiesen ist. Aber gerade die Verehrung, die ihnen entgegengebracht wird, zeugt von einem Glauben an ein zukünftiges Leben und von der Sorge um diese Geister. Auch der konfuzianische Optimismus hinsichtlich der Güte des Menschen ist als religiöser *Glaube* interpretiert worden, ein Glaube an den Menschen, der letzten Endes im Glauben an eine unsichtbare Ordnung wurzelt, an die Ordnung des Himmels, immanent und doch transzendent, selbst in der Sprache der Neo-Konfuzianer. Darüberhinaus wies der Konfuzianismus durch spezifische Ritualisierung den entscheidenden Momenten des menschlichen Lebens quasi sakrale Bedeutung zu: Geburt, Mündigkeit, Heirat und Tod.

Wenn man den Konfuzianismus einerseits eine weltliche Religion nennen kann, so kann man doch andererseits auch mit Recht sagen, daß er eine starke innere Religiosität besitzt, die sich im Herzen seiner spirituellen Lehre von der Weisheit findet. Weisheit bietet ein Modell der Selbsttranszendenz. Der Weg zur Weisheit durch Kultivierung des Selbst, der vor allem in den Dynastien Sung und Ming asketische Dimensionen annahm, wurde immer als ein Weg der Selbsttranszendenz mit deutlich religiösen Zügen beschrieben. Konfuzianische Weisheit wurde nicht wie im Christentum als Befreiung von der Sünde durch die Gnade Gottes aufgefaßt, sondern als Einsicht in das immanente Prinzip der eingeborenen menschlichen Güte. Konfuzianische Selbstkultivierung hat anders als christliche Askese wenig, wenn überhaupt etwas, mit Gebet und Buße zu tun. Dennoch zeigt die konfuzianische Ausrichtung auf innere Verehrung und stilles Sitzen (Meditation) sowie auf die Einheit zwischen dem Innenleben des Menschen und seinem äußeren Tun einen Weg der *Laienspiritualität* zur Einheit von Kontemplation und Aktion. Ein solcher Weg ist im Christentum gewöhnlich den Mönchsorden vorbehalten geblieben, denen also, deren sittliches Streben dem Rest der Gläubigen ein Modell der »stellvertretenden Heiligkeit« bietet.

Wie steht es nun mit dem Konfuzianismus als Philosophie? Bietet er wie die christliche Religion eine philosophische Formulierung seiner Lehren? Oder sollte man ihn besser einfach als Sammlung von Morallehren und Vorschriften beschreiben, von »Du sollst«- und »Du sollst nicht«-Sätzen, eher den Zehn Geboten ähnlich?

In diesen Fragen stellt sich das Problem des volkstümlichen Konfuzianismus.

Eine flüchtige Lektüre der »*Gespräche*« des Konfuzius vermittelt das Bild eines Lehrers des sittlichen Verhaltens: Übe Wohltätigkeit, Gerechtigkeit und kindliche Pietät! Die Betonung der fünf sittlichen Beziehungen gibt solchen Lehren eine stark hierarchische Orientierung, und die empfohlenen Tugenden nehmen einen Ton der Konformität und Passivität an, soweit sie als soziale Verhaltensregeln gelesen werden, die zur Unterstützung einer herrschenden Elite bestimmt sind. Diese Interpretation des Konfuzianismus verzerrt allerdings seine tiefere Bedeutung, wie auch die Gleichsetzung des Christentums mit den Zehn Geboten – deren meiste negativ formuliert sind – Jesus Christus und damit seine Lehre von der Liebe Gottes und zum Nächsten, das dem Christentum tief zugrundeliegende Wesen, aussparen würde.
Der Konfuzianismus gleicht dem Christentum darin, daß er im Grunde die Lehre einer Lebensweise darstellt – der Selbsttranszendenz durch sittliches Streben. Philosophische Ausarbeitung kam in beiden Fällen später. Die Formulierung der Grundideen als Philosophie erweiterte den intellektuellen Horizont in einige Richtungen, schränkte ihn aber in anderen ein, indem die ursprünglichen Lehren in ein definitives spekulatives System eingebunden wurden. In diesem Sinne gleicht der Neo-Konfuzianismus der scholastischen Philosophie des Mittelalters, ohne jedoch die dogmatische Ausrichtung anzunehmen, die schon das frühe semitische und griechische Christentum besaß. In seiner starren Form als Staatsorthodoxie blieb der Neo-Konfuzianismus zwar ein Humanismus, war aber versteinert: der lebendige Mensch wurde theoretischen Tugendlehren geopfert, und so wurde eher Heuchelei denn wirkliches sittliches Streben gefördert. In seiner extremsten Form tat das scholastische Christentum dasselbe, indem es der menschlichen Existenz ausschließlich dann Bedeutung beimaß, wenn sie zu Glückseligkeit im zukünftigen Leben führte.
Im Grunde spielt es für den Versuch einer Neueinschätzung keine Rolle, ob Konfuzianismus nun als Religion, Philosophie oder als Zwischenform angesehen wird. Oft haben derartige intellektuelle Einteilungen emotionale Obertöne, den Personen entsprechend, die sie verwenden. Beispielsweise haben Missionare in China einen Mangel an Religiosität im Neo-Konfuzianismus für ihren Angriff herausgegriffen, während marxistische Kritiker gerade das Gegenteil getan haben. Ihnen ist der Neo-Konfuzianismus gerade wegen der Religiosität verhaßt, die sie in seinen Lehren betreffs der Selbstkultivierung entdeckt haben. In derartigen Angelegenheiten mag es besser sein, in Erinnerung zu rufen, daß beide Begriffe, Religion *und* Philosophie, im klassischen Chinesisch fehlen. Konfuzianismus steht da vielmehr für eine Lehre (*jiao*), die beide Dimensionen, die religiöse wie die philosophische, einschließt.

Die historische Begegnung

Was wußten Christen vom Konfuzianismus und Konfuzianer vom Christentum? Die frühesten vorhandenen Urkunden beider Seiten schweigen über dieses Thema. In Europa bestand die weitverbreitete Tendenz, in den Bewohnern Ostasiens Heiden und Götzendiener zu sehen, weil sie »Nichtchristen« waren. Seltener und positiver war der Standpunkt, sich den Osten als ein Land der weisen Männer, der gelehrten Philosophen und Astrologen vorzustellen – was vielleicht teilweise auf die Geschichte von den Magiern im 2. Kapitel des Matthäus-Evangeliums zurückzuführen ist. Eine dritte, dazwischenliegende Tendenz bestand darin, das chinesische Volk als »Quasi-Christen« anzusehen oder zumindest als ein Volk mit einer christlichen Gemeinschaft, speziell der Gemeinschaft, die sich unter dem fast unsterblichen (weil über Jahrhunderte hinweg beschworenen) legendären Priester Johannes entwickelt haben soll. Gerade diese dritte Tendenz hat als Ansporn gewirkt, die frühesten Missionare nach China zu bringen, auf der Suche nämlich nach einem christlichen Kathay.[17]

Die Chinesen ihrerseits wußten ebensowenig von Europa und seiner Religion. Die Bevölkerung Chinas hielt ihr eigenes Land für das Zentrum der Welt. Für sie war der »Westen« die Heimat der buddhistischen Religion. Selbst nachdem sich portugiesische Händler und Reisende im 16. Jahrhundert in Macao niedergelassen hatten, neigten die Chinesen dazu, sie für Gläubige der »buddhistischen Sekte« zu halten.

Dieses frühe wechselseitige Unverständnis ist als solches schon lehrreich. Jede der beiden großen Zivilisationen, Westeuropa und Ostasien, verstand die andere nur in Begriffen ihres eigenen Selbstverständnisses. Auf beiden Seiten fand sich kein gewichtiger Grund, die gegenseitige Bekanntschaft, die wohl bestand, zu vertiefen. So war es zumindest bis zum 16. und 17. Jahrhundert, als Jesuitenmissionare nach China kamen. Intellektuelle Neugier, religiöser Eifer und Expansionismus des Westens führten schließlich zur Entdeckung von Chinas einheimischen philosophisch-religiösen Traditionen.

Die Jesuiten gelten zurecht als die ersten uns bekannten Europäer, die den Konfuzianismus entdeckt haben. Sie wurden seine ersten Interpreten für Europa. Sicher, lange bevor Jesuiten davon träumen konnten, nach China zu gehen, lange bevor die Societas Jesu gegründet wurde, waren ihnen andere Missionare aus dem Westen vorangegangen. Wir wissen von den Nestorianern des 7. und 9. Jahrhunderts durch etliche historische Überreste, etwa einer Stele, die im 17. Jahrhundert ausgegraben wurde (als Matteo Ricci in China war), sowie auch durch chinesische Quellen, die von der Ankunft des Mönchs

---

17 Vgl. Igor de Rachewiltz, *Papal Envoys to the Great Khans* (London, 1971), 1. Kap. sowie 58f, 142f, und 184f.

Alopen, wahrscheinlich aus Persien, berichten.[18] Als im 13. Jahrhundert Franziskaner-Missionare ins mongolische China kamen, gab es dort noch Nestorianer, die allerdings nicht mehr aktiv missionierten. Die Franziskaner gaben China seinen ersten katholischen Erzbischof, Johannes von Monte-Corvino, der in der Stadt Khanbalik (= Peking) residierte und angeblich 6.000 Personen getauft hat. Doch das franziskanische Zwischenspiel erwies sich als noch kurzlebiger als das nestorianische, und keine der beiden Gruppen scheint dem Konfuzianismus als einer chinesischen Religion oder Philosophie viel Beachtung geschenkt zu haben.[19] Marco Polo, der ebenfalls das mongolische China besuchte und mit den Berichten über seine dortigen Erfahrungen in Europa viel Aufsehen erregte, erwähnt den Konfuzianismus nicht einmal; ihm genügte es offenbar, die Chinesen als Heiden zu beschreiben.[20]

Demnach scheint Europa von Konfuzius und seinen Lehren bis zum 17. Jahrhundert, als die Berichte und Schriften der Jesuitenmissionare bekannt wurden, keine Kenntnis gehabt zu haben. Diese verspätete Entdeckung machte jedoch einen tiefen Eindruck auf die intellektuelle Welt Europas. Zu dieser Zeit war Europa keine vereinigte Christenheit mehr, nicht einmal dem Namen nach; es hatte sich in der Glaubensfrage gespalten, in Protestantismus und Katholizismus, und häufig fielen die religiösen mit den nationalen Grenzen zusammen. Außerdem erfuhr Europa grundlegende soziale und intellektuelle Wandlungen infolge wissenschaftlicher Entdeckungen (Kopernikus, Galilei, Newton) und geographischer Ausbreitung (Christoph Kolumbus, Vasco da Gama, et al.). Diese Ereignisse ermöglichten die Jesuitenmission nach China und Ostasien. Sie bereiteten außerdem die intellektuelle Elite auf ein neues Zeitalter des Rationalismus und auf die Infragestellung christlicher Glaubens- und Wertvorstellungen vor. Die jesuitische Interpretation des Konfuzianismus trug ironischerweise zu dieser Ausbreitung des Rationalismus und Säkularismus bei.[21]

---

18 Vgl. zu den Nestorianern A.C. Moule, *Christians in China before the Year 1550* (London, 1930), 2. Kap, sowie sein *Nestorians in China: Some Corrections and Additions* (London, 1940). Weiterhin siehe Sakei Yoshiro, *Chúgoku ni okeru keikyo suibo no rekishi* (Die Geschichte des Nestorianismus in China; Kyoto, 1955).

19 Vgl. zur Franziskanermission besonders A. van der Wyngärt (Hrg.), *Sinica Franciscana* (Firenze, 1929), Bd. 1, S. 57f, 346–493; I. de Rachewiltz, *Papal Envoys* (wie Anm. 17), Kap. 4, 8, 9, 10; Fang Hao, *Chung-hsi chiao-t'ung shih* (Geschichte der Beziehungen zwischen China und dem Westen; Taipei, 1953), Bd. 3, Kap. 8.

20 Vgl. Paul Demiéville, »La situation religieuse en Chine au temps de Marco Polo«, in *Oriente Poliano* (Rom, 1957), S. 193–234; L. Olschki, »Manichaeism, Buddhism and Christianity in Marco Polo's China«, in *Asiatische Studien* 5 (1951), S. 1–21; A. Moule, *Christians* (wie Anm. 18).

21 Das beste Werk zu diesem Thema ist die Dissertation von Paul Rule, *K'ung-tzu or Confucius? The Jesuit Interpretation of Confucianism* (Australian National University, 1972). Ich habe von den vielen Diskussionen profitiert, die ich mit Paul Rule

Die jesuitische Interpretation des Konfuzianismus

Als die Jesuiten zum ersten Mal nach China kamen[22], wußten sie mehr vom Buddhismus als vom Konfuzianismus, und ihre ersten Anstrengungen missionarischer Art bestanden darin, zum Unterricht in den Evangelien die Kleidung buddhistischer Bonzen zu tragen und ein aus dem Buddhismus entlehntes Vokabular zu verwenden. Dies war natürlich, wenn man bedenkt, daß der Buddhismus mehr religiöse Parallelen zum Christentum aufwies als der Konfuzianismus, jedenfalls für den oberflächlichen Betrachter. Der volkstümliche Buddhismus, wie er den Missionaren begegnete, war offensichtlich eine Religion mit Dogmatik und vergöttlichten Gestalten, mit dem Glauben an eine Zukunft nach dem Tod, einer mitleidsvollen Einstellung gegenüber der Menschheit und einem Beispiel für klösterliche Askese. Aus demselben Grund hielten die Chinesen das Christentum für eine neue buddhistische Sekte.

Matteo Ricci aber war anderer Meinung. Seine frühen Erfahrungen in China bewiesen ihm, daß das bestimmende Wertsystem nicht der Buddhismus, sondern der Konfuzianismus war. Außerdem widmete er sich lange Jahre dem Studium des Chinesischen und der konfuzianischen Klassiker und überzeugte sich davon, daß zwischen Christentum und Konfuzianismus große Übereinstimmung bestand, besonders mit den frühen Lehren des Konfuzius, die von der Verehrung für ein höchstes Wesen und hohen moralischen Geboten zeugen. Der Konfuzianismus äußerte sich jedoch nicht über das zukünftige Leben, und ihm fehlte jede dogmatische Ausarbeitung. Dies wiederum kam den christlichen Missionaren sehr entgegen, da sie glaubten, das Fehlende beitragen zu können.[23] Die buddhistischen Lehren von *saṃsāra* und *nirvāṇa* stellten auf der anderen Seite verwickelte Probleme für christliche Theologen dar, die das menschliche Leben als linearen, nicht als zyklischen Ablauf auffaßten und das Leben nach dem Tod als Vollendung, nicht als Leere ansahen. So legte Matteo Ricci seine Bonzenkleidung ab und vertauschte sie mit dem Gewand

---

über dieses Thema geführt habe, als wir zusammen in Canberra waren. Sydney–London–Boston 1986.

22 Vgl. zur Jesuitenmission L.J. Gallagher, *China in the Sixteenth Century* (New York, 1953); G.H. Dunne, *Das große Exempel. Die Chinamission der Jesuiten* (Stuttgart 1956); Henri Bernard-Maître, *Le Père Matthieu Ricci et la société chinoise de son temps* (Tientsin, 1937), 2 Bde; »L'Église catholique des XVIIe et XVIIIe siècles et sa place dans l'évolution de la civilisation chinoise«, *Monumenta Serica* 1 (1935), 155–167; Fang Hao, *Chung-hsi* (wie Anm. 19), Bd. 5, Kap. 5 und 6. Jacques Gernet, *Christus kam bis nach China. Eine erste Begegnung und ihr Scheitern* (Zürich–München 1984).

23 Vgl. Henri Bernard-Maître, *Sagesse chinoise et philosophie chrétienne* (Tientsin, 1935), S. 101–117. Dieses Buch, vor 50 Jahren veröffentlicht, gehört zu den wenigen Büchern, die chinesische Philosophie im Lichte christlicher Perspektiven besprechen.

des konfuzianischen Gelehrten. Dies war ein überlegter Schritt, unternommen aus Gründen der Zweckmäßigkeit und voller Überzeugung. Von da an waren für die Jesuiten alle Buddhisten Götzendiener, die Konfuzianer dagegen potentielle Verbündete und Bekehrte. Wie Ricci in seinem berühmten Katechismus *T'ien-chu shih-yi* (Die wahre Vorstellung von Gott)[24] betonte, enthielten die konfuzianischen Klassiker Hinweise, wenn auch in rudimentärer Form, auf christliche Vorstellungen wie Gott und zukünftiges Leben. Diese Einsichten waren im Laufe der Zeit verdunkelt worden, teilweise unter buddhistischem Einfluß, teilweise aus berechtigter konfuzianischer Reaktion gegen bestimmte buddhistische Auswüchse. Dennoch waren die Klassiker nach wie vor die heiligen Bücher des Konfuzianismus, so daß eine Wiederentdeckung der wahren ursprünglichen Lehren von Konfuzius zum Verständnis und zur Annahme der Evangelien beitragen würde.

Waren Riccis Überzeugungen gerechtfertigt? Diese Frage kam weniger deshalb auf, weil unter den Missionaren eine besondere Neigung bestand, das Christentum der anderen Religion, i.e. dem Buddhismus, anzupassen, als vielmehr auf Grund von Zweifeln an Riccis bevorzugter Interpretation des Konfuzianismus. Der konkrete Streitpunkt waren die konfuzianischen Riten. Sollte es christlichen Konvertiten gestattet werden, den Ahnengeistern und dem Geist des Konfuzius weiterhin Verehrung zu bezeugen? Bedeuteten diese Rituale Vergöttlichung der betreffenden Personen oder waren sie bloß symbolische Zeichen der Verehrung? Und wie stand es mit der chinesischen Terminologie für das Göttliche? Waren Begriffe wie *Shang-ti* (Allerhöchster) und *T'ien* (Himmel) wirklich angemessen, um dem christlichen Glauben an Gott Ausdruck zu verleihen?

Die Auseinandersetzungen über Riten und Begriffe schieden die Missionare in China und Japan in zwei Lager. Diejenigen, die unter den gebildeten Klassen arbeiteten – vor allem die Jesuiten –, wünschten Anpassung, während sich andere – Franziskaner und Dominikaner –, die unter den ungebildeten Massen predigten, verständlicherweise dagegen auflehnten. Denn die Ungebildeten maßen häufig jenen Ritualen religiöse Bedeutung bei, die von den Gebildeten mehr als Gedenken denn als Anbetung verstanden wurden. Zudem war der volkstümliche Konfuzianismus, wie ihn die Massen verstanden, viel stärker von Ideen der buddhistischen und taoistischen Volksreligion beeinflußt. Sogar mit den privilegierten Klassen hatten die um Anpassung bemühten Jesuiten ihre Schwierigkeiten. Durch die vorherrschende neokonfuzianische Metaphysik erhielt der früh-konfuzianische Begriff für das höchste Wesen, Himmel, eine stark metaphysische Bedeutung. Himmel wurde zum zweifachen Him-

---

24 Ich habe die Ausgabe von Lucas Liu Shun-te, *T'ien-chu shih-yi* (Tai-chung, 1966) benutzt, die den klassischen chinesischen Text und eine moderne chinesische Übersetzung enthält.

mel-und-Erde, zum Universum, mit dem sich die neo-konfuzianische Seele in Einklang fühlte. Konnte da der christliche Gläubige nicht den Eindruck gewinnen, daß der frühere Theismus durch eine pantheistische Anschauung ersetzt wurde? Zudem gab es noch die Begriffe *li* (Prinzip) und *ch'i* (Lebenskraft), beides metaphysische Prinzipien, die für einen Christen, der nach einer klaren Aussage über spirituelle Substanz und die Unsterblichkeit der Seele verlangte, materialistische Anklänge haben konnten. Täuschten sich die Jesuiten nicht selbst, wenn sie auf der Existenz einer reineren Form des Konfuzianismus bestanden, die man nur in Büchern, nicht aber unter Menschen finden konnte? Gegenüber derart polemischen Perspektiven sollten wir nun zweierlei bedenken: die Art und Weise, wie jesuitische Autoren den Konfuzianismus für ihre europäischen Leser zu interpretieren versuchten, und die Kontroversen, die schließlich die päpstliche Entscheidung, die Riten zu verdammen, herbeiführten. Die Jesuiten waren bestrebt, in Europa einen vorteilhaften Eindruck von den religiösen Lehren des Konfuzianismus zu schaffen, um ihr Ziel der missionarischen Anpassung voranzubringen. Sie sahen durchaus nicht voraus, daß ihre enthusiastischen Lobreden auf ein nicht-christliches religiöses und philosophisches Erbe von so hohem Alter auch den Absichten derjenigen Intellektuellen in Europa dienen würde, die nach Gründen suchten, die etablierten Formen des Christentums zugunsten von Deismus und Rationalismus in Mißkredit zu bringen. Auf der anderen Seite konnte christliche Anpassung an konfuzianische Lehren und Rituale nicht so einfach akzeptiert und durchgeführt werden. Die Begegnung zwischen Christentum und Konfuzianismus war ja in der Tat ein Aufeinandertreffen zweier orthodoxer Traditionen: derjenigen des post-tridentischen Katholizismus, derzufolge kein Heil außerhalb der Kirche zu finden war, und derjenigen der neo-konfuzianischen Staatsphilosophie, derzufolge keine Erlösung notwendig war, weil sie keine Erbsündenlehre kannte. Es gab genügend Offenheit auf beiden Seiten, um die Entfaltung eines Dialogs und neue Bekehrungen zu ermöglichen, da eine Reihe von Chinesen den christlichen Glauben annahmen und doch Konfuzianer blieben. Aber eine derartige Anpassung hätte selbst ohne Intervention von außen nicht lange angehalten, wenn nicht theoretische Rechtfertigung in Form theologischer Reflexion ausgearbeitet werden konnte. Diese Möglichkeit wurde jedoch zunichte gemacht durch die päpstlichen Entscheidungen gegen die konfuzianischen Riten, durch die darauffolgenden religiösen Verfolgungen in China sowie auch durch die Unterdrückung der Societas Jesu. Erst in unseren Tagen, in einer völlig veränderten Lage, wurde erneut der Ruf danach laut.

Für einige Zeit blühten christliche Missionen in Japan[25] wie in China. Man hat

---

25 Vgl. C.R. Boxer, *The Christian Century in Japan, 1549–1650* (Berkeley, 1950); Michael Cooper, *The Southern Barbarians: The First Europeans in Japan* (Tokyo, 1971).

die Zahl der Christen in Japan im Jahre 1605 auf 750.000 geschätzt, etwa vier Prozent der gesamten Bevölkerung – und das trotz des Verfolgungsedikts, das der Shōgun Toyotomi Hideyoshi 1597 erließ. In China gab es um 1700 angeblich 300.000 getaufte Christen, und die Jesuiten am Hof hegten die Hoffnung, daß der Mandschu-Kaiser K'ang-hsi (Reg. 1662–1723) selbst zum Christentum übertreten würde. Doch die Blütezeit war nur von kurzer Dauer. In Japan verbannte der Shōgun Ieyasu Tokugawa alle Missionare im Jahre 1614. Die schrecklichen Verfolgungen unter ihm und seinen Nachfolgern zeigten das tief verwurzelte Mißtrauen, religiös wie politisch, mit dem Japans Herrscher dem Christentum begegneten, einer fremden Religion, die mit Europäern und – so klang es in konfuzianischen Ohren – mit Aberglauben in Verbindung gebracht wurde. Das Tokugawa-Shōgunat unterstützte die Verbreitung konfuzianischer Lehren so gut es konnte und löschte gleichzeitig das Christentum aus. In China gefährdeten sowohl Konflikte unter den Missionaren als auch Roms Eingreifen in den Ritenstreit die Sache des Christentums. Politische Hintergründe, einschließlich Hofintrigen, machten die Lage noch schwieriger. Die darauf einsetzenden Verfolgungen bereiteten dem großen Zeitalter der China-Mission ein Ende, bis schließlich um 1800 alle früheren Erfolge verloren zu sein schienen.

Der vierte Versuch, die konfuzianische Welt zu evangelisieren, erfolgte im späten 19. Jahrhundert, als die Missionare im Gefolge von Händlern und Eroberern wiederkehrten. Diesmal wurde ihre Stellung durch ihren politischen Protektor gefährdet, sie wiederum gefährdeten ihre Konvertiten. Dies war das Ergebnis des westlichen Triumphalismus, der zugleich rassisch, politisch, religiös und kulturell war und den Untergang der konfuzianischen Kultur verhieß. Christliche Missionare, Katholiken wie Protestanten, waren hauptsächlich für das gesunkene Prestige des Konfuzianismus im späten 19. und frühen 20. Jahrhundert verantwortlich. Christliche Missionare und ihre chinesischen Konvertiten standen für Verwestlichung und Modernisierung. Von einigen isolierten Ausnahmen abgesehen, betrachteten sich christliche Missionare als Überbringer einer überlegenen evangelischen Heilsbotschaft für heidnische Sünder, die in religiöser Dunkelheit und Unwissenheit lebten, ohne die Errungenschaften des materiellen Fortschritts des Westens. Sie waren sich kaum bewußt, daß solch eine Einstellung, die einem Jahrhundert der Rationalität mit anti-christlichen Vorbehalten entsprang, zusammen mit ihrer Entwicklung zu einer militanten Ideologie, dem dialektischen Materialismus des Marxismus, bald schon alle Erfolge hinwegfegen würde, die sie in hundert und mehr Jahren verzeichnet hatten. Der vierte Versuch, die konfuzianische Welt zu bekehren, führte, nach dem Sturz des Konfuzianismus, nicht zum Übertritt zum Christentum, sondern zum Triumph einer alternativen Lebensform, des marxistischen Sozialismus, zumindest auf dem chinesischen Festland, in Nord-Korea und in Vietnam. Außerhalb dieser Gebiete, in einem durch die Überreste des

Konfuzianismus und Buddhismus geprägten Milieu, konnten christliche Missionare weiterhin das Evangelium predigen. Dort gewann das Christentum in den letzten Jahrzehnten die meisten Anhänger, und auch heute ist die Bereitschaft zu missionarischer Anpassung dort größer. Der Erfolg des marxistischen Atheismus und des weltlichen Materialismus war für Christen wie Konfuzianer eine schmerzliche Erfahrung. In Hongkong, Taiwan, Südkorea und Südostasien ist die Zahl der Christen innerhalb der chinesischen Diaspora ständig gestiegen – zumindest bis vor kurzem.

Nun bleibt noch die interessante Frage nach den vom Konfuzianismus zum Christentum Übergetretenen zu erörtern: Sind diese neuen Christen mehr christlich oder mehr konfuzianisch? Anders als die Konvertiten vom Buddhismus brauchen sie nicht mehr ihre »Rituale« aufzugeben – der Ritenstreit ist kein entscheidendes Problem mehr. Er wurde weniger durch den römischen Erlaß von 1939 beigelegt, der Christen die Teilnahme an Ritualen zu Ehren der Ahnen und des Konfuzius gestattete, als durch den beschleunigten Säkularisierungsprozeß in konfuzianischen Gesellschaften. Ahnenriten werden immer weniger praktiziert, zumal die chinesischen Auswanderer nach Südostasien und weiter ihre Ahnentafeln oft nicht mitnehmen konnten. Der Kommentar eines chinesischen Pastors, der eine große Gruppe Auslandschinesen verschiedener Konfession in Sydney (Australien) betreut, ist erhellend: Seiner Ansicht nach hat diese Gemeinschaft von Christen, meist Protestanten, die China in den letzten zwanzig bis dreißig Jahren verlassen haben, eine im wesentlichen konfuzianische Lebenseinstellung; ihre Mitglieder erstreben für sich und ihre Familien ein moralisch aufrechtes Leben und kommen zur Kirche, um dort gegenseitige Unterstützung und Solidarität zu finden. Er hätte hinzufügen können, daß sie auch Trost im gemeinsamen Glauben an Gott und im gemeinsamen Gottesdienst finden. Denn eben hier hat das Christentum einer »entwurzelten konfuzianischen Gemeinschaft« etwas zu bieten.

Der Begriffs- und Ritenstreit

Christliche Missionare – Jesuiten und andere – gingen hauptsächlich in den Fernen Osten, um das Evangelium zu predigen. Ihr Kontakt mit der hochentwickelten konfuzianischen Kultur, deren Menschen- und Weltbild und deren rituellen Glaubensformeln, stellte sie vor das Problem der kulturellen Begegnung. Sollten die Ansprüche des Christentums auf Einzigartigkeit hinsichtlich des Menschen und seiner Erlösung durch Zurückweisung aller Lehren, die möglicherweise Konkurrenz bedeuteten, abgesichert werden? Sollte eine Einigung mit den einheimischen Traditionen zugelassen werden? Sollte eine echte Begegnung angestrebt werden, die unvoreingenommene intellektuelle Debatten und Diskussionen einschloß? Oder sollte bloß die Entlehnung eines geeigneten Vokabulars für die Vermittlung der christlichen Wahrheiten erstrebt werden? Solche Fragen führten zu zwei hitzigen Kontroversen, die für die Geschichte des Christentums im Fernen Osten entscheidende Konsequenzen hatten. Ich meine den Begriffs- und den Ritenstreit.

Die erste Frage betraf die Übersetzung des lateinischen Wortes für Gott, *Deus*, ins Chinesische.[26] Hier hatten die Jesuiten mit ähnlichen Problemen zu ringen wie buddhistische Missionare in China viele Jahrhunderte früher – philosophische und theologische Vorstellungen einer religiösen und intellektuellen Tradition in die Sprache einer anderen zu übertragen. Die Buddhisten hatten sich damals für *ko-yi* entschieden, eine Methode, durch die eine Auswahl chinesischer Wörter aus den klassischen Schriften getroffen wurde, deren Bedeutungen dem ursprünglichen Pali oder Sanskrit am ehesten entsprachen.[27] Dennoch waren sie bei bestimmten Fachausdrücken zu Transliterationen gezwungen, so bei *nirvāna (ni-p'an)* und *samsāra (sheng-ssu)*. Für den letzteren Begriff verwandten sie die chinesischen Worte für »Leben und Tod«, wodurch die Idee des Kreislaufs der Seelenwanderung recht gut zum Ausdruck kommt. Eine Methode wie *ko-yi* setzte eine versöhnliche Haltung der chinesischen Philosophie gegenüber voraus und führte zu einem langwierigen Prozeß kultureller Anpassung, in dessen Verlauf der indische Buddhismus sinisiert wurde, so daß die buddhistische Vorherrschaft vom 6. bis zum 10. Jahrhundert – die »buddhistische Eroberung Chinas«[28] – gelegentlich als chinesische Eroberung des Buddhismus beschrieben worden ist. Aber während der Buddhismus vom existentiellen Leiden des menschlichen Lebens ausging und verschiedene theoretische Richtungen entwickelte, die theistisch, pantheistisch oder atheistisch interpretiert werden konnten, betrachteten christliche Missionare die Offenbarung Gottes als ihre zentrale Lehre und suchten besonders nach einem passenden Begriff, der die Bedeutung des lateinischen Wortes *Deus* wiedergeben

---

26 Im 19. Jahrhundert untersuchte der protestantische Missionar und Gelehrte James Legge die Frage möglicher Übersetzungen des Wortes »Gott« ins Chinesische noch einmal und verteidigte ausdrücklich die These, die die Jesuiten schon früher vertreten hatten, daß nämlich der »Allerhöchste« (*Shang-ti*) der wahre Gott sei. Vgl. James Legge, *The Notions of the Chinese Concerning Gods and Spirits* (Hongkong, 1852), mit einem Aufsatz von William J. Boone, D.D., über die beste Übersetzung der Worte *Elohim* und *Theos* ins Chinesische.

27 Vgl. T'ang Yung-t'ung, *Han Wei liang Chin Nan-pei-ch'ao fo-chiao shih* (Shanghai, 1938), Bd.1, 234–238 und seinen englischen Artikel, »On *ko-yi*, the Earliest Method by Which Indian Buddhism and Chinese Thought Were Synthesized«, in *Radhakrishnan: Comparative Studies in Philosophy*, Hrg. W.R. Inge (London, 1940), S. 276–286.

28 Vgl. die Buddhismusgeschichte von T'ang Yung-t'ung (wie Anm. 15) sowie Erik Zürchers *The Buddhist Conquest of China* (Leiden, 1959). Siehe auch Kenneth Ch'en, *Buddhism in China: A Historical Survey* (Princeton, 1964), Kap. 2–7.

konnte.²⁹ Sie gerieten in Verlegenheit, als sie in der chinesischen Sprache eine Reihe von Begriffen vorfanden, die alle in bezug auf ein höchstes Wesen benutzt werden konnten, häufig jedoch auch andere Bedeutungen hatten: *Shang-ti* – der Allerhöchste; *T'ien* – Himmel; *Shen* – Geist; *T'ai-chi* – das Höchste. Das Problem wurde dadurch noch komplizierter, daß der Gebrauch einiger dieser Begriffe in den frühen konfuzianischen Klassikern einen eher transzendenten und personalen Charakter hatte, während spätere neo-konfuzianische Kommentare dieselben Wörter sehr viel metaphysischer auslegten; sie betonten die wechselseitige, fast vollkommene Identität des Absoluten mit dem Universum in einer allumfassenden, organischen Philosophie der Immanenz. Zudem war der Gebrauch derselben Begriffe auf volkstümlicher Ebene durch den Einfluß der buddhistischen und taoistischen Religionen noch vielfältiger und brachte animistisch und polytheistisch anmutende Glaubensvorstellungen mit ins Spiel.

Die Jesuitenmissionare, die hauptsächlich mit dem gebildeten Adel zusammenarbeiteten, folgten in ihren Bemühungen um kulturelle Anpassung dem Beispiel Matteo Riccis. Nach Überprüfung der chinesischen Klassiker befürworteten einige *Shang-ti*, andere *T'ien*, doch man einigte sich öffentlich auf *T'ien-chu* (»Herr des Himmels«, wofür auch immer »Himmel« bei den Chinesen stehen mochte). Dabei kam es auch später gelegentlich vor, daß der Herr des Himmels einfach als »Himmel« oder aber als »Allerhöchster« bezeichnet wurde. Trotzdem kam es erneut zu Kontroversen, erst unter den Jesuiten, dann in einem größeren missionarischen Kreis, der auch andere Gruppen mit einschloß, von denen viele die jesuitischen Methoden der Anpassung ablehnten. Der zum Nachfolger Matteo Riccis ernannte Nicolas Langobardi, der den Jesuitenmissionaren in China und Japan vorstand, zog die Verwendung von *T'ien-chu* in Zweifel. Seine Kritik richtete sich vor allem gegen die Bedeutung des Begriffes im vorherrschenden neo-konfuzianischen Milieu. Er schlug vor, alle originalen chinesischen Begriffe mit ihren Mehrdeutigkeiten beiseite zu lassen und das Wort *Deus* in chinesischer oder japanischer Transliteration einzuführen.³⁰ Die Erfahrungen in Japan waren um so schmerzlicher, als der erste Jesuit am Platze, Franz Xavier, Mitte des 16. Jahrhunderts zunächst den Namen des obersten Gottes der Shingon-Schule des Buddhismus, *Dainichi*, für

---

29 Vgl. zum Ritenstreit Paul Rule, *K'ung-tzu* (wie Anm. 21), Kap. 4, in dem er seine Untersuchungen ursprünglicher Quellen und Dokumente darlegt.
30 Ricci hat möglicherweise auch eine Transliteration für *Deus* benutzt, zumindest in einer Periode seine missionarischen Laufbahn. Vgl. P. Pasquale M. d'Elia, »Le Origini dell'Arte Cristiana cinese (1583–1640)«, in Reale Accademia d'Italia, *Studi e Documenti* 9 (Rom, 1939) und die Besprechung von J.J.L. Duyvendak in *T'oung-pao* 35 (1940), S. 386–388. Ich wurde durch Fang Chao-ying auf diese Arbeiten aufmerksam, der sie auch in der Biographie von Ch'eng Ta-yüeh, *Dictionary of Ming Biography 1368–1644* (New York, 1976), Bd. 1, S. 212–215, verwendet hat.

»Gott« gebrauchte. Später dann führte er *Deusu*, eine Transliteration von *Deus* ein und mußte feststellen, daß buddhistische Bonzen daraufhin von *Dai-uso*, das heißt »große Lüge«, sprachen. Im Laufe der Zeit schwankten die Missionare zwischen »Herr des Himmels« in chinesischen Schriftzeichen und dem *Deusu* in japanischer Silbenschrift – am Ende entschieden sie sich für letzteres. Die drei Personen der Trinität wurden mit *Deusu Patere*, *Deusu Hiriō* und *Deusu Supiritsu Santo* übertragen, um doktrinäre Genauigkeit zu gewährleisten. Derartige Maßnahmen stellten den fremden Ursprung der christlichen Religion heraus und hatten zur Folge, daß Konvertiten sich für Gläubige eines fremden Gottes hielten, dessen Lehre sie nicht wirklich verstanden, da sie in der »Sprache« der europäischen Scholastik verfaßt war und viele weitere Transliterationen aufwies, so *persona* (Person), *susutanshiya* (Substanz), *garasa* (Gnade) und *hiidesu* (Glaube).[31]

In Korea stellte die Übersetzung des Wortes »Gott« ein geringeres Problem dar als in China oder Japan, da das Christentum dort durch Vermittlung chinesischer Priester und Bücher eingeführt wurde, wahrscheinlich zu Beginn des 17. Jahrhunderts. Darüberhinaus hat die koreanische Sprache von jeher einen eigenen Begriff für ein höchstes Wesen, das mit persönlichen Attributen ausgestattet war: *Hananim*, der Gott der einheimischen Religion, der ursprünglich mit Tangun, dem mythischen Ahnherrn, verbunden war.[32]

Der Streit um die Begriffe wurde vom ausgreifenden Ritenstreit absorbiert und durch Eingreifen aus Rom »entschieden«. Die katholischen Missionare wurden angewiesen, stets an dem Begriff *T'ien-chu* festzuhalten, die anderen Begriffe *T'ien* und *Shang-ti* also zu vermeiden, um in den Köpfen der bereits gewonnenen und zukünftigen Katholiken keine Verwirrung zu stiften. Dennoch wurde die Kontroverse in der zweiten Hälfte des 19. Jahrhunderts von einer neuen Generation von China-Missionaren weitergeführt, diesmal vor

---

31 Vgl. Georg Schurhammer, S.J., *Das kirchliche Sprachproblem in der japanischen Jesuiten-Mission des 16. und 17. Jahrhunderts* (Tokyo, 1928).
32 Vgl. Spencer J. Palmer, *Korea and Christianity* (Seoul, 1967), Kap. 1. Die katholische Seite der Geschichte christlicher Mission in Korea wird geschildert in Charles Dallets *Histoire de l'Église en Corée* (Paris, 1874), 2. Bde. Zusätzliche Informationen finden sich bei Charles A. Clark, *The Old Religions of Korea* (New York, 1932), S. 229–255. Zur protestantischen Mission vgl. L.G. Paik, *The History of Protestant Missions in Korea, 1832–1910* (Seoul, 1971); Samuel H. Moffett, *The Christians of Korea* (New York, 1962). Zum koreanischen Konfuzianismus siehe Laurent Youn Eul-sou, *Le Confucianisme en Corée* (Paris). Der Autor dieses letzteren Werkes ist katholischer Priester; obwohl es vor über 30 Jahren geschrieben wurde, ist es noch immer das Standard-Nachschlagewerk in einer westlichen Sprache. Vgl. auch K.P. Young und G. Henderson, »An Outline History of Korean Confucianism«, in *Journal of Asian Studies* 18 (1958), S. 81–101 und 19 (1959), S. 259–276. Für Informationen über das Christentum im heutigen Korea bin ich Cornelius Chang zu Dank verpflichtet.

allem von Protestanten. Die schließlich von den Protestanten getroffene Entscheidung, den Begriff *Shang-ti* für Gott zu übernehmen, während die Katholiken an *T'ien-chu* festhielten, bedeutete im Verständnis vieler Christen – und bedeutet für viele noch heute – die Koexistenz zweier Religionen, derjenigen des Herrn des Himmels (katholisch) und derjenigen von Christus (protestantisch), eine jede mit ihrem eigenen Gott. In Japan hat sich die Lage gebessert, da sowohl protestantische als auch katholische Missionare heute dazu neigen, den Begriff *kami* (die japanische Version des chinesischen *shen*) zu verwenden. In Korea riefen sowohl Protestanten wie Katholiken *Hananim* an, Katholiken jedoch auch den Herrn des Himmels, *Chung-ju*.

Die konfuzianischen Riten verweisen auf einen großen Bereich verschiedenster Praktiken:[33] so auf das Himmelsopfer, dessen alljährliche Durchführung dem Kaiser vorbehalten war; auf die öffentlichen Riten, die zweimal im Jahr, im Frühling und im Herbst, Konfuzius galten; auf andere, Gelehrten-Beamten obliegende Rituale der Verehrung von Berg- und Flußgeistern, an deren Schutzmacht über die lokale Region man glaubte; auf die Verehrung von Stadtgöttern (*ch'eng-huang*), halb-vergöttlichten historischen Personen, denen für ihre unaufhörliche Anteilnahme an dieser Welt und dem allgemeinen Wohl der lokalen Bevölkerung ein offizieller Status zuerkannt wurde. Dann gab es noch Familienriten – rituelle Ahnengaben an Geburts- und Todestagen sowie Leichen- und Trauerzeremonien, die in Gegenwart der Ahnentafeln, auf denen die Namen der Ahnen eingetragen waren, oder auch vor den Körpern der Verstorbenen vollzogen wurden. Im Weltbild und in der Lebenseinstellung des Konfuzianismus hatten die Riten einen hohen Stellenwert, das Wort *Li* oder Ritual bedeutete auch Schicklichkeit oder Richtigkeit des Verhaltens. Außerdem waren die Riten in kosmischer und sozialer Hinsicht sehr wichtig, da sie mit dem Wechsel der Jahreszeiten, der Regierungsverwaltung, dem gesamten Erziehungssystem sowie auch dem Stammesbräuchen verknüpft waren.

Die Frage war, ob diese Rituale Glaubensvorstellungen darstellten, die mit dem christlichen Glauben unvereinbar waren. Wird Konfuzius, werden die Ahnen als vergöttlichte Wesen angesehen, die man anbeten muß? Wenn nicht, warum sollte dann Weihrauch angezündet, warum sollten gelegentlich Opfertiere dargebracht werden? Solche Bräuche wurden im Westen immerhin mit einem göttlichen Anbetungsobjekt in Verbindung gebracht. Sollte es christlichen Konvertiten gestattet werden, an diesen Ritualen weiterhin teilzunehmen, oder sollten sie solche Praktiken aufgeben, um ihren Bruch mit ihrer kulturellen Vergangenheit, mit ihren Familientraditionen und Vorfahren deutlich zu machen? Sollten sie darüberhinaus ihre eigene Erziehung und öffentliche Laufbahn aufs Spiel setzen, da sie als Schüler und Beamte zur regelmäßigen Teilnahme an bestimmten öffentlichen Riten verpflichtet waren?

33 Vgl. Paul Rule, *K'ung-tzu* (wie Anm. 21), Kap. 4 und 5.

Die Gegner konfuzianischer Riten stellten die Mehrdeutigkeit dieser Praktiken wegen der Verwendung von Weihrauch, Opferspeisen und Ahnentafeln heraus. Sie sagten, daß der Kult der lokalen Geister an Animismus und Pantheismus erinnere, während der des Konfuzius und der Ahnen zumindest im Volksverständnis, wenn nicht auch im Verständnis der gebildeten Oberschicht, einen gewissen vergöttlichten Status der verehrten Personen nahelege. Teilnehmer eines derartigen Kultes waren Götzendiener. Gestatte man nun christlichen Konvertiten die fortgesetzte Teilnahme, so könnte der Eindruck erweckt werden, daß der christliche Gott nur eine Ergänzung zum vertrauten Pantheon sei.

Der Ritenstreit begann als Debatte zwischen Missionaren und führte zu gegenseitigen Anschuldigungen, die einerseits der Gesellschaft zur Verbreitung des Glaubens und dem Papst in Rom zur Kenntnis gebracht wurden, andererseits dem chinesischen Hof und Kaiser K'ang-hsi, einem persönlichen Freund der Jesuiten. Roms Entscheidung hätte es sein sollen, der Interpretation der Riten, die der chinesische Kaiser öffentlich vollzog, keine Beachtung zu schenken und Konfuzius nicht als gottähnlich zu betrachten. Ahnentafeln hätten als Kernpunkt kindlicher Aufmerksamkeit gesehen werden sollen, nichts weiter. *T'ien* und *Shang-ti* hätte man nicht mit dem physikalischen Himmel gleichstellen dürfen, eher waren sie Namen für den Herrn des Himmels, der Erde und aller Dinge. Statt dessen waren es die entgegengesetzten Ansichten, die Roms endgültige Entscheidung bestimmten: Die alten Chinesen seien Götzendiener, die modernen Atheisten. Die chinesischen Klassiker, ja selbst die in chinesischer Sprache veröffentlichten jesuitischen Werke verbreiteten Ansichten, die im Gegensatz zum christlichen Glauben stünden. Ahnenriten seien Christen nicht erlaubt, da sie den Geistern der Ahnen entgegengebracht würden und somit Götzendienst und Aberglauben einschlössen. Konfuzius sei öffentlich ein Götzendiener und privat ein Atheist gewesen und solle von Christen grundsätzlich nicht als Heiliger verehrt werden. So griff die päpstliche Bulle *Ex quo singulari* (1742) »endgültig« ein – in dem sie die chinesischen Riten verdammte.[34]

Die Begriffs- und Ritenkontroversen sind in unseren Überlegungen zunächst wichtig, weil die Entscheidung Roms einige Jahrhunderte ungünstiger Entwicklungen für die Mission des Fernen Ostens zur Folge hatte. Weiterhin kümmerten sich in den Jahrzehnten der Debatten und Unsicherheiten unter den Missionaren und in Europa – in der theologischen Fakultät der Sorbonne, unter den europäischen Philosophen Leibniz, Wolff, Voltaire und anderen sowohl wie im Vatikan – diejenigen, die schließlich an der unglücklichen Entscheidung gegen Riten und kulturelle Anpassung mitwirkten, wenig um die

---

34 Vgl. A.S. Rosso, *Apostolic Legations to China of the Eighteenth Century* (South Pasadena, 1948), S. 138–143; Paul Rule, *K'ung-tzu* (wie Anm. 21), S. 384f.

eigenen Interpretationen der Chinesen, d.h. des Hofes und der Intellektuellen. Ich denke hierbei besonders an Chinesen wie den großen, von den Jesuiten bekehrten Gelehrten Hsü Kuang-ch'i (1562–1633) und den ersten chinesischen Bischof Lo Wen-tsao (alias Gregor Lopez[35]), der zwar ein dominikanischer Mönch, doch auch Anhänger des jesuitischen Standpunkts im Ritenstreit war. Lo hatte unter den Schikanen seiner religiösen Vorgesetzten und Mitbrüder zu leiden, die ihm wegen seiner Haltung Beschränkungen auferlegen wollten. Seine Ernennung zum Bischof von Nanking wurde bis 1685 verzögert, und erfolgte erst etwa zwei Jahre nach dem Eintreffen der Urkunden aus Rom. Bis in unsere Zeit blieb der Ritenstreit eine emotionale Angelegenheit für die Missionare in China, und der Erlaß von 1939, der Christen die Teilnahme an bestimmten Riten – mit Vorbehalt – erlaubte, wurde so lange nicht öffentlich bekanntgegeben, bis die Christen aufgrund der dringlicheren Fragen des Krieges und des nationalen Überlebens das Interesse an der Problematik weitgehend verloren hatten. Sicher, es wurde ein verspäteter Versuch kultureller Anpassung unternommen, als man Kirchen in chinesischen Stilen errichtete und die Verwendung von Räucherstäbchen und dergleichen im christlichen Kult gestattete. Doch diese Entwicklungen kamen zu spät und bedeuteten wenig für Konvertiten, die zumeist aus einem verwestlichen Milieu stammten. Eher war der Anpassungsversuch geeignet, Verwirrung in den Köpfen all derer zu stiften, die weiterhin einer einheimischen Religion, dem Taoismus oder Buddhismus, anhingen oder sich gleichbleibend dem Konfuzianismus verpflichtet fühlten. Sie zeigen uns, daß keine äußerliche Anpassung dauerhafte und bedeutungsvolle Ergebnisse haben kann. Die Ausdrucksformen der Anpassung müssen eine wirkliche, tiefe Begegnung widerspiegeln, und diese Begegnung muß sich von der des 16. Jahrhunderts unterscheiden. Heute geht es nicht mehr nur um Christentum und Konfuzianismus und auch nicht um Christentum und nicht-christliche Religionstraditionen. Die historische Bühne hat sich drastisch gewandelt, und viele Elemente weltlichen westlichen Denkens haben die Mentalität der Völker des Fernen Ostens beeinflußt. Ich denke hier an die Bedeutung des weltlichen Humanismus des Westens, sowohl des liberalen als auch des sozialistischen, der in agnostischen oder militant atheistischen Kreisen entstand und heute für die Verwestlichung in Asien steht, sei es in Form politischer Staatskonzeptionen und Ideologien, sei es auch als Erziehungstheorie und -praxis.

---

35 Für Information zu Lo Wen-tsao bin ich Rev. Lucas Liu aus Taiwan verpflichtet. Vgl. auch Paul Rule, *K'ung-tzu* (wie Anm. 21), S. 313–317.

Anti-christliche Polemik in China und Japan

Polemische anti-christliche Schriften bringen die Schwierigkeiten der Menschen zum Ausdruck, die die Missionare zu bekehren suchten, verraten andererseits aber auch etwas von den Problemen, denen die Missionare mit ihrem Bekehrungsauftrag gegenüberstanden. Diese Schriften spiegeln beiderseitige Befürchtungen, Mißverständnisse und Zurückweisungen wider. Manchmal zeigen sie auch persönliche Traumata, Rivalitäten und Neid. Interessanterweise ähneln sich die anti-christlichen Schriften im China[36] und Japan des 17. und 18. Jahrhunderts im Angriff gegen das Christentum wegen seiner vermeintlich anti-rationalen Lehren, seiner »abergläubischen« Elemente. Hier handelt es sich im wesentlichen um ein konfuzianisches Argument, das gegen eine Sekte gerichtet war, die nach Einschätzung ihrer Kritiker dem Buddhismus sowohl verwandt wie unterlegen war. Dies zeigt sich im frühesten anti-christlichen Werk, das wir kennen, dem *P'o-hsieh-chi* (Einleitung 1640), einer Sammlung von etwa sechzig Aufsätzen und Throneingaben, die von etwa vierzig Gelehrten der späten Ming-Zeit, Konfuzianern wie Buddhisten, zusammengestellt wurde. Die dort angeführten Argumente sind früheren Angriffen auf den Buddhismus nicht unähnlich. Neben dem Appell an den gesunden Menschenverstand und die allgemeine Vernunft – dabei wird besonders das Fehlen von Beweisen für dogmatische Behauptungen des Christentums herausgestellt – bedienten sich die Autoren auch des Arguments der Autorität. Sie verwiesen sowohl auf die Autorität der konfuzianischen Klassiker wie auf die des Staates; die Ming-Gesetze verboten nämlich Einzelpersonen, direkt mit dem Himmel in Verbindung zu treten, da dies eine Verletzung des kaiserlichen Rechts, alleiniger Vermittler zwischen dem Himmel und den Menschen zu sein, darstellte. Spätere anti-christliche Schriften folgten normalerweise den gleichen Argumenten, sie hielten vielfach das Christentum für eine neue Variante des Buddhismus, mit dem es obendrein unvorteilhaft verglichen wurde. Dasselbe gilt auch für die Situation in Japan. Die bekannte Abhandlung *Ha-Deusu* (Widerlegung Gottes; 1620)[37] stammte von Fabian Fukan, der zuerst buddhistischer Novize, dann jesuitischer Bruder war und sich später vom Christentum lossagte. Fabian hatte ironischerweise vorher die erste Apologie des Christentums in japanischer Sprache veröffentlicht, *Myōin mondo* (1605),

---

36 Vgl. Douglas Lancashire, »Anti-Christian Polemics in Seventeenth Century China«, in *Church History* 38 (1969), S. 218–241. Vgl. auch die wichtigste anti-christliche Abhandlung, das *P'i-hsieh-chi* von Chung Shih-sheng. Sie ist enthalten in der Sammlung *T'ien-chu chiao tung-ch'uan wen-hsien hsü-p'ien* (Dokumente zur Verbreitung des katholischen Glaubens nach Osten; Taipei, 1966), Bd. 2, S. 905–960.
37 Vgl. die Übersetzung von Esther L. Hibbard, *Refutation of Deus by Fabian* (Tokyo, 1963); Ebisawa Arimichi, *Kirishitan sho, Hai-Ja sho* in *Nihon shisō taikeī*, Bd. 25 (Tokyo, 1970).

in der er Buddhismus, Konfuzianismus und Shintō widerlegt und christliche Lehren befürwortet. In seinem späteren anti-christlichen Werk sucht er systematisch zu beweisen, daß *Deus* nicht all das sein konnte, was die Missionare von ihm behaupteten: allmächtig, allgütig usw. Er benutzt sowohl buddhistische wie konfuzianische Texte und gibt konkrete historische Vergleiche sowie auch Zeugnis von der arroganten, überheblichen Art europäischer Missionare den japanischen Konvertiten gegenüber. Der konfuzianische Gelehrte Arai Hakuseki (1657–1725), der einige Zeit lang als Inquisitor des Tokugawa-Shōgunats die Christenverfolgung leitete, nennt ebenfalls Gründe für seine anti-christliche Haltung. Er sagt, daß er das Christentum für eine Imitation des Buddhismus halte, die absurde Dogmen wie Schöpfung, Sündenfall, Himmel und Hölle lehre, und fügt hinzu, daß die Vorstellung von *Deus* mit der konfuzianischen Lehre von *Li*, dem Prinzip, unvereinbar sei.

Trotz der jesuitischen Bemühungen, das Christentum der konfuzianischen Mentalität in China anzupassen, und trotz der Angriffe gegen den Buddhismus als eine minderwertige Religion, mußten die christlichen Missionare feststellen, daß nach Meinung vieler Konfuzianer – in China wie in Japan – das Christentum in seinen Dogmen dem volkstümlichen Buddhismus glich und im Vergleich mit dem philosophischen Buddhismus schlecht abschnitt. In der Begegnung von Konfuzianismus und Christentum glaubten die konfuzianischen Kritiker, die Vernunft auf ihrer Seite zu haben – gegenüber einer offensichtlich abergläubischen Religion, die ihre Prämissen angeblich göttlicher Offenbarung verdankte statt mit der gegebenen menschlichen Erfahrung zufrieden zu sein.

In der Mitte des 19. Jahrhunderts rief die Wiedereinführung des Christentums im Fernen Osten mit Unterstützung westlicher Militärtechnologie und mit politischem Druck eine Reihe weiterer anti-christlicher Streitschriften und Kundgebungen hervor. Westliche Siege auf dem Schlachtfeld und in der Diplomatie überzeugten die Chinesen und Japaner nicht sofort von der Überlegenheit westlicher Ideen und Werte gegenüber der traditionellen asiatischen Weisheit. Die Reaktion in China und Japan war vielmehr die, von westlicher Wissenschaft und Technologie zu lernen, aber an östlicher Ethik und Gelehrsamkeit festzuhalten.[38] Später überzeugten wiederholte Erniedrigungen, so die Mißerfolge politischer Kundgebungen gegen Ausländer und Christen, besonders der Boxer-Aufstand in China (1900), zuerst die Japaner, dann die Chinesen und Koreaner davon, daß es doch nötig sei, vom westlichen Forschungsgeist und von den Ideen einer liberalen Demokratie zu lernen. Religion und Christentum wurden als irrelevant betrachtet. Zudem wiederholte eine neue

---

38 Darauf drang in China besonders Chang Chih-tung in seinem Werk *Ch'üan-hsüeh-p'ien* (Ratschläge zum Lernen) und in Japan Sakuma Shōzan. Vgl. mein Buch *To Acquire Wisdom: The Way of Wang Yang-ming* (New York, 1976), Appendix 2.

Kritikergeneration mit noch festerer Überzeugung einige der früheren Argumente – daß das Christentum eine feindliche Religion sei, daß die religiöse Ausdrucksweise der Ausländer darauf abziele, die Länder Asiens nicht nur politisch und wirtschaftlich, sondern auch ideologisch zu beherrschen. Außerdem wußten sie besser über westliche Vernunfts- und Wissenschaftsprinzipien Bescheid und konnten so auch bestimmte Widersprüche zwischen der Wissenschaft und den Ansprüchen des Christentums herausstellen. In Japan wich die anfängliche Meiji-Aufgeschlossenheit gegenüber westlichen Ideen einschließlich des Christentums allmählich einer ablehnenden Haltung. Das Kaiserliche Erziehungsedikt (1890) hob konfuzianische Werte hervor. Der Philosoph Inoue Tetsujirō sowie andere unterstützten den Konfuzianismus und bekämpften das Christentum, weil es die Idee einer universellen Liebe und dergleichen lehre, was mit den Tugenden der Loyalität, wie vom Kaiserlichen Edikt vorgeschrieben, unvereinbar sei.[39]

In den ersten Jahrzehnten des 20. Jahrhunderts, besonders um die Zeit der Vierten-Mai-Bewegung in China (1919), hielten viele führende Intellektuelle *alle* Religionen, traditionelle und moderne, östliche und westliche, für irrational und abergläubisch. Sie beriefen sich auf westliche Denker, Philosophen des 18. Jahrhunderts wie Voltaire und Holbach, Wissenschaftler wie Darwin und Lamarck, Revolutionäre wie Bakunin und Marx. Sie wiederholen die antireligiösen Argumente des Westens, bezeugten ein neues Vertrauen in Logik und klares Denken und wiesen die Theorie der Unsterblichkeit der Seele und biblische Mythen zurück; religiöse Ansichten richten sich nach ihrer Ansicht zu sehr auf das Lob Gottes, auf Kosten des Menschen.[40]

Antichristliche Polemik ist in den sozialistischen Staaten Ostasiens auch heute noch vernehmbar. Wissenschaft und Logik werden als hauptsächliche Waffen gegen Religion und Aberglauben eingesetzt. Es wird auch immer wieder das Zusammenwirken missionarischer Tätigkeit mit imperialistischer Machtpolitik betont. Diesen Theorien werden Feuerbachs Theorie der Religion als psychologische Projektion und marxistische Argumente des dialektischen Materialismus hinzugefügt. In den nichtsozialistischen Ländern und Gebieten ist diese Polemik weniger offensichtlich. Die Existenz christlicher Missionare wird in Hongkong, Taiwan, Japan, Südkorea und Südostasien heute weithingehend akzeptiert. Gewisse Grundhaltungen aber haben sich klar herausgebildet. Für den größeren Teil der Bevölkerung bleibt das Christentum eine fremde, westliche Religion, während für viele Intellektuelle, die nicht länger

---

39 Vgl. Kishimoto Hideo (Hrg.), *Japanese Religion in the Meiji Era*, übers. J.F. Howes (Tokyo, 1956), Einleitung und Kap. 3, 4 sowohl zur Religion in Tokugawa Japan als auch zu späteren Entwicklungen in der Meiji-Zeit.
40 Chow Tse-tsung, *The May Fourth Movement* (Cambridge, Mass., 1960), Kap. 12 und 13; Robert N. Bellah (Hrg.), *Religion and Progress in Modern Asia* (New York, 1965), Epilogue.

»Traditionalisten« sind – Buddhisten oder Konfuzianer – neben dem Christentum noch ein weiteres Wertsystem besteht: liberaler Humanismus. Dieser erlaubt es ihnen, sich von festgesetzten religiösen Bindungen fernzuhalten, während er ihnen gleichzeitig grundsätzliche Vorstellungen über den Menschen und seine Bedeutung in der Gesellschaft liefert – diese wiederum harmonisieren mit manchen konfuzianischen Tugenden. Und hier kommen wir zu einem weiteren Thema: der Situation des heutigen Christentums in der nach-konfuzianischen Welt.

Die heutige Situation

Wie steht es um die heutige Situation des Christentums im »konfuzianischen« Asien? Wo liegen die Austausch- und Dialogmöglichkeiten zwischen Konfuzianismus und Christentum, ihren jeweiligen Lebensäußerungen, Glaubensbekenntnissen und kultischen Handlungen?
Bestimmt unterscheidet sich die gegenwärtige Situation in hohem Maße von den Gegebenheiten des frühen zwanzigsten Jahrhunderts. Damals existierte noch eine erkennbare konfuzianische Welt; in ihr waren wohlbekannte moralische Werte aus der konfuzianischen Lehre in die soziale Ordnung eingebettet, respektiert von rechtlichen Institutionen. Heute hat sich die Situation dramatisch gewandelt. Ein Zeitalter der Revolution ist über Asien hinweggefegt und hat soziale, intellektuelle und politische Wandlungen mit sich gebracht. Auf dem chinesischen Festland, in Nordkorea und Vietnam gibt es sozialistische Regierungen, die sich ideologischer Revolution widmen. In anderen Gegenden des Fernen Osten halten sich die konfuzianischen Werte noch, aber der Konfuzianismus als solcher, als Lehre und Philosophie, hat seinen privilegierten Status verloren. Er ist nur eine Lehre unter vielen anderen geworden. In Hongkong, Taiwan, Südkorea und Japan wird weiterhin konfuzianische Philosophie gelehrt, aber nur als ein Gegenstand unter anderen – wie etwa Buddhismus, Taoismus und europäische Philosophien.[41] Der konfuzianische Kult – als jahreszeitliche Opfer – wird weiterhin praktiziert, allerdings hauptsächlich als Nachbau historischer Szenerie und ohne wirkliche soziale Bedeutung.[42] Man fragt sich, ob der Konfuzianismus auch in Zukunft überleben

---

41 Joseph M. Kitagawa, *Religion in Japanese Society* (New York, 1966), S. 243–250; Warren W. Smith, *Confucianism in Modern Japan* (Tokyo, 1959). Vgl. zur Kulturgeschichte John K. Shryock, *The Origin and Development of the State Cult of Confucius* (New York, 1966).

42 Vgl. Robert F. Spencer (Hrg.), *Religion and Change in Contemporary Asia* (Minneapolis, 1971), besonders die Kapitel über China, Japan und Vietnam. Zu einigen Problemen im Zusammenhang von Christentum und chinesischem Marxismus siehe *Theological Implications of the New China* (Genf und Brüssel, 1974), erarbeitet von

kann, ohne staatliche Unterstützung und im Gefüge einer neuen sozialen Ordnung, in der die Harmonie der fünf Beziehungen nicht länger eine beherrschende Rolle spielt. Überlegungen zu diesem Themenkreis bilden den Gegenstand des zweiten Kapitels. An dieser Stelle genügt die Feststellung, daß der seiner Stellung beraubte Konfuzianismus als zerstreute »Religion« neue Kräfte entdeckt. Durch die Jahrhunderte hindurch hat sich der Konfuzianismus derart mit den kulturellen Überlieferungen und Gebräuchen sowie mit dem sozialen Verhalten identifiziert, daß er auch ohne seinen vormaligen privilegierten Status als wichtiger und erkennbarer Teil sowohl der greifbaren als auch der moralischen Landschaft Ostasiens weiterlebt. Die Klanfamilie ist zum großen Teil verschwunden, Familiensolidarität aber und gegenseitige Fürsorge bestehen weiterhin und dienen der unsichtbaren Festigung der sozialen Ordnung. Konfuzianische Klassiker mögen zwar Gegenstand spezieller Untersuchungen geworden sein, doch sind konfuzianische Werte weiterhin Thema von Romanen und Fernsehprogrammen, in denen sie teils positiv, teils negativ behandelt werden. Tatsächlich scheint der Fortbestand konfuzianischer Werte im sozialistischen China die intensive Kampagne gegen Konfuzius hervorgerufen zu haben. Inszeniert wurde sie von der Parteispitze. Sie befand den vollständigen Austausch des Konfuzianismus gegen eine andere Ideologie, den Marxismus, für notwendig.

Was kann diese Situation dem Christen über Fortbestand und Zukunft des Christentums in Ostasien mitteilen? Begegnet das Christentum nicht in Asien den gleichen Drohungen wie im Westen, nämlich einem ständig wachsenden säkularen Materialismus in seinen beiden Formen als liberaler Humanismus und marxistischer Sozialismus? Und begegnen dem Christentum in Asien nicht zusätzliche Schwierigkeiten auf Grund seines fremdländischen Ursprungs, seiner hellenischen Philosophie, seiner früheren Allianz mit den imperialistischen Mächten des neunzehnten Jahrhunderts? Es ist möglich, daß der Konfuzianismus als Teil des sozialen Milieus im Fernen Osten weiterhin Bestand hat. Aber das Christentum hat in die überlieferten Kulturen noch nicht Eingang gefunden. Von Hongkong einmal abgesehen, einer Stadt mit weithin kosmopolitischer Atmosphäre, wo auch Nichtchristen ein gewisses Verständnis christlicher Religion erworben haben, fehlt es im ganzen übrigen Fernen Osten noch immer an grundlegender Information.

Gibt es für das Christentum eine Zukunft in Ostasien? Werden christliche Missionen weiterhin in den Staaten Ostasiens Aufenthalts- und Tätigkeitsrecht haben, aber nur als augenfällige Minderheit mit ghettogleicher Mentalität? Werden chinesische und japanische Christen sich weiterhin entwurzelt fühlen, in beständigem Konflikt zwischen einer fremdländischen Religion, die sie von

---

Pro Mundi Vita und dem Lutherischen Weltbund. Mein Beitrag darin lautet »Faith and Ideology in the Light of the New China«, S. 15–36.

ihrer eigenen kulturellen Umgebung entfremdet, ohne ihnen jedoch gleichzeitig vollen Zugang zu säkularen westlichen Werten zu gewähren, im Konflikt mit den Überzeugungen und Werten ihrer nichtchristlichen Landsleute, stets bemüht um eine neue Synthese und Balance zwischen Tradition und Modernisierung auf ideologischem Niveau?

Es ist hier nicht der Ort, den Behauptungen des liberalen Humanismus und des marxistischen Sozialismus eingehender nachzuspüren. Aber auch eine nur oberflächliche Überprüfung wird wenigstens ein Resultat ergeben: trotz ihrer offensichtlichen Gegensätze ist ihre gemeinsame Sorge der Mensch, entweder als Einzelwesen mit bestimmten Rechten, oder als Mitglied eines Kollektivs, worin das Individuum in einer neuen Einheit aufgelöst wird. Wie wir wissen, ist auch der Konfuzianismus zuerst auf den Menschen ausgerichtet – den Menschen und sein heiliges, inneres moralisches Forum. Denn konfuzianischer Humanismus gleicht dem säkularen Humanismus und dem marxistischen Sozialismus in seiner Proklamierung der Wichtigkeit des Menschen, wenn auch der Wortlaut dieser Proklamationen verschieden ist.

Und wie steht es mit dem Christentum? Bemüht sich das Christentum ausreichend um den Menschen und sein Leben in der Welt, oder ist es ganz auf Gott gerichtet und auf die Unterwerfung des Menschen unter Gott, dem künftigen Leben den Vorzug gebend auf Kosten des jetzigen, das nur als Vorbereitung auf die Ewigkeit betrachtet wird?

Im Hinblick auf solche Fragen habe ich dieses Buch geschrieben. Denn ich weiß, daß Christentum und Konfuzianismus sich nur in einem Dialog über den Menschen begegnen können. Auch die Frage nach Gott wird auftauchen, aber nur hinsichtlich der Offenheit des Menschen gegenüber dem Göttlichen und Transzendenten und der »Relevanz Gottes für den Menschen«. Ich setze im Christentum den Humanismus voraus, der Einsatz und Wachstum eines solchen Dialogs fördern kann. Aus diesem Grunde werde ich im folgenden Kapitel die Frage nach dem Fortbestand des Konfuzianismus besprechen. Die Frage nach dem Fortbestand des Christentums werde ich nicht behandeln. Zu diesem Thema gibt es zahlreiche Veröffentlichungen. Als Zentralpunkt dieses Buches nun möchte ich den Ort des Menschen in Christentum und Konfuzianismus betrachten und seine Offenheit zu überweltlichen Bereichen. Ich hoffe, daß dieses Buch als Ausdruck meines herzlichen Wunsches dazu beiträgt, daß die Horizonte des Menschen, wie sie sich in Christentum und Konfuzianismus darstellen, weiterhin erforscht, akzentuiert und entwickelt werden, daß gegenseitiger Dialog ermutigt, gegenseitiges Verständnis gefördert wird und daß die Zukunft, für beide Religionen, offener sein möge.

Zweites Kapitel

KONFUZIANISMUS: EINE KRITISCHE NEUEINSCHÄTZUNG DES ERBES

Das Studium unseres historischen Erbes und seine kritische Zusammenfassung unter Anwendung der marxistischen Methode ist eine weitere Aufgabe unseres Studiums. Von Konfuzius bis Sun Yatsen müssen wir sie (die Geschichte) zusammenfassen und von diesem kostbaren Erbe Besitz ergreifen. (Mao Tse-tung über »Das Studium«)[43]
Deshalb können wir auf keinen Fall darauf verzichten, die Werke der alten und der ausländischen Schriftsteller und Künstler, sogar der feudalistischen oder bürgerlichen Klasse, als Erbe zu übernehmen und als Beispiel für unsere Arbeit heranzuziehen. (Mao Tse-tung, Konferenz über Literatur und Kunst in Yenan)[44]

Einführung

Die kritische Zusammenfassung vergangener Kulturvermächtnisse – diese Art intellektueller Erbschaft war viel eher für die westeuropäische Philosophie und Theologie charakteristisch als für die chinesische. Wir wissen von der Entdogmatisierung und Entmythologisierung, daß sie nicht unbedingt destruktiv sind, sondern im kritischen Sinne konstruktiv sein können. Einige von uns haben das Sein und eine neue Metaphysik wiederentdeckt. Andere – oder manchmal dieselben Personen – haben einen Gott jenseits des Theismus gefunden. Wir erkennen das Heilige im Profanen und Religiosität in militantem Atheismus.
Sodann wenden wir uns China und den Chinesen zu. Wir werden auf dortige Überlieferungen eines goldenen Zeitalters und zyklischen Denkens aufmerksam, auf die Beschäftigung mit legendären weisen Königen und die Übermittlung ihrer Weisheit. Wir finden Spuren einer kritischen Tendenz, aber gewöhnlich verbunden mit der Mahnung zur Rechtfertigung von Konfuzius und der vorkonfuzianischen Vergangenheit. Dies war so wenigstens bis zum späten 19. Jahrhundert, bis zur Invasion des kritischen Geistes Europas in das chinesische Milieu.
Was aber geschah seither? Wir haben nun ein neues China, das sich offiziell zu

---

43 Mao Tse-tung, »Über die Revolution«, *Ausgewählte Schriften* (Frankfurt, 1971), Hrg. von T. Grimm, S. 310.
44 Ebd., S. 366.

einer kritischen Theorie aus dem Westen – wenngleich in chinesischer Form – bekennt. Wir haben eine neue politische Führung, die Intellektuelle und Massen drängt, die vergangene chinesische Kulturtradition kritisch zusammenzufassen. Und während der ersten Hälfte der siebziger Jahre sind wir Zeugen einer intensiven Treibjagd in China gewesen, die sich vor allem gegen jene Dimension der Vermächtnisse der Vergangenheit richtete, die bis heute am besten überlebt zu haben scheint: das konfuzianische Erbe. Tatsächlich war die anhaltende Intensität dieser Anti-Konfuzius-Kampagne, die von August 1973 bis Juli 1974 andauerte, bevor sie allmählich nachließ, derart, daß sie auch abgehärtete Sinologen und aufmerksame China-Beobachter verwirrte, die darauf spezialisiert waren, jede aus China kommende Zeile, jedes Wort und jedes Bild zu analysieren. Für den durchschnittlichen Abendländer, der wenig oder nichts von Konfuzius als Mensch und von seinem zweieinhalb Jahrtausende zurückliegenden Leben weiß, war jene Kampagne noch viel rätselhafter. Aber sogar in China selbst, wo die konfuzianischen Klassiker im Schulunterricht längst durch marxistische und maoistische Texte ersetzt sind, war es notwendig, kritisches Interesse an den Vier Büchern und anderen konfuzianischen Erziehungswerken wiederzubeleben, um die Kampagne überhaupt verständlich zu machen. Natürlich waren alle diese Schritte politisch motiviert, da in China die Politik das ganze Leben durchdringt, doch ihre genaue Bedeutung ist bis jetzt nicht geklärt.

Ich will hier nicht mögliche politische Interpretationen der Anti-Konfuzius-Kampagne anbieten. Vielmehr habe ich die Absicht, die Herausforderung, vor die wir gestellt sind, anzunehmen und eine eigene kritische Neueinschätzung des konfuzianischen Erbes vorzunehmen. Ich werde mich jedoch nicht auf die Argumente der marxistischen Ideologie bezüglich Geschichte, Fortschritt und Philosophie beschränken. Ich möchte mit den wichtigsten bekannten Argumenten, die zur Kritik des Konfuzianismus und seiner Lehren vorgebracht wurden, beginnen – um so die gültigen von den widersinnigen und unsicheren zu unterscheiden. Meine Absicht ist weniger, den Konfuzianismus zu verteidigen oder anzugreifen, als vielmehr einige der Streitpunkte zu klären, die jede echte intellektuelle Neueinschätzung mit sich bringt, und die Bedeutung des Konfuzianismus für die heutige Zeit zu interpretieren. Andererseits möchte ich auch auf seine überholten und archaischen Dimensionen hinweisen.

Für meine eigene Neueinschätzung des gesamten konfuzianischen Erbes möchte ich alle bedeutsamen Kritiken berücksichtigen, die vor der Etablierung des Konfuzianismus als offizieller und vorherrschender Schulrichtung im China der Han-Zeit (206 v. Chr. – 220 n. Chr.) laut wurden. Dann wende ich mich denjenigen Kritiken zu, die nach der offiziellen Aufhebung des konfuzianischen Bildungsmonopols infolge der Abschaffung der Beamtenprüfungen im Jahre 1905 aufkamen, und im Anschluß daran werde ich die Bewertungen des Konfuzianismus in unserer Zeit betrachten, besonders die während der

Anti-Konfuzius-Kampagne. Ich werde darüberhinaus das konfuzianische Image im Westen erörtern – den positiven Widerhall, den der Konfuzianismus insbesondere im 18. Jahrhundert dank der Vermittlung durch Jesuitenmissionare fand und die weit weniger positiven Reaktionen der späteren Missionare des 19. und 20. Jahrhunderts, sowohl der Katholiken wie der Protestanten. Endlich werde ich mit einer sorgfältigen Bewertung aller wichtigen Argumente für und wider das konfuzianische Erbe schließen, mit dem Ziel, seine Relevanz und Bedeutung für die Chinesen und andere Völker, die den Konfuzianismus trotz seiner Loslösung vom Staat als festen Bestandteil ihrer einheimischen Kultur empfinden, bis zu einem gewissen Grade aufzuhellen. Ich hoffe, daß dadurch auch ein gewisses Verständnis hinsichtlich seiner Relevanz und Bedeutung als eines der großen spirituellen Vermächtnisse der Welt aufkommen wird.

Ich bin mir wohl klar über manchen Fallstrick, der in meinem Ansatz enthalten ist. Ich bewerte das konfuzianische Erbe hauptsächlich im Lichte der vielen Kritiken, die dagegen vorgebracht wurden. Ich werde seine Verdienste erst in der Schlußbetrachtung würdigen – und damit werde ich dann in einem nicht vollständig negativen Ton schließen. Ich nehme wohl an, daß der Leser bereits ein gewisses Verständnis vom Konfuzianismus besitzt. Jeder kann sich darüberhinaus mit Hilfe der zahlreichen westlichen Veröffentlichungen über konfuzianische Klassiker, ihre Kommentare und Entwicklungen ein eigenes Urteil bilden.

Die frühen Kritiken

Die frühesten Kritiken wurden bereits von Konfuzius' Zeitgenossen vorgebracht. Dabei ging es um die Frage des politischen Verhaltens in Zeiten der Unordnung. In den *Gesprächen* (14 und 18) werden wiederholt Begebenheiten geschildert, da der Meister auf seinen Wanderungen Einsiedler trifft, die sich als Wahnsinnige gebärden, insolent auftreten und ihn verspotten, weil er vergeblich nach einem Herrscher sucht, der seine Ratschläge zur Regierung des Staates anwenden würde. Konfuzius reagiert jedesmal mit Respekt und Melancholie, akzeptiert ihre Urteile über die Zeit und sich selbst, spricht aber gleichzeitig von seiner Bestimmung, das Unmögliche zu versuchen, die ihm keine Ruhe lasse.[45] Er sollte nicht als Philosoph und Minister sterben, wonach er trachtete, sondern als Lehrer von Schülern, die ihrerseits danach strebten, auf die Gesellschaft ihrer Zeit durch irgendein politisches Amt Einfluß zu nehmen.

In den zweieinhalb Jahrhunderten nach seinem Tode übten Konfuzius'

---

45 R. Wilhelm (Übers.), *Kungfutse, Gespräche, Lunyü* (Köln, 1985), 150 f, 178 ff.

Grundideen einen wachsenden Einfluß aus, da seine zahlreichen Schüler die Lehren des Meisters in verschiedene Richtungen weiterentwickelten. In einem Zeitalter, in dem »Hundert Schulen« blühten, forderte eine derartige Entwicklung auch Debatten und oppositionelle Stellungnahmen anderer Meister heraus. Die am besten bekannten frühen Konfuziuskritiker waren jene der Schulen von Mo-tzu (468–376 v.Chr.) und von Yang Chu sowie die Taoisten und die Legalisten.

In Menzius' Zeit (4. Jh. v.Chr.) scheinen die Schulen von Mo-tzu und Yang Chu einen ähnlich starken Einfluß ausgeübt zu haben wie die konfuzianische Schule. Menzius war ständig mit der Aufgabe beschäftigt, Kritik an Konfuzius und seinen Lehren, wie sie sowohl von Mohisten wie von Anhängern Yang Chus geübt wurde, abzuwehren; Mohisten und Yang Chu-Schüler bezeichnete er als Verfechter einer falschen Lehre, die die Welt verderben.[46] In dem Mo-tzu zugeschriebenen Buch findet sich ein Kapitel mit dem Titel »Gegen Konfuzianer«, in dem sie kritisiert und lächerlich gemacht werden wegen ihrer übersteigerten Trauer- und Hochzeitsrituale, wegen ihres Schicksalsglaubens, ihrer pompösen Nachahmung der Alten in Kleidung und Verhalten, ihrer Passivität in der Politik und ihrer Zurückhaltung auf dem Schlachtfeld. Bestimmte Vorwürfe sind gegen Konfuzius selbst gerichtet, weil er kleinere Feudalherren beraten und unterstützt habe, die Verschwörungen gegen ihre Oberherrn geplant hätten: »Nun hat Konfuzius mit ausgefeilten Plänen und gut durchdachten Ideen Verrätern gedient, er hat seinen Verstand angestrengt und seine ganze Weisheit aufgeboten, um Böses zu tun. Sein umfassendes Wissen ist nutzlos, wenn es um die Entscheidung dessen geht, was für dieses Zeitalter richtig ist; sein angestrengtes Nachdenken hilft dem Volk in keiner Weise.«[47]

Yang Chu ist uns längst nicht so gut bekannt. Fung Yu-lan beschreibt ihn als einen Einsiedler der gleichen Klasse wie die frühesten bezeugten Konfuziuskritiker.[48] Laut Menzius (7A:26) vertrat Yang Chu eine Lehre der vollkommenen individuellen Freiheit. Er wird folgendermaßen charakterisiert:

Yang Chu war Egoist. Sich auch nur ein Härchen auszuziehen, um der ganzen Welt zu nützen: selbst das hätte er nicht getan.[49]

Die besser bekannten taoistischen Werke, *Lao-tzu* und *Chuang-tzu*, enthalten ebenfalls implizite und explizite Angriffe auf Konfuzius und seine Lehren. Viele solcher Angriffe sind von Einsiedlern oder von Männern im Ruhestand

---

46 R. Wilhelm (Übers.), *Mong Dse* (Jena, 1916), S. 71, S. 121; 3B:9, 7A:26.
47 H. Schmidt-Glintzer, *Mo Ti: Gegen den Krieg* (Köln, 1975), S. 147ff. Das Zitat geht weiter, »Ihre (der Konfuzianer) Grundsätze dürfen in unserer Zeit nicht angewandt werden und ihre Lehren dürfen nicht Richtschnur für die Massen sein« (S. 149).
48 Fung (Übers.), *A History of Chinese Philosophy*, Bd. 1, S. 135.
49 B. Watson (Übers.), *Han Fei Tzu: Basic Writings* (New York, 1964), S. 121.

geführt und richten sich gegen ein Leben mit aktivem sozialem und politischem Einsatz. Mit einer Ironie, die sowohl schockiert wie amüsiert, verkünden Lao-tzu und Chuang-tzu die Rückkehr zur Natur als dem Zustand der Vollkommenheit und verspotten die konfuzianischen Ideale von Weisheit und Wissen, von Ritual und Regierung:

Tut ab die Heiligkeit, werft weg das Wissen, so wird das Volk hundertfach gewinnen. Tut ab die Sittlichkeit, werft weg die Pflicht, so wird das Volk zurückkehren zu Kindespflicht und Liebe (*Lao-tzu*, Kap. 19).[50] Zu jener Zeit höchster Tugend wohnten die Menschen zusammen mit den Tieren und bildeten eine Familie mit allen Wesen... Sie waren frei von Begierde in unschuldsvoller Einfalt. In dieser unschuldsvollen Einfalt hatten die Leute alles, was sie brauchten. Im goldenen Zeitalter, da saßen die Leute umher... und waren glücklich..., bis dann der Weise kam, zum Bersten voll mit Wohltat und Menschenfreundlichkeit, und wie er sich nach Rechtlichkeit reckte und streckte –, und siehe da, zum ersten Male seit ihrer Entstehung fühlt die Welt sich vom Zweifel beschlichen; fiedeln und fummeln an seiner Musik herum, putzen und patzen an seinen Riten –, und siehe da, zum ersten Male seit ihrer Entstehung fühlt die Welt sich nicht mehr eins, sondern zwei... Den Weg und seine Tugend hat man solcherart vernichtet, und das nur, um Menschenfreundlichkeit und Rechtlichkeit an ihrerstatt einzusetzen. – und an dem ganzen Debakel ist eben kein anderer schuld als nur der Weise allein.(*Chuang-tzu*, Buch 9).[51]

Im Buch *Chuang-tzu* wird Konfuzius mehrmals als ein Mann vorgestellt, der nach dem »Weg« sucht; er bittet Lao Tzu, den vorgeblichen Autor des *Lao-tzu*, um Hilfe, doch der erklärt ihm, daß er den Weg nicht in den klassischen Texten fände, sondern vielmehr in der Einfachheit der Natur. Sowohl Lao-tzu wie auch Chuang-tzu geben dem Glauben Ausdruck, daß der beste Herrscher derjenige sei, der im Einklang mit der Natur regiert, d.h. durch Nicht-Handeln.

Er handelt im Nicht-Handeln, so kommt alles in Ordnung.[52]
Ich weiß, daß man die Welt leben und gewähren lassen soll. Ich weiß nicht, daß man die Welt ordnen soll.[53]

Im Gegensatz zu den Mohisten, die allumfassende Liebe und politischen Einsatz lehrten, und den Taoisten, die einen metaphysischen Weg und individuelle Freiheit propagierten, spezialisierten sich die Legalisten in der Kunst, Macht zu erringen und zu erhalten. Ihre Schule war die der Realpolitik, sie bot Theorien und Methoden der totalen Staatsorganisation und -lenkung an. Die Legalisten kehrten der Vergangenheit und ihren Beispielen der moralischen Tugend, die sie als moralische Schwäche betrachteten, entschieden den Rücken.

50 R. Wilhelm (Übers.), *Laotse, Tao Te King* (Köln, 1986), S. 59.
51 Vgl. R. Wilhelm (Übers.), *Dschuang Dsi, Das wahre Buch vom südlichen Blütenland* (Köln, 1982), S. 304 und 108.
52 R. Wilhelm, *Laotse*, S. 43.
53 R. Wilhelm, *Dschuang Dsi*, S. 116.

In dem am besten bekannten legalistischen Werk des *Han Fei Tzu* werden die Anhänger von Konfuzius kritisiert, weil sie ihre Lehren den Herrschern der Welt anbieten.

Aufgrund ihrer Ausübung von Menschlichkeit und Rechtlichkeit vertraut man (diesen Männern) und gibt ihnen Stellen in der Regierung... Wenn die Regierung auf diese Weise geführt wird, wird der Staat in Unordnung geraten und der Herrscher sicher dem Untergang entgegengehen.[54]

An anderer Stelle vergleicht *Han Fei Tzu* die Wirkung von Ehrfurcht mit dem Einfluß von moralischer Überzeugung auf die Regierung:

Ha, in einem streng geführten Haushalt gibt es keine widersetzlichen Dienstboten, aber eine »zärtliche Mutter« hat verwöhnte Kinder! Das genügt mir, um zu wissen, daß man mit Autorität und offizieller Stellung der Gewalttätigkeit Einhalt gebieten kann, mit Tugend und Großmut aber Rebellion nicht zu verhindern vermag. Ha, wenn ein heiliger Mann den Staat regiert, dann rechnet er nicht damit, daß die Leute ihm Gutes tun werden... Wenn er sie aber so einsetzt, daß sie ihm nichts Schlechtes antun können, dann vermag er in gleicher Weise alle Leute im ganzen Staat anzustellen... Daher arbeitet er mit dem Gesetz, nicht mit der Tugend.[55]

Die legalistische Philosophie ist streng pragmatisch. Menschen reagieren viel stärker auf Belohnung und Bestrafung als auf Morallehren und Überredung. Eine bekannte legalistische Parabel handelt von einem Jungen, der entgegen dem Rat seiner Eltern, den Anweisungen seiner Lehrer und den Vorstellungen der Nachbarn in seinem fehlgeleiteten Verhalten beharrte. Am Ende wurde er gezwungen, sein Leben zu ändern – durch Eingreifen des örtlichen Magistrats und die brutale Durchsetzung des Gesetzes.

Daher ist die Liebe der Eltern nicht ausreichend, den Kindern das Rechte beizubringen, sie muß vielmehr durch strikte Strafen seitens der örtlichen Beamten verstärkt werden. Denn es liegt in der Natur des Menschen, aufgrund von Liebe Stolz zu entwickeln, aber er gehorcht doch immer der Autorität.[56]

Mit Hilfe seiner legalistischen Minister konnte der erste Kaiser der Ch'in-Dynastie (221–206 v.Chr.) die politische Einigung des feudalen China im Jahr 221 v.Chr. erreichen. Begleitet wurde sie von dem Versuch der Vereinheitlichung auf anderen Gebieten, einschließlich dem intellektuellen und ideologischen. Gesetze und Verordnungen, Gewichte und Maße wurden standardisiert und die verschiedenen Formen der chinesischen Schrift vereinheitlicht. Im Jahre 213 v.Chr. befahl der Kaiser die Verbrennung aller Bücher außer medizinischen, mantischen und landwirtschaftlichen Werken. Angeblich befahl er auch, 460 Gelehrte lebendig zu begraben, um so die Kritik an seiner Herrschaft

---

54 B. Watson, *Han Fei Tzu*, S. 107.
55 Ebd. S. 125.
56 Ebd., S. 103.

auszuschalten. Es ist nicht bekannt, wie viele von ihnen Konfuzianer waren.[57]
Der Konfuzianismus hielt sich verborgen, um während der Han-Dynastie wieder eingeführt und schließlich vorherrschend zu werden. Letzteres geschah, als Kaiser Wu (Reg. 140–87 v.Chr.) ihn zu seiner Staatsphilosophie machte, die er durch Regierungsprotektion und ein offizielles Erziehungssystem fördern ließ. Daß dies mit den Lehren des Konfuzius geschehen konnte, hatte freilich seinen Preis. Der Konfuzianismus, der schließlich triumphierte, war nicht mehr die Philosophie von Konfuzius und Menzius. Er hatte bereits viele fremde Ideen aufgenommen, insbesondere Konzepte des Legalismus und der *Yin-Yang*-Kosmologie. Dieser neue Konfuzianismus betonte auch in viel stärkerem Maße als Konfuzius oder Menzius die vertikale und autoritäre Dimension der fünf sittlichen Beziehungen. Außerdem bedeutete offizielle Förderung auch offizielle Kontrolle. Die Zukunft des Konfuzianismus wurde weitgehend durch seine Weiterentwicklung während der Han-Zeit entschieden. Er wurde zu dieser Zeit eine »große synkretistische Religion, in der vielerlei Elemente vermischt wurden: populärer Aberglaube ebenso wie Staatsanbetung... All dies wurde verdeckt unter dem Mantel der konfuzianischen und vorkonfuzianischen Klassiker, um ihnen eine respektable und autoritative Erscheinung zu geben.«[58] Es war ein Triumph, der aus mancherlei Gründen als Pyrrhus-Sieg beschrieben wurde.[59]

Die modernen Kritiken

Mit modernen Kritiken meine ich die des 19. Jahrhunderts und danach. China wurde damals politisch und psychologisch durch westliche Einmischung erschüttert. Chinesische Intellektuelle begannen eine gründliche Infragestellung des kulturellen Erbes ihres Landes, besonders des Konfuzianismus. Dieser wurde als bedrückende Last empfunden – intellektuelle Geistesketten, die das Land an der Modernisierung hinderten. Ein früher, vorrepublikanischer Kritiker war Chang Pin-lin (al. Chang T'ai-yin, 1869–1936).[60] Später sind besonders zu nennen: Ch'en Tu-hsiu, der Gründer der Kommunistischen Partei Chinas (1921), Lu Hsün (Chou Shu-jen), der berühmte Schriftsteller und

---

57 Vgl. H.G. Creel, *Confucius: The Man and the Myth* (New York, 1949), S. 218.
58 Ebd., S. 243. Der Ausspruch stammt von Hu Shih.
59 Vitali Rubin, *Ideologija i kultura drevnego Kitaja* (Moskau, 1970), S. 42; engl. Übers. von Stephen I. Levine, *Ideology and Culture in Ancient China* (New York, 1976), S. 29; siehe auch Creel, ebd., S. 242–244.
60 Zu Chang T'ai-yen und seiner späteren Entwicklung – einer positive Einstellung zu Konfuzius und den Klassikern – vgl. Shen P'u, »Ts'ung fan-ju tsun-fa tao tsun-k'ung tu-ching«, in *Hsüeh-hsi yü p'i-p'an* 3 (1973), 29–34.

Satiriker, und Hu Shih, der Schüler John Deweys und Führer der chinesischen Schriftreform, der sich als Gelehrter auch in der klassischen Tradition sehr gut auskannte.

Im Jahre 1916 hatte Ch'en Tu-hsiu, der Herausgeber der *Neuen Jugend*, die kommunistische Ideologie noch nicht entdeckt und sich ihr noch nicht verpflichtet. Zusammen mit Hu Shih, Wu Yü und Yi Pai-sha wandte er sich gegen das konfuzianische Establishment – dem Vorschlag einer konstitutionellen Anerkennung des Konfuzianismus als einer Staatsreligion oder -philosophie und der Durchsetzung einer konfuzianisch orientierten Erziehung wurde der Kampf angesagt. Hu Shih kritisierte besonders den späten Sung-Konfuzianismus, der als Staatsorthodoxie in vorrepublikanischer Zeit verknöchert war. Yi Pai-sha griff Konfuzius und seine Schüler als »politische Revolutionäre« an und bezeichnete ihre Lehren und Gelehrsamkeit als eklektisch. Doch die schärfste Anklage gegen den traditionellen Konfuzianismus kam von Lu Hsün, dessen erster Kurzgeschichte, *Tagebuch eines Verstörten* (1918), der andere, ebenso berühmte Geschichten folgen sollten; hier griff er die »kannibalistische Ritualreligion« an, die menschliche Freiheit und individuelle Initiative im Namen passiver, konformistischer Tugenden erstickte.[61] Lu Hsüns Kritiken verspotteten die entmenschlichenden Elemente einer verknöcherten Tradition, die bis dahin unentwirrbar mit dem politisch-sozialen Establishment verbunden und nur ums Überleben ihrer eigenen Machtinteressen besorgt war. Seine anti-konfuzianischen Schriften sind während der Anti-Konfuzius-Kampagne in China gerühmt und verteilt worden, und seine bissige Kritik an der konfuzianischen Tradition findet auch unter Chinesen außerhalb Chinas weiterhin ein Echo, besonders unter denen, die ihre persönlichen Erfahrungen mit den Nachteilen des chinesischen Klansystems gemacht haben, mit seiner autoritären Regierungsform und mit seiner Tendenz, individuelle Initiative zu ersticken. Ihre Klagen und Argumente ähneln denen der Kritiker der christlichen Tradition, die vor allem im 18. Jahrhundert, aber auch noch heute die institutionelle Kirche angreifen und wegen ihrer autoritären und strikt dogmatischen Haltung kritisieren. Diese Haltung macht die Kirche, wiewohl unabsichtlich, zu einem Feind menschlicher Freiheit und des Glücks, eben jener Werte, die sie zu verteidigen beansprucht.

Sowohl als Individuen wie als Gruppe wünschten sich diese modernen Kritiker des Konfuzianismus intellektuelle und soziale Emanzipation von den Fesseln einer starren Orthodoxie, die einem einstürzenden Sozialgefüge weiterhin Halt gab. Allgemein gesagt betrachteten sie den Konfuzianismus nicht als völ-

---

61 Chow Tse-tung, *The May Fourth Movement* (Cambridge, Mass., 1960), S. 301–311. Vgl. auch seinen Artikel »The Anti-Confucius Movement in Early Republican China«, in A.F. Wright (Hrg.), *The Confucian Persuasion* (Stanford, 1960), S. 288–310.

lig verdienstlos und wußten wohl auch nicht genau, was sie an seiner Stelle befürworten sollten. Im Namen eines intellektuellen Pluralismus unterstützten sie eine positive Neubewertung der nicht-konfuzianischen Schulen: des Mohismus, Taoismus und Buddhismus. Sie suchten auch nach neuen Ideen aus dem Westen, ohne freilich bei deren Beurteilung sehr viel offener zu sein als bisher, abgesehen von Slogans wie »Mr. Wissenschaft« und »Mr. Demokratie«. Ch'en Tu-hsiu konnte damals positive wie negative Elemente im Christentum ausmachen. Hu Shih, der Protagonist des liberalen Humanismus, war und blieb ein Gegner der bloßen Ersetzung einer Ideologie durch eine andere, und Lu Hsün, der immer ein Bilderstürmer, nie ein Götzendiener war, sprach sich scharf gegen jedes Lob einer Autorität aus, sei sie nun konservativ oder revolutionär. Aber jener Konfuzianismus, der zu dieser Zeit unter Beschuß kam und den verhaßten *Status quo* sichern half, war nicht notwendigerweise die Lehre des Konfuzius. Wie Chow Tse-tung hervorhebt:

Ob Konfuzius' Ideen dieselben sind wie diejenigen des späteren Konfuzianismus, die heute von den Intellektuellen angegriffen werden, ist fraglich. Die Lehren des Konfuzius sind nicht ohne Doppeldeutigkeiten und Limitierungen. Verschiedene Akzente oder Verdrehungen geben jeweils ganz unterschiedliche Bilder von Konfuzius.[62]

In dieser frühen Periode wurde wenig Wirkungsvolles zur Verteidigung des Konfuzianismus vorgebracht. Die anti-konfuzianischen Empfindungen, die geäußert wurden, waren auch Ausdruck eines neuerwachten chinesischen Patriotismus, der nationale Unabhängigkeit gegenüber dem imperialistischen Ansturm der Großmächte, sowohl Westeuropas wie Japans, zu behaupten suchte. Die Stärke der neuen Weltmächte wurde mit Qualitäten in Verbindung gebracht, die den bekannten konfuzianischen Werten diametral entgegengesetzt waren. China sehnte sich nach Verjüngung, und die konfuzianische Ideologie stand für das Alte und Unbewegliche. China wandte sich dem Westen zu: den Ideen der Renaissance und der Aufklärung. Die konfuzianische Vergangenheit wurde als »finsteres Mittelalter« betrachtet. Das ist wichtig für Forscher der vergleichenden Geistesgeschichte. Man kann in der intellektuellen Geschichte Europas gewisse Parallelen sehen. Im 17. und 18. Jahrhundert wurde Westeuropa von seiner Entdeckung des konfuzianischen China aufgerüttelt. Dies wurde durch die Berichte der Jesuiten bewirkt, die dadurch zum Entstehen des Deismus und Rationalismus beitrugen, dem Ergebnis der Polarisierung von intellektuellem und religiösem Establishment. Im 19. und 20. Jahrhundert wurde wiederum China von Europa zutiefst beeindruckt und dies gab den Anstoß zur Infragestellung des eigenen Erbes.

---

62 Chow Tse-tsung, *The May Fourth Movement*, S. 311.

Die Suche nach einem historischen Konfuzius

Das Infragestellen der chinesischen Tradition als solcher und des Konfuzianismus im besonderen schloß auch eine Frage mit ein: die nach dem historischen Konfuzius im Unterschied zum Konfuzius-Bild der volkstümlichen Verehrung. Die Entwicklung einer wissenschaftlicheren, historisch-kritischen Methode in den zwanziger und dreißiger Jahren dieses Jahrhunderts erleichterte die Aufgabe in einem gewissen Maße. Die chinesische Schule der höheren Kritik wird mit Namen wie Ku Chieh-kang und Ch'ien Hsüan-t'ung verbunden. Der Erstgenannte war mit »historischen Forschungen« beschäftigt; sie hatten zum Ziel, den Weisen durch eine wissenschaftliche Untersuchung der historischen Umstände, unter denen sich der konfuzianische Kult entwickelte, von seinem Podest zu stürzen. Seine Ansicht war die:

In der Ch'un-ch'iu-Periode (722–481 v.Chr.) wurde Konfuzius als Edelmann (*chün-tzu*) betrachtet, unter den Kämpfenden Staaten (403–221 v.Chr.) als Weiser, während der westlichen Han-Dynastie (206 v.Chr. - 9 n. Chr.) als Papst und unter den östlichen Han (25–220 n.Chr.) wieder als Weiser. Heute sieht man in ihm wieder den Edelmann.[63]

Ch'ieh Hsüan-t'ung erforschte die Frage der Autorschaft der konfuzianischen Klassiker, wobei er die Theorie verwarf, daß sie von Konfuzius persönlich geschrieben oder überarbeitet worden seien. Er ging von der Annahme aus, daß das *Buch der Musik* niemals existiert habe, wohingegen die fünf anderen Klassiker recht verschiedenartige Werke gewesen seien, die Konfuzius als Lehrtexte benutzt habe. Ch'ien hegte stärkste Zweifel am Alter der Texte und zeigte sich mutig bereit, von autoritativen Ansichten abzuweichen. Er gab sich selbst den Beinamen Yi-ku, »Zweifler am Alten«.[64]

Die Suche nach dem historischen Konfuzius hielt nicht lange an, da sie vom chinesisch-japanischen Krieg unterbrochen wurde. Aber sie wäre ohnehin nicht sehr lange weitergegangen, da definitive historische Daten über den Mann und seine Lehren spärlich sind. Konfuzius war zweifellos eine historische Persönlichkeit wie Jesus Christus nach ihm. Der Versuch einiger Enthusiasten der Han-Dynastie, ihn zu vergöttlichen, war nie wirklich erfolgreich, hinterließ aber einen Ruch der Heiligkeit, der den Menschen in den Hintergrund treten ließ. Die erhaltenen historischen Quellen sind keine große Hilfe.

---

63 Vgl. das von Ku geschriebene Kapitel über den Konfuzius der Ch'un-ch'iu Periode und den der Han-Zeit: Ku Chieh-kang (Hrg.), *Ku-shih-pien* (Peking, 1930–31), Bd. 2, S. 262.

64 Vgl. Ch'iens Erörterung von K'ang Yu-weis Beiträgen und den Problemen der Neu- und Alttextschulen, enthalten in der Neuauflage von K'ang Yu-weis *Hsin-hsüeh wei-ching k'ao* (Peking, 1959). Siehe auch Liang Ch'i-ch'ao, *Ku-shen chen-wei chi ch'i-nien tai* (Neuauflage Peking, 1962). Letzterer stützt sich auf die Vorlesungen von 1927.

Die kurzen Hinweise in den *Annalen von Tso* (ca. 300 v.Chr.) enthalten legendäres Material. Die Biographie in Ssu-ma Ch'iens *Historischen Aufzeichnungen* (ca. 100 v.Chr.) bietet eine widersprüchliche Chronologie und absurde Anekdoten.[65] Das Bild, das hier entworfen wird, widerspricht dem, das in den gesammelten Aussprüchen des Meisters gegeben wird, den *Gesprächen*, die wahrscheinlich von Konfuzius' Schülern zusammengestellt wurden. Die modernen Bemühungen um die Entmythologisierung haben uns diese Schwierigkeiten deutlicher vor Augen geführt und es zugleich fraglich erscheinen lassen, wieviel wir wirklich von Konfuzius und seinen Lehren wissen können. Trotzdem waren diese Nachforschungen nützlich. Sie sind in mancherlei Weise vergleichbar mit den Forschungen über den historischen Jesus, wie sie Albert Schweitzer und andere unternommen haben. Allerdings waren diese speziellen Forschungen in China nur von kurzer Dauer. Es fehlt der konfuzianischen Tradition noch immer ein Interpret von der Statur eines Rudolf Bultmann, um ihre Botschaft für den modernen Menschen *bedeutungsvoll* zu machen. Ihr *kerygma* wartet auf weitere Erforschung und Verkündigung.[66]

Die marxistischen Kritiken seit 1950

Kurz nach Ende des chinesisch-japanischen Krieges im Jahre 1945 folgten der chinesische Bürgerkrieg und der Triumph der kommunistischen Partei Chinas. Die neue Regierung der Volksrepublik war der marxistisch-leninistischen Ideologie verpfichtet und eröffnete eine neue Phase kultureller Bewertung. Der neue nationale Führer, Mao Tse-tung, schloß nicht von vornherein aus, daß die Vergangenheit ihre Verdienste habe. Er befürwortete eine kritische Neueinschätzung der Vergangenheit im Hinblick auf die unumgängliche Aneignung des großen chinesischen Kulturvermächtnisses.

Die Frage der Methodologie

Die neue Ideologie verlangte nach neuen Formen für eine derartige kritische Bewertung. Die Prinzipien des dialektischen Materialismus und des Klassenkampfes wurden bei der Analyse der chinesischen Geistesgeschichte angewen-

---

65 H.G. Creel, *Confucius*, S. 7–11.
66 Zu den Problemen der Suche nach einem historischen Jesus sowie Bultmanns Reaktionen für einen »Jesus des Glaubens« und nachfolgende Entwicklungen vgl. James M. Robinson, *A New Quest of the Historical Jesus* (London: Studies in Biblical Theology, First Series, vol. 25, 1959). Wenn das Wort »kerygma« (Predigt) auf konfuzianische Lehren angewendet wird, hat es selbstverständlich eine andere Bedeutung als im christlichen Kontext. Konfuzius hat niemals den gleichen Anspruch auf göttliche Offenbarung erhoben wie Jesus Christus.

det, und zwar mit Hilfe einer objektiven dialektischen Logik. Solch eine Methode bringt Probleme mit sich. Die materialistische Interpretation der Geschichte betrachtet das Studium der Vergangenheit als Weg zum Erreichen politischer Ziele in der Zukunft, der Errichtung einer utopischen sozialistischen Gesellschaft. Sie ist von den Ideen eines wissenschaftlichen Determinismus gefärbt, beruft sich aber gleichzeitig auf die Bedeutung persönlichen Einsatzes für die utopische Sache und unterstellt damit, daß Menschen Geschichte machen. Sie schließt auch ein Periodisierungsschema ein, das Karl Marx bei seiner Analyse der europäischen Geschichte und der Entstehung des Kapitalismus angewendet hat, offenkundig ohne die Absicht, seine Gültigkeit auch für das Verständnis von Rußland oder Asien zu behaupten. Diese Theorie eines unlinearen Geschichtsmodells wurde jedoch unter Stalin in der Sowjetunion fester Bestandteil der kommunistischen Ideologie. Kuo Mo-jo übernahm es für seine Studien der chinesischen Gesellschaft des Altertums.[67] Damit ergab sich die Schwierigkeit der Periodisierung der chinesischen Geschichte in Begriffen von primitivem Kommunismus (Urgesellschaft), Sklavenhaltergesellschaft, Feudalismus, Bourgeoisie und Kapitalismus. Die Institution des Feudalismus stellte ein besonderes Problem dar. Wenn man an die Feudalgesellschaft des europäischen Mittelalters denkt, gibt Chinas Vergangenheit, anders als die Japans, viele Probleme auf. Die chinesische Einrichtung des *feng-chien*, die dem europäischen Modell am nächsten kommt, entstand und endete sehr früh – bereits um das dritte vorchristliche Jahrhundert. Ihr folgten Aufstieg und Fall dynastischer Zyklen, was bis zum 20. Jahrhundert andauerte. Wann also kann man den Beginn der chinesischen Feudalzeit ansetzen, und wann ging sie zu Ende?

Das Problem der Periodisierung war besonders wichtig für die Neubewertung von Konfuzius, der in der Ch'un-ch'iu Periode lebte, offensichtlich einer Übergangszeit – aber von was zu was? Wenn sein Zeitalter feudalistisch und er selbst ein Befürworter feudalistischer Werte war, konnte er schlecht als ein Hindernis der historischen Entwicklung verdammt werden, die lange Dauer der »Feudalzeit« in China vor der Entstehung einer bourgeoisen Gesellschaft immer vorausgesetzt. Und dies um so weniger, als Konfuzius' Kritiker gewöhnlich darin übereinstimmen, daß er bestimmte Ideen lehrte, die »reformistisch«, wenn nicht direkt »progressiv« waren – oder, wie einige von ihnen behaupten würden, »revolutionär«.

Interessanterweise lobte Kuo Mo-jo, der hochverehrte Historiker Chinas, Konfuzius und seine Schüler als politische Revolutionäre und warb um Unterstützung für seine Argumente gegen die Passagen in jenem Buch, das Mo-tzu –

---

[67] Maurice Meisner, »Li Ta-chao and the Chinese Communist Treatment of the Materialist Conception of History«, in Albert Feuerwerker (Hrg.), *History in Communist China* (Cambridge, Mass., 1968), S. 280–282 und 296.

dem Favoriten der Anti-Konfuzianer sowohl 1916 wie auch heute – zugeschrieben wird und Konfuzius sehr scharf kritisiert. Er warnte vor dem Austausch von »Konfuzius und Söhne« durch »Mo-tzu und Söhne« und äußerte sich höchst kritisch gegenüber den »faschistischen« Ansichten von Han Fei Tzu und anderer chinesischer Legalisten. Kuo vermerkt jedoch vorsichtig am Ende seines Buches »Die Zehn Kritiken« (*Shih p'i-p'an shu*), daß er an seiner Position als historischer Materialist weiter festhalte, und daß der Konfuzianismus seiner Ansicht nach – obwohl Konfuzius »progressiv« in seiner eigenen Zeit gewesen sei – für das moderne China nicht zu gebrauchen sei.[68]

Während chinesische Historiker mit dem Problem der Periodisierung fertig zu werden hatten, sahen sich die Erforscher des chinesischen Denkens auch zur Auseinandersetzung mit einem anderen Problem genötigt, nämlich der Anwendung der Materialismus-Idealismus-Antithese zum Verständnis der traditionellen chinesischen Philosophie. Der kulturelle Wortführer stalinistischer Tage, A.A. Zhdanov (gest. 1945), hatte seine Analyse der Geistesgeschichte Rußlands aus diesem Blickwinkel unternommen. Darin kritisiert er besonders G.F. Aleksandrows Werk zur Geschichte der westeuropäischen Philosophie.[69] Zhdanov hat seine Bedeutung in der Sowjetunion verloren, aber seine Methodologie und seine Voraussetzungen blieben normativ für chinesische Kritiker der chinesischen Philosophie, die sie bis etwa 1960 unter einem polemischen Aspekt betrachten und besonders den Fragen der Methode, Logik und Epistemologie Beachtung zuwenden. Ihre grundsätzliche Ausgangsposition ist die, daß richtige *Methoden* zur Erreichung richtiger *Gedanken* notwendig sind. Nur solches Wissen wird anerkannt, was durch induktives Vorgehen und praktisches Handeln gewonnen wird, während deduktive, apriorische Methoden des Denkens und Erkennens dem Vorurteil anheimfallen, sie würden zu Irrtümern führen. Was China betrifft, so wird ein erkenntnistheoretisch ausgerichtetes Schema für ein primär ethisches System benutzt, um damit die Verdienste dieser Systeme *ethisch* zu bestimmen. Beispielsweise ist idealistisches Denken nicht nur schlecht, weil die damit verbundene Erkenntnismethode fehlerhaft ist, sondern auch, weil es zur Unterstützung der ausbeutenden Klassen benutzt wird.

Es geht hier um das Problem, wie man die chinesischen Denker den richtigen Kategorien zuordnen kann, um endgültige Urteile über ihre Lehren zu fällen. Der Philosoph Menzius zum Beispiel zeigte mystische Tendenzen und war sicher ein »Idealist«, doch seine politischen Lehren weisen progressive Ideen auf, sogar eine Theorie der Revolution! Andererseits hatten einige Taoisten,

---

68 Kuo Mo-jo, *Shih p'i-p'an shu* (Shanghai, 1950), S. 90–112.
69 A.A. Zhdanov, *On Music, Literature, and Philosophy* (London, 1956), S. 75–80, 106–172; vgl. auch J.M. Bochenski, *Soviet Russian Dialectical Materialism* (Dordrecht, 1963), S. 37–48, 97–103.

Lao-tzu und Chuang-tzu, im Ansatz materialistische Gedanken, doch sie vertraten konservative Ansichten in der Politik. Hung Hsiu-ch'üan, der quasichristliche Bauernrebell des 19. Jahrhunderts und seine Anhänger waren offensichtlich Protagonisten der ausgebeuteten Klassen und wurden als solche gepriesen, obwohl sie aufgrund ihres offenen Bekenntnisses zum christlichen Glauben in die idealistische Kategorie gehörten.[70]

Kuo Mo-jo äußerte seine Anerkennung für Konfuzius, er machte aber auch aus seiner Vorliebe für einen konfuzianischen Denker der Ming-Zeit, Wang Yang-ming (1472–1529) keinen Hehl[71] – andere linksgerichtete Publizisten hatten entgegengesetzte Ansichten. Ein Buch, das die gesamte konfuzianische Tradition, aber vor allem Konfuzius selbst, leidenschaftlich kritisiert, ist Ts'ai Shang-ssus »Eine allgemeine Kritik des traditionellen chinesischen Denkens« (*Chung-kuo ch'uan-t'ung chung-p'i-p'an*). In diesem Werk wird Konfuzius wegen seiner aristokratischen Herkunft verurteilt sowie deswegen, weil seine Lehren Arbeitern, Bauern, Frauen, der chinesischen Gesellschaft und dem Land, sowie der Freiheit, Demokratie und Humanität feind seien.[72] Wie Ts'ai selbst erwähnt, waren seine Leser über das Divergieren der Konfuzius-Bilder marxistischer Interpreten Chinas verblüfft. Zum Beispiel legten Hou Wai-lu, Chao Chi-pin und Tu Kuo-hsiang 1957 das monumentale fünfbändige Werk »Allgemeine Geschichte des chinesischen Denkens« (*Chung-kuo ssu-hsiang t'ung-shih*) vor. Hou und seine Mitarbeiter machten systematischen Gebrauch von marxistischen Methoden der historischen und intellektuellen Analyse. Ihr Werk hat die Tendenz, besonders die neo-konfuzianische Bewegung der Sung- und Ming-Zeit kritisch zu betrachten, jene späte Synthese des früheren Konfuzianismus mit dem philosophischen Taoismus und dem chinesischen Zen-Buddhismus. Die Schule Chu Hsis, des wichtigsten der Neo-Konfuzianer, wird hier als objektiver Idealismus eingestuft, da sie eine untergründige, metaphysische Realität in der Welt der Vielfalt der Objekte anerkennt. Die Schule Wang Yang-mings, eines späteren Vertreters des Neo-Konfuzianismus, wird als subjektiver Idealismus eingestuft, da sie die äußere Welt völlig verinnerlicht. Hou Wai-lu kritisiert beide Schulen wegen ihrer fast klösterlichen Kultivierung der Religiosität und wegen ihrer philosophischen Scholastik. Er stellte

---

70 Vgl. Brunhild Staiger, *Das Konfuzius-Bild im kommunistischen China* (Wiesbaden, 1969), S. 57–91. Siehe auch die zahlreichen Publikationen zum Symposium über die Geschichte der chinesischen Philosophie, organisiert von der philosophischen Fakultät der Universität Peking (Januar, 1957). Sie sind enthalten in *Chung-kuo chehsüeh shih wen-t'i t'ao-lun chuang-chi* (Peking, 1957). Vgl. darin besonders die Abhandlungen von Chu Po-k'un (S. 29–36), Chang Heng-shou (S. 146–156) und Ho Lin (S. 195–202).
71 Vgl. dazu P'ai Shang-ssu, *Chung-kuo ch'uan-t'ung ssu-hsiang chung p'i-p'an* (Shanghai, 1951), S. 113.
72 Ebd.

die Verdienste der sogenannten linken Yang-ming-Schule heraus, die mit dem Namen Wang Kens verbunden ist, einem Mann aus einfachen Verhältnissen, der eine bescheidene Ausbildung genossen hatte.[73] Doch die Kapitel über den frühen Konfuzianismus zeigen eine positive Würdigung von Konfuzius, der als Lehrer beschrieben wird, der die Erziehung aus dem Machtbereich offizieller Stellen befreit habe, und als Reformator, dessen Sozialkritik fortschrittliche Bemühungen offenbare.[74]

Die Kontroverse über jen

Die Uneinigkeit unter den Gelehrten über den Wert konfuzianischer Lehren trat besonders deutlich im Jahre 1962 zutage, während einer Konferenz in Shantung zum Gedenken des 2440. Todestages von Konfuzius. Der akademische Disput, der die größte Aufmerksamkeit erregte, entbrannte besonders an der Frage einer Neubewertung der konfuzianischen Tugend *jen*.

Fung Yu-lan, Chao Chi-pin und Yang Jung-kuo – alle versuchten sie, *jen* im Sinne der vier Wörter *k'o-chi fu-li* zu erklären, die sich in einer längeren Passage in den *Gesprächen* (12,1) finden, wo ein Dialog zwischen Konfuzius und seinem Lieblingsschüler Yen Yüan wiedergegeben wird.[75] Fung hält sich an die geläufige Interpretation, *k'o-chi* bedeute Selbstüberwindung, und fährt fort, *fu-li*, die Wiederherstellung der Schicklichkeit oder der Riten, im Sinne der Wiedergewinnung von Konfuzius' eigener Form der Schicklichkeit zu erklären – was für Hochstehende und Niedrige gleichermaßen zutrifft, *jen*. Er betont den klassenübergreifenden Charakter von *jen* als einer allumfassenden Tugend, die Konfuzius auch mit *ai-jen*, »die Menschen lieben«, erklärt hat.[76]

Chao Chi-pin hält sich an die beiden Formeln aus den *Gesprächen*, interpretiert sie aber ganz anders. Er hat sich kompromißlos der Klassenanalyse verschrieben und bedient sich gleichzeitig einer philologischen Methode, um seine Behauptungen zu erhärten. Seiner Erklärung zufolge bedeuten die Worte *k'o-chi* »persönlich verwirklichen«, und der Ausdruck *fu-li* bezeichnet die Wiederherstellung des gesamten Ritualgefüges der westlichen Chou, die er wiederum mit der Sklavenhaltergesellschaft identifiziert. In seiner modernen

---

73 Hou Wai-lu et al. (Hrg.), *Chung-kuo ssu-hsiang t'ung-shih* (Peking, 1956–57), Bd. 4.2, S. 595–691, 875–911, 958–1002.
74 Ebd., Bd.1, S. 144–160.
75 Vgl. R. Wilhelm (Übers.), *K'ungfutse*, wie Anm 45, S. 121; siehe auch die Übersetzung von Ralf Moritz, *Konfuzius, Gespräche* (Leipzig, 1986), S. 93 f.
76 Vgl. zum Shantung Treffen einen Bericht in *Che-hsüeh yen-chiu* 1 (1963), S. 54–57. Zu Fung Yu-lan siehe seine Artikel über *jen* in *K'ung-tzu che-hsüeh t'ao-lun-chi*, zusammengestellt von der Zeitschrift *Che-hsüeh yen-chiu* (Peking, 1963), S. 285–302 und 470–473.

Übersetzung und Auslegung der *Gespräche* (12,1) setzt er das Wort »Sklavenhaltersystem« für *li*, sonst wiedergegeben mit »Anstand«, »Schicklichkeit«, »Riten«:

> Yen Yüan fragte, was *jen* sei. Konfuzius sagte: »*jen* ist keine abstrakte Idee... Wenn du, und sei es nur für einen einzigen Tag, das Sklavenhaltensystem der westlichen Chou persönlich verwirklichen kannst, dann wird die ganze Welt zu *jen* zurückkehren...« Yen Yüan sagte: »Nennt mir doch die konkreten Schritte...« Konfuzius gab zur Antwort: »Sieh dir nichts an, was dem ganzen Äußeren des Sklavenhaltersystems entgegengesetzt wäre... Höre nichts an, was der Musik des Sklavenhaltersystems entgegengesetzt wäre... Sage nichts, das den Diskussionen und Äußerungen des Sklavenhaltersystems entgegengesetzt wäre... Paß gut auf, daß deine Augen, deine Ohren, dein Mund und dein ganzer Körper, sowie alle deine Handlungen des Sehens, Hörens, Sprechens und Handelns den Verordnungen des Sklavenhaltersystems entsprechen.«[77]

Chao Chi-pin besteht darauf, daß sich das Wort *jen*, »Mensch«, in den *Gesprächen* nur auf eine soziale Klasse bezieht: auf diese Sklavenhalter, die Aristokraten. Innerhalb dieser Klasse sieht er einige Unterschiede zwischen *chün-tzu* (Fürstensohn, Edelmann) und *hsiao-jen* (kleiner Mann), doch stellt er diesen beiden Kategorien von *jen* das Wort *min* (Volk) gegenüber, das sich seiner Ansicht nach auf die niedrigeren Klassen, die Sklaven, bezieht. Er behauptet, Konfuzius beschränke die Bedeutung von *jen* (Menschlichkeit) auf die höheren Klassen, schließe also das Volk davon aus, da es nur geeignet sei, »von oben regiert zu werden«.[78]

Yang Jung-kuo, der wahrscheinlich am besten bekannte Konfuzius-Kritiker innerhalb und außerhalb Chinas, wählte einen eher historischen Ansatz. Er identifiziert durchweg die Ch'un-ch'iu Periode mit der Sklavenhaltergesellschaft und argumentiert stets, Konfuzius sei ein politischer Reaktionär gewesen, der den *status quo* gegen die aufstrebenden, landbesitzenden Feudalklassen und die kaufmännischen Interessen verteidigt habe.[79] Er stellt das Auftreten vieler Sklavenrevolten heraus, die in den *Annalen von Tso* für die Ch'un-ch'iu Periode verzeichnet sind, und zitiert auch die Kritik, die der Räuber Chiu im *Chuang-tzu* gegen Konfuzius vorbringt, daß er nämlich ein sozialer Parasit gewesen sei: »Er aß, ohne Felder zu bestellen, kleidete sich, ohne zu weben, spielte mit Lippen und Zunge und stellte zweifelhafte Richtlinien für Richtig und Falsch auf.« In der Tat, sagte Räuber Chih zum Schluß, seien die Straftaten von Konfuzius ungeheuer groß, der Weise sollte deshalb zutreffender »Räuber Chiu« genannt werden.[80]

Yang Jung-kuo kritisiert auch die Erkenntnistheorie von Konfuzius, die als

---

77 Chao Chi-pin, »Jen-li chieh-ku«, in *K'ung-tzu che-hsüeh t'ao-lun chi*, S. 413.
78 Vgl. Chaos Studie zu den Gesprächen, *Lun-yü hsin-t'an* (Peking, 1962), S. 7–28.
79 Vgl. Yangs Beitrag zu der Konferenz in Shantung, »Lun K'ung-tzu ssu-hsiang«, in *K'ung-tzu che-hsüeh t'ao-lun-chi*, S. 373–400.
80 Vgl. sein Buch über die Geschichte des chinesischen Denkens, *Chien-ming chung-*

apriorischer Idealismus beschrieben wird und in Konfuzius' Bestreben, das Objektive durch das Subjektive zu bestimmen, gesehen wird – wie zum Beispiel in der Theorie von der Richtigstellung der Namen. Außerdem spreche Konfuzius von zwei Menschenarten, die sich nicht ändern können, jenen mit höherer Weisheit und jenen, die unheilbar dumm sind. Dies sei, sagt Yang, eine »Genie-Theorie«.[81]

Indem er Konfuzius angreift, unterstützt Yang Jung-kuo gleichzeitig Konfuzius' früheste Kritiker, Mo-tzu und die Mohisten sowie Han Fei Tzu und die Legalisten. Er stellt Mo-tzu als für seine Zeit fortschrittlich hin, er war ein Mann von niederer Herkunft, der gegen die Vorherrschaft der regierenden Klasse aufbegehrte und statt dem selektiven *jen* allumfassende Liebe zu allen Menschen predigte. Yang erklärt Mo-tzus religiöse Ideen so, daß für Mo-tzu der Wille des Himmels (*t'ien-chih*) ein Symbol allumfassender Liebe sei, was der Lehre vom Schicksal widerspreche und damit *de facto* die Befreiung der Sklaven fördere. Seiner Ansicht nach spreche Mo-tzu auch von Gespenstern und Geistern, obwohl er in Wirklichkeit ihre Existenz bezweifle, um die Gleichheit aller in diesem Leben und danach herauszustellen.

Yang Jung-kuo interpretiert den Legalismus als progressive Schulrichtung, die die richtigen Methoden zur Vereinigung und Stärkung des Landes befürwortete und eine neue historische Phase, die des »Feudalismus«, in China eröffnete. Er weist darauf hin, daß Han Fei Tzu sowohl Schicksals- wie Gespenster- und Geisterlehren zurückweist und statt dessen die Größe des Menschen und seine Fähigkeit, die Natur (lit. den Himmel) zu besiegen, geltend macht. Han Fei Tzus nachdrückliche Forderung nach Gesetzen wird als Einsatz im Befreiungskampf auf seiten der Sklaven dargestellt, obwohl seine Gesetze einer neuen Herrenklasse dienen sollten.[82]

Die Anti-Konfuzius-Kampagne: 1966–1974

In der Zeit der Kulturrevolution, mit dem Aufstieg Lin Piaos zur Macht und dem Fall von Liu Shao-ch'i, trat die Anti-Konfuzius-Bewegung in eine neue Phase ein. 1966–67 berichteten Zeitungsartikel von den »kulturellen Revolutionen«, die im Institut für Geschichte und im Institut für Philosophie stattfanden; beide Institute gehören zur chinesischen Akademie der Wissenschaften, beide haben ihre eigenen Fachzeitschriften, *Li-shih yen-chiu* und *Che-hsüeh yen-chiu*. Die Angriffe richteten sich vor allem gegen Wu Han, den Autor des

---

kuo che-hsüeh shih (Peking, 1973), S. 13–14. Die Geschichte findet sich im Buch *Chuang-tzu*. Ch'iu is Konfuzius' Vorname.
81 Ebd., S. 28–29.
82 Ebd., S. 372–389.

historischen Dramas *Die Entlassung Hai Juis*, das – wie der Vorsitzende Mao persönlich entschieden hatte – eine verschleierte Kritik an der von Mao ins Werk gesetzten Entlassung P'eng Te-huais aus seinem Amt als Verteidigungsminister im Jahre 1959 darstellte. Die Turbulenzen betrafen jedoch auch Hou Wai-lu, einen vermeintlichen Anhänger Wu Hans, sowie Chou Yang, den Kultusminister unter Liu Shao-ch'i, der 1962 in Shantung die Konferenz über Konfuzius organisiert hatte. Auch diese Begebenheit wurde ein Gegenstand der Kritik, die »Philosophiearbeiter« wurden ermahnt, ihre »stinkenden« Intellektuellenmanieren aufzugeben und gehorsame Schüler von Arbeitern, Bauern und Soldaten zu werden. Es erschienen Hetzreden gegen »Konfuzius und Söhne«. Diese brachten Liu Shao-ch'is Namen mit dem Establishment in Verbindung und wendeten sich besonders gegen Lius Buch *Wie wird man ein guter Kommunist?*, weil er darin Parteikader auffordert, konfuzianische Ideen der Kultivierung zu verwenden, um bessere Kommunisten zu werden, sowie wegen der vielen Hinweise auf die Vier Bücher und auf andere konfuzianische Texte.[83]

Als Ende 1973 erneut anti-konfuzianische Hetzreden erschienen, wurde seltsamerweise der Name Lin Piaos, der nun in Ungnade gefallen war, mit dem Namen Liu Shao-ch'is sowie mit Konfuzius in Verbindung gebracht. In den ersten Monaten des folgenden Jahres wurde die Kampagne intensiviert, eine Serie gehässiger Angriffe in Zeitungsartikeln und Radiosendungen verschiedener Provinzen begleitete eine überreichliche Literatur von Plakaten und Pamphleten, die Konfuzius und seine Lehren verdammten.[84]

Es sollte angemerkt werden, daß Kuo Mo-jo 1972 einen Artikel über die Periodisierung der frühen chinesischen Gesellschaft veröffentlichte, in dem er über seine eigene intellektuelle Entwicklung berichtete: wie er mit Hilfe von Maos Sprüchen endlich, d.h. etwa 1952, instand gesetzt wurde, die »Trennungslinie« zwischen Sklavenhalter- und Feudalzeitalter im alten China zu bestimmen. Seiner Ansicht nach sollte die Linie zwischen der Ch'un-ch'iu Periode und der Zeit der Kämpfenden Staaten (etwa um 475 v.Chr.) gezogen werden.[85] Kuo erwähnt Konfuzius in diesem Artikel nicht, doch die Konsequenzen einer solchen publik gemachten Entscheidung mußten im Hinblick auf die Anti-Konfuzius-Debatte klar zugunsten der Argumente ausfallen, die von Kritikern wie Yang Jung-kuo und Chao Chi-pin vorgebracht worden waren. Artikel gegen Konfuzius, die dann in Zeitungen oder als Pamphlete erschienen,

---

[83] Vgl. Julia Ching, »Confucius and His Modern Critics: 1916 to the Present«, in *Papers on Far Eastern History* 10 (1974), S. 136–139. Liu Shao-ch'is Buch ist auch auf Englisch erschienen: *How to Be a Good Communist* (Peking, 1964).

[84] J. Ching, »Confucius«, S. 138.

[85] Vgl. Kuos Artikel, »Chung-kuo ku-tai shih te fen-ch'i wen-t'i«, in *Hung-ch'i* 7 (1972), S. 56–62.

setzten es ganz einfach als erwiesen voraus, daß Konfuzius auf seiten der Sklavenhalter gegen die Sklaven gestanden und die ersten Anfänge von Chinas Feudalzeitalter verkündet habe.

Von den eher akademischen Veröffentlichungen, die zu diesem Thema erschienen sind, verdient Chao Chi-pins Abhandlung über die von Konfuzius betriebene Hinrichtung von Shao-cheng Mao besondere Beachtung (*Kuan-yü K'ung-tzu chu Shao-cheng Mao wen-t'i*).[86] Der angeblich historische Vorfall wird nicht in den *Gesprächen* erwähnt, sondern im *Hsün-tzu* des 3. Jahrhunderts v.Chr., im *Shih-chi* des 1. Jahrhunderts v. Chr. und im *Lun-heng* des 1. Jahrhunderts n.Chr. Diesen Berichten zufolge soll Konfuzius die Hinrichtung eines weithin bekannten Gelehrten-Beamten, Shao-cheng Mao, befohlen haben, sieben Tage nachdem er das Amt des Justizministers im Staate Lu übernommen hatte (498 v.Chr.). Chao führt die Argumente all derer an, die im Lauf der chinesischen Geschichte an die Echtheit dieser Anekdote geglaubt haben, und auch die Einwände all jener, die sie bestritten oder aber nur in modifizierter Form angenommen haben. Er kommt zu dem Schluß, daß der Vorfall wirklich stattgefunden habe und daß Konfuzius den Shao-cheng Mao aus politischen Gründen töten ließ, d.h. als einen Repräsentanten der aufsteigenden Landbesitzerschicht und der kaufmännischen Interessen der beginnenden »Feudalgesellschaft«, sowie aus Gründen der Eifersucht – weil Shaocheng Mao seine, Konfuzius', Schüler fortgelockt habe.

Vielerlei Probleme ergeben sich, wenn man die Anti-Konfuzius-Kampagne zu bewerten sucht. Was Konfuzius selbst angeht, so ist die neueste Kritik sicher die schärfste, der er jemals ausgesetzt war, allerdings werden auch die traditionellen Angriffe gegen seine Person und seine Lehren wiederholt. Nach dem Urteil moderner Kritiker war Konfuzius »irrelevant« für seine eigene Zeit, ein Reaktionär und Konterrevolutionär, der den Gang der Geschichte behindert habe und *a fortiori* für unsere Zeit, wenn überhaupt, bloß als negatives Beispiel zu gebrauchen sei. Seine auf bestimmte Klassen bezogenen Lehren könnten keine universelle Bedeutung haben, seine Ideen seien nicht originell, sondern »eklektisch«, seine Bildung allenfalls durchschnittlich. Selbst sein persönlicher Charakter wird angegriffen: Er sei kein Weiser, sondern ein Heuchler gewesen.[87]

Diese Schlußfolgerungen wurden als endgültig und definitiv angesehen. Keine Anstrengungen wurden unternommen, die vorgetragenen Argumente weiter zu untersuchen, was zu abweichenden Ergebnissen hätte führen können. Fung

---

86 Chaos Abhandlung erschien zuerst 1949 in Peking und 1973 revidiert in Shanghai. Sie ist mehrmals wieder aufgelegt worden und hat große Verbreitung erlangt.
87 Vgl. dazu die kritischen Artikel von Yang Jung-kuo und anderen, zusammengestellt in der Broschüre *K'ung-tzu: Wan-ku wei-lun nu-li chih-te ssu-hsiang chia* (Peking, 1973).

Yu-lan beispielsweise hat in diesem Zusammenhang eine Selbstkritik veröffentlicht (Dez. 1973), in der er seine Schuld für vergangene Mißinterpretationen der chinesischen Philosophie im allgemeinen und von Konfuzius und dem Konfuzianismus im besonderen zugibt und anerkennt, daß die Tugend *jen* in Theorie und Praxis auf eine einzige Klasse beschränkt war, nämlich auf die der »Edlen« (*chün-tzu*).[88] Er hat versprochen, die ihm verbleibenden Lebensjahre mit einer gründlichen Revision der publizierten Teile seiner Bücher zu verbringen, die er im Lichte all dessen, was er während der Kulturrevolution gelernt hat, vornehmen will. Dabei hatte er besonders die Überarbeitung der »Neuen Geschichte der chinesischen Philosophie« (*Chung-kuo che-hsüeh-shih hsin-pien*) im Auge, sowie die sorgfältigere ideologische Ausarbeitung all derjenigen Teile des Buches, die noch geschrieben werden sollen. In seinen eigenen Worten:

Das Gebiet der Geschichte der chinesischen Philosophie macht zur Zeit eine neue Revolution durch. Der Vorsitzende Mao persönlich führt und leitet uns. Ich bin fast 80 und habe ein halbes Jahrhundert mit dem Studium der Geschichte der chinesischen Philosophie verbracht. Es ist mir ein großes Glück, daß ich heute noch daran teilnehmen kann. Ich bin entschlossen, den Anweisungen des Vorsitzenden Mao zu folgen, den Marxismus und Maos Ideen ernsthaft zu studieren, meine Weltanschauung zu reformieren, und meine Bücher zu revidieren.[89]

In China haben große Veränderungen stattgefunden. Die kürzlichen Liberalisierungsbestrebungen in der Volksrepublik China gingen einer offiziellen Verurteilung der Kulturrevolution und der Anti-Konfuzius-Kampagne voraus. Tatsächlich existiert jetzt eine »Konfuzius-Stiftung«. Die Stiftung organisiert (1987) eine Konfuzianismus-Konferenz in Zusammenarbeit mit dem Institut für Ostasiatische Philosophie in Singapur. (Heute ist sogar Wang Yang-ming besser angesehen.)

---

88 Diese Selbstkritik erschien zuerst in der Zeitschrift der Peking Universität, *Bei-ching ta-hsüeh hsüeh-pao* 4, und wurde in einer Broschüre mit Kritiken an Lin Piao und Konfuzius wieder abgedruckt: *P'i-lin p'i-k'ung wen chang hui-pien* (Peking, 1974), Bd. 1, S. 65–99. Die englischen Übersetzung erschien im *Hsinhua Weekly* (Hongkong, 18. März 1974), S. 12–14. Vgl. auch Fungs Artikel vom 1. Februar 1974 in der *Kuang-tung jih-pao*, abgedruckt in deutscher Übersetzung bei Jochen Schickel (Hrg.), *Konfuzius, Materialien zu einer Jahrhundert-Debatte* (Frankfurt, 1976), S. 201–210.
89 Ebd.

Die westliche Kritik

Konfuzianismus ist ein chinesisches Erbe, und die Chinesen selbst müssen die Hauptverantwortung für seine Neuinterpretation und kritische Aneignung in der Gegenwart tragen. Die Chinesen haben jedoch vom kritischen Geist des Westens gelernt und können auch noch von den westlichen Reaktionen auf den Konfuzianismus und von westlicher Konfuzianismus-Kritik lernen.

Die westliche Kritik des Konfuzianismus wurde besonders im 17. und 18. Jahrhundert formuliert, als die missionarischen Bemühungen China in die intellektuelle Reichweite des Abendlandes brachten. Religiöse Ansichten bestimmten deshalb weitgehend die Reaktion und den Widerhall, sowohl auf seiten der missionarischen Interpreten wie auch seitens der informierten Öffentlichkeit und ihrer intellektuellen Sprecher. Die Missionare selbst hatten unterschiedliche Ansichten. Einige bewunderten die chinesische Kultur und waren bereit, die christlichen Bekehrungsmaßnahmen den konfuzianischen Lehren anzupassen. Sie glaubten, im frühen Konfuzianismus Äußerungen eines theistischen Glaubens und der Unsterblichkeit der Seele zu finden. Sie wurden die frühesten Sinologen des Westens und machten europäische Leser mit dem Bild einer unabhängigen und nicht-christlichen Kultur hohen Alters bekannt, die über eine reiche und starke moralische Tradition verfügte, die den Vergleich mit den ethischen Lehren des Christentums nicht zu scheuen brauchte. Sie zogen im allgemeinen den frühen Konfuzianismus seiner späteren metaphysischen Entwicklung, die im Westen heute als Neo-Konfuzianismus bekannt ist, vor, da letzterer das frühere anthropomorph-religiöse und praktisch-moralische Vokabular durch ein philosophisches ersetzt hatte, das Begriffe wie »Urgrund« (*tai-chi*), »Prinzip« (*li*) und »Lebensenergie« (*ch'i*) anwandte. Allerdings dominierte damals der Neo-Konfuzianismus die intellektuelle Atmosphäre Chinas, sein Korpus von Kommentaren wurde offiziell als orthodoxe Interpretation der früheren Klassiker anerkannt.[90]

Die Jesuiten machten in Europa sehr großen Eindruck mit ihren Schriften über China und den Konfuzianismus und riefen damit theologische Kontroversen über den Ursprung der chinesischen Religion, das Alter der chinesischen Geschichte im Vergleich zur biblischen sowie über die Frage der Vereinbarkeit konfuzianischer Riten mit dem christlichen Glauben hervor. Vor diesem Hintergrund ist die westliche Kritik am Konfuzianismus zu verstehen.

Die Phantasie der europäischen Intellektuellen und die hitzigen Kontroversen wurden besonders von zwei im 17. Jahrhundert veröffentlichten chinesischen Werken angeregt. Phillipe Couplets *Confucius Sinarum Philosophus* (1687), in

---

90 Donald W. Treadgold, *The West in Russia and China: Religious and Secular Thought in Modern Times* (Cambridge, 1973), Bd. 2, S. 32–33; Joseph Needham, *Science and Civilisation in China* (Cambridge, 1956), Bd. 2, S. 501.

dem drei der vier konfuzianischen Bücher übersetzt und erläutert sind, und L. LeComtes *Nouveaux Memoirs sur l'État présent de la Chine* (1696), dessen übertriebene Lobreden auf die religiösen und moralischen Lehren Chinas die feierliche Verdammung des Buches durch die theologische Fakultät der Sorbonne im Jahre 1700 nach sich zog, weil es die Einzigartigkeit der christlichen Offenbarung in Zweifel gezogen hätte. Aber einige der größten Geister Europas wurden zum Studium Chinas und zu philosophischen und theologischen Reflexionen über den Konfuzianismus angeregt. G.W. Leibniz besuchte viele Jesuiten und korrespondierte mit ihnen, z. B. mit Pater J. Bouvet, dem er die Kenntnis des Buches der Wandlungen und der neo-konfuzianischen Philosophie verdankte. Er hinterließ eine Sammlung von Dokumenten, *Novissima Sinica* (1697), mit eigenem Vorwort und einer kurzen Abhandlung über den Konfuzianismus, *De Cultu Confucii Civili* (ca. 1700), die seinen Standpunkt in der Frage der chinesichen Riten zeigt. In seinen Briefen und in anderen Schriften bekundet Leibniz seine Wertschätzung der Lehren Chu Hsis von *li* und *ch'i* und besteht darauf, daß die Chinesen keine Materialisten gewesen seien, sondern über ein wahres Verständnis von Gott und geistigen Wesen verfügten. Chr. Wolff teilte Leibniz' Enthusiasmus und verlieh seiner Bewunderung für die moralische und politische Philosophie in den chinesischen Klassikern Ausdruck.[91]

Nicht alle Missionare, nicht einmal alle Jesuiten, waren sich in der Bewunderung der chinesischen Kultur und des Konfuzianismus einig. Nicht alle Philosophen teilten Leibniz' und Wolffs Wertschätzung der chinesischen Welt. Nicholas Longobardi, der unmittelbare Nachfolger Matteo Riccis, und Antoine de Sainte-Marie, ein Franziskaner, verlangten, daß neo-konfuzianische Kommentare als Interpretationen alter chinesischer Texte akzeptiert werden müßten. Dies bedeute, daß sich China zu einem Land der Atheisten entwickelt habe, ohne Verständnis für die Unterscheidung von Geist und Materie. Longobardis *Traité sur quelques points de la religion des Chinois* und Sainte-Maries *Traité sur quelques points importantes de la mission de la Chine* erschienen beide im Jahre 1701 und boten ein lebendiges Bild der mit gemischten Gefühlen betriebenen Diskussion unter denjenigen Missionaren, die sich dieser Probleme bewußt waren. Unter den Gelehrten Europas, die über keine persönlichen China-Erfahrungen verfügten, war es besonders Fénelon, der in seinen *Dialogues des Morts* Konfuzius unvorteilhaft mit Sokrates verglich und ernste

---

91 G.W. Leibniz, *Zwei Beispiele über das binäre Zahlensystem und die chinesische Philosophie* (Belser Presse, 1968); Virgile Pinot, *La Chine et la formation de l'esprit philosophique en France 1640–1740* (Neuauflage Genf, 1971), S. 333–340; Pater du Halde spricht ebenfalls vom Konfuzianismus in seinem Werk *Description géographique, historique, chronologique, politique et physique de l'empire de la Chine* (Paris, 1735).

Zweifel an der Überlegenheit und dem Alter der chinesischen Zivilisation äußerte. Nicolas de Malebranche, der die kartesianische mit der thomistischen Tradition zu vereinen suchte, publizierte ebenfalls eine Kritik des Konfuzianismus in Form eines Dialogs: *Entretien d'un philosophe chrétien et d'un philosophe chinois*.[92] Dieser Text gibt eine Darstellung von Malebranches eigener Theologie, inklusive eines ontologischen und epistemologischen Beweises der Existenz Gottes gemäß seiner Theorie, daß die Welt nach den Urbildern des göttlichen Geistes entstanden sei. Malebranche trachtete danach, die chinesische Vorstellung von *li* (Prinzip) mit seinen eigenen philosophischen Begriffen neu zu interpretieren und verwandelte dabei *li* in die Vorstellung eines metaphysischen Absoluten, die er derjenigen eines anthropomorphen Gottes vorzog. Montesquieu war ebenfalls eher ein Kritiker denn ein Bewunderer Chinas. Er äußerte in *L'esprit des lois* (1748) und in anderen Veröffentlichungen die Ansicht, China biete ein negatives Beispiel für Institutionen und Praktiken, die die Europäer vermeiden sollten. Selbst Rousseau bezweifelte die überschwenglichen Behauptungen der Sinophilen und betonte, Chinas vermeintlich weise Männer seien nicht fähig gewesen, ihr Land vor den Wellen barbarischer Eroberungen zu schützen.

Dennoch waren die europäischen Intellektuellen des 18. Jahrhunderts im großen und ganzen erfreut über ihre Entdeckung Chinas und des Konfuzianismus. Voltaire sprach mit Bewunderung von dem Land, wo Vernunft und Harmonie herrschten, frei von jeder Störung durch Aberglauben. Zuerst in seinem *Essai sur les Moeurs*, später in seiner *Histoire Universelle* (um 1740) griff Voltaire die historische Autorität der biblischen Chronologie unter Berufung auf das Alter Chinas an und stellte die Forderung nach einem von Offenbarungsreligion unabhängigen ethischen System auf.[93] Jean Jacques Rousseau machte einige wohlwollende Bemerkungen in einer Abhandlung über politische Ökonomie (1755). Seine Idee eines edlen Wilden bietet, vermutlich unbewußt, Vergleichsmöglichkeiten mit Menzius' Lehre von der urprünglichen Güte des Menschen. Franciscus Quesnay, der Physiokrat, veröffentlichte 1767 sein Buch *Le despotisme de la Chine* als eine Widerlegung der Kritik Montesquieus an chinesischen Institutionen und als ein Lob des aufgeklärten Absolutismus, der angeblich in China zu finden war und sich auf Gesetze und rationalistische Philosophie gründete.[94] Tatsächlich ähnelten diese französischen Philosophen den chinesischen Literati in mancher Weise, da die meisten eher Universalisten

---

92 N. de Malebranche, *Entretien d'un philosophe chrétien et d'un philosophe chinois* (1936).
93 Lewis A. Maverick, *China: A Model for Europe* (San Antonio, 1946), S. 26–35 und 112.
94 Vgl. Mavericks englische Übersetzung von Quesnay in *China: A Model for Europe*, S. 239–248.

als Spezialisten waren und vielerlei Interessen von Philosophie bis zu Kunst und Politik miteinander verbanden. Aber die Tage der ungeteilten Bewunderung für das chinesische Reich gingen schnell vorüber. Im frühen 19. Jahrhundert schrieb Hegel zwar noch, daß Vernunft und Ordnung in der chinesischen Geschichte und Weisheit in den chinesischen Klassikern vorhanden sei, doch seine Darstellung Chinas in der *Philosophie der Weltgeschichte* klang bereits herablassend und ambivalent. Hegel sagte, China wie auch dem Rest des Orients fehle die geistige Freiheit und das wechselnde Kräftespiel Europas, der Orient sei gegen Wandel und Veränderung jeglicher Art immun geblieben.[95]

Der geistige Austausch zwischen Europa und China wurde durch die Jahrzehnte der religiösen Verfolgung unterbrochen, die auf die umstrittene Entscheidung Roms, die chinesischen Riten zu verdammen (1742), folgten. Erst in der Mitte des 19. Jahrhunderts wurde das Land für Missionare wieder geöffnet. Diesmal hatten die Missionare, die nach China zogen, andere Ansichten als Matteo Ricci und seine Anhänger. Nach Donald Treadgold hielten die Protestanten China für ein Land des Götzendienstes und der Dunkelheit, das auf Erlösung und Bekehrung wartete. Sie betrachteten es als ihre Pflicht, den Konfuzianismus zu widerlegen, und wußten sich darin mit den Katholiken einig – trotz der religiösen Gegnerschaft, die sie füreinander empfunden haben mögen.[96]

Christliche Missionare waren hauptsächlich für das gesunkene Prestige des Konfuzianismus im späten 19. und frühen 20. Jahrhundert verantwortlich. Die Missionare und ihre Konvertiten traten für Verwestlichung und materiellen Fortschritt ein. Der jesuitische Sinologe L. Wieger gibt uns eine gewisse Vorstellung von der Gegnerschaft gelehrter Missionare gegen die chinesische Kultur im allgemeinen und den Konfuzianismus im besonderen. Er spricht vom Konfuzianismus als einer »verdrießlichen konservativen Sekte«, die von ihren Anhängern nicht Mitleid oder Hingebung fordere, sondern »Neutralität im Geiste und Kälte im Herzen«.[97] Seine Einstellung spiegelt sich bei einem anderen jesuitischen Schriftsteller wider. S. LeGall sagt von Chu Hsi:

..Beau diseur autant que philosophe détestable, cet homme est parvenu à imposer, depuis plus de sept siècles, à la masse de ses compatriotes, une explication toute matérialiste des anciens livres.[98]

---

95 Vgl. *Vorlesungen über die Philosophie der Geschichte* (Werke, Bd. 12; Frankfurt, 1970), S. 129–133, 147–174.
96 D.W. Treadgold, *The West*, S. 35–36; vgl. auch R.F. Johnston, *Confucianism and Modern China* (New York, 1935), S. 134–138.
97 Léon Wieger, *A History of Religious Beliefs and Philosophical Opinions in China* (Hsien-hsien, 1923), S. 195.
98 S. LeGall, *Chu Hsi: Sa doctrine, son influence* (Shanghai, 1923), S. 1.

Es gab einige Ausnahmen. Der Presbyterianer James Legge kam als Missionar nach China und wurde ein hingebungsvoller Erforscher der chinesischen Zivilisation und ihr großer Interpret für den Westen. Seine fünfbändige Übersetzung der Klassiker, *The Chinese Classics* (1861–1872), bleibt bis heute unübertroffen. In einer Auseinandersetzung über die Frage, wie das Wort »Gott« im Chinesischen wiederzugeben sei, behauptete er, der Konfuzianismus sei gegenüber dem Christentum »eher unvollständig«. Er ermahnte seine Mitbrüder, die konfuzianischen Texte sorgfältig zu studieren:

Laßt niemanden die Mühe für zu groß halten, sich mit den konfuzianischen Büchern vertraut zu machen. Die Missionare in China werden dadurch ihre Aufgabe intensiver verstehen; je mehr sie vermeiden, ihre Wagen rücksichtslos über das Grab des Meisters zu fahren, desto wahrscheinlicher wird es, daß sie bald Jesus auf dem Thron in den Herzen dieses Volkes sehen.[99]

Diese Äußerung rief auf der Konferenz der Missionare in Shanghai solche Empörung hervor, daß sein Vortrag aus dem gedruckten Bericht herausgenommen wurde. Tatsächlich scheint auf der Konferenz das Grauen vor dem Konfuzianismus fast pathologische Formen angenommen zu haben.[100]

Von den Abendländern, die China in den zwanziger Jahren des 20. Jahrhunderts besuchten, sind die Namen Bertrand Russell und John Dewey in besonderer Erinnerung. Russell erstaunte seine chinesischen Bewunderer durch seine positive Beurteilung von vielem, was er in den philosophischen Systemen der chinesischen Tradition vorfand, im Taoismus und auch im Konfuzianismus. Allerdings betonte er die Schwierigkeiten, die mit der Starre des konfuzianischen Wertsystems verbunden seien. Zum Beispiel seien das Bestehen auf kindlicher Pietät und die überragende Stärke der chinesischen Familie Barrieren für sozialen Wandel und nationalen Wiederaufbau.[101] Dewey machte ähnliche Beobachtungen. Dewey betonte die Wichtigkeit von logischer Methodologie und Pragmatismus und machte damit den Chinesen die Unzulänglichkeit des Konfuzianismus noch stärker bewußt.[102] Ein späterer Besucher, der lange in China lebte, Teilhard de Chardin, Jesuit und Gelehrter, aber nicht Missionar, kritisierte den Konfuzianismus selten direkt, äußerte sich aber oft geringschätzig über China und die Chinesen, wie er sie kannte – freilich ohne den Vorzug, die chinesische Sprache zu kennen. Teilhard ging zum ersten Mal 1923 nach China, in der großen Hoffnung, eine alte aber lebendige Zivilisation mit einer starken mystischen Tradition zu finden. Statt dessen enthüllten ihm seine etwa fünfzehnjährigen Beobachtungen ein Volk, dessen Gedanken »statisch und zur Vergangenheit gewendet... sowie ohne Beitrag zum Fortschritt der

---

99 Zitiert nach D.W. Treadgold, *The West* wie in Anm. 90, S. 43.
100 Ebd., S. 42–44.
101 Bertrand Russell, *The Problem of China* (London, 1922), S. 40–42.
102 John Dewey, *Lectures in China* (Cambridge, Mass., 1973), S. 56.

Menschheit« gewesen seien. Er beschrieb die Chinesen, die er traf, als pragmatische Positivisten und Agnostiker, die in einem »milieu enfant... ou enfantile« lebten.[103]

Eine Kritik der Kritiken

Ich habe die Kritiken des Konfuzianismus erörtert, die in der Antike und in der Moderne, von Chinesen und von Abendländern, geäußert wurden. Wenn man sie untersucht, findet man sowohl Übereinstimmungen wie auch Widersprüche. Mohisten und Legalisten verunglimpften ein Regieren durch moralische Überzeugung als Zeichen der Schwäche, nicht der Stärke; Mohisten und Taoisten vereinten sich im Angriff gegen ein übertriebenes, unnatürliches Ritualwesen. Taoisten und Legalisten bewiesen der konfuzianischen Betonung von Ethik und Tugenden eine Art amüsierter Verachtung. Einige dieser Argumente sind von denjenigen modernen Kritikern wiederholt worden, die eine Regierung der Gesetze über die der Menschen stellen und auf der Trennung von Ideologie und Kult einerseits und dem Staat andererseits bestehen. Bis vor kurzem jedoch waren auch in der Moderne die Ansichten über Konfuzius streng geteilt: Er war Traditionalist, Reformer, Revolutionär.

Aus vielen dieser Argumente spricht ein tiefes Bemühen um die soziale Ordnung und gute Regierung. Dies war allen frühen Konfuziuskritikern gemeinsam, obwohl die Taoisten und verwandte Geister Konfuzius und seine Anhänger vor einem unangebrachten Streben nach offiziellen Positionen warnten, weil es der natürlichen Ordnung und Harmonie zuwiderlaufe. Dasselbe Interesse war auch grundlegend für viele der modernen Kritiken des konfuzianischen Vermächtnisses in der Zeit der Begegnung Chinas mit dem Westen, mit seinen sozialen und politischen Institutionen sowie den Organisationsprinzipien, die diesen zugrunde liegen.

Die vormodernen westlichen Kritiken des Konfuzianismus haben weniger mit der Gesellschaft zu tun. Sie waren vielmehr durch einen christlich-theologischen Standpunkt bestimmt und durch den tief empfundenen Missionsauftrag zur Bekehrung der Welt. Longobardi kritisierte den Neo-Konfuzianismus wegen seiner scheinbaren Unvereinbarkeit mit christlichen Glaubensüberzeugungen, und Malebranche verfuhr ähnlich, jedoch mit philosophischen Argumenten. Ihr vorrangiges Interesse galt mehr ihrer eigenen religiösen Doktrin als dem Konfuzianismus.

Die späten westlichen Kritiker stimmen mit ihren modernen chinesischen Kollegen überein. Russell und Dewey waren um Chinas soziale und politische Zukunft besorgt, was auch – nur viel stärker – für ihre chinesischen Freunde

---

103 Claude Rivière, *En Chine avec Teilhard, 1938* (Paris, 1968), S. 133.

und Schüler galt, für Ch'en Tu-hsiu, Hu Shih, Lu Hsün und die anderen. Sie kritisierten insbesondere die sozialen Spuren des Konfuzianismus, die ein Hindernis für intellektuelle Freiheit und soziale Umgestaltung blieben. Sie waren sich darüber im klaren, daß China, wenn es überleben wollte, modernisieren und sich dem Westen weiter öffnen mußte. Ein gewisser Bruch mit der Vergangenheit war notwendig geworden, sowohl auf institutioneller wie auf ideeller Ebene. Das konfuzianische Kontinuum zwischen ethischer Selbstkultivierung und gewissenhafter Regierung ist wichtig, ja lebenswichtig. Doch das Studium der konfuzianischen Klassiker ist keine ausreichende Vorbereitung für kompetente und dynamische Führung: das Amateurideal reicht nicht aus.[104] Davor hatten schon die antiken Legalisten gewarnt, die jedoch auf politische Ethik keinen Wert legten. In genau welcher Beziehung der Konfuzianismus hilfreich oder nachteilig für die Modernisierung war oder sein kann, das ist allerding ein gewaltiges Problem, das hier nicht ausführlich behandelt werden kann.[105]

Die frühen marxistischen Kritiker der fünfziger Jahre des 20. Jahrhunderts zeigen Kontinuität mit den modernen Kritiken von 1910–1940, insbesondere in ihrem vorrangig sozialen Interesse. Sie führen jedoch einen ideologischen Ton ein, der westlichen Ursprungs ist und eine Parallele zur religiösen Sichtweise der Missionare beinhaltet. Ich meine hier die analytische Methodologie des Marxismus und ihre Voraussetzungen. Diese ideologische Dimension und ihr klassenbewußter Ansatz zur philosophisch-kulturellen Bewertung haben in den sechziger und siebziger Jahren weitergewirkt. Ein neuer Faktor ist jedoch hinzugekommen. Die Anti-Konfuzius-Kampagne der siebziger Jahre hat wirklicher Diskussion und Debatte ein Ende gesetzt. Es scheint, als ob die unlösbaren Probleme hinsichtlich Konfuzius als historischer Person sowie seiner authentischen Botschaft und die jahrhundertelange Entwicklung der Tradition beiseite geschoben und für irrelevant erklärt worden wären. Es ging dann nicht mehr um Argumente, sondern um Schlußfolgerungen, die von vornherein feststanden. Dieser unerbittliche Angriff auf den Konfuzianismus war besonders wegen seiner politischen Obertöne problematisch. Die Lenkung der Kampagne ging in die Hände des Zentralkomitees der kommunisti-

---

104 Joseph R. Levenson, *Confucian China and Its Modern Fate*, Bd. 1: »The Problem of Intellectual Continuity« (Berkeley, 1968), S. 40–43.
105 Wichtige Versuche wurden unternommen, die Rolle des Konfuzianismus in der Modernisierung Japans unter den Tokugawa besser zu verstehen. Vgl. dazu Marius B. Jansen (Hrg.), *Changing Japanese Attitudes toward Modernization* (Princeton, 1965). Einige der in diesem Buch angesprochenen Probleme wurden auf der Konferenz über »Wahres und Praktisches Lernen in China und Japan« (Honolulu, Juni 1974) erörtert. Diese Konferenz wurde vom American Council of Learned Societies gefördert und von Professor Wm.T. de Bary von der Columbia University organisiert.

schen Partei über – und dies in einem Land, in dem der Konfuzianismus offiziell abgeschafft wurde und sein Einfluß in Schulen und Unversitäten seit den fünfziger Jahren in aller Form ausgeschlossen wird. Anscheinend war die etablierte Autorität des modernen China bestrebt, den dauernden Einfluß der marxistischen Ideologie sicherzustellen, so daß sie jegliche Spur konfuzianischer Bemühung als mögliche Gefahr verdächtigte. Es könnte auch sein, daß das »Gespenst« des Konfuzianismus von den Behörden selbst, und zwar *für* die, immerhin im Hinblick auf ihre Echtheit und Spontaneität suspekten, Angriffe wieder aufgerichtet wurde.
Sicher, viele Chinesen erheben berechtigte Klagen über eine unglückliche Kindheit, die sie in einem autoritären Haushalt oder einer Klan-Familie verbracht haben, über ihre Schulzeit unter Anleitung von konfuzianischen Lehrern, wo ihnen durch stures Auswendiglernen Wissen eingetrichtert wurde, über ihre Berufserfahrungen in einer Gesellschaft, in der Beziehungen wichtiger waren als Verdienst und Talent, in der eine oligarchische Regierung das Land eher nach menschlichem Gutdünken als nach Gesetzen verwaltete. Aber sind dies Erfahrungen mit dem Konfuzianismus? Ja und nein. Insofern als der Konfuzianismus die hierarchischen Strukturen der Autorität befürwortete und perpetuierte, sind dies Erfahrungen mit den Überresten einer konfuzianischen Gesellschaft. Da jedoch der Konfuzianismus über die Jahrhunderte hinweg selbst stark von anderen Strömungen, besonders dem Legalismus, beeinflußt worden ist, sind diese Erfahrungen auch auf andere Traditionen zurückzuführen.
Die offizielle Verherrlichung des Legalismus anstelle des Konfuzianismus bezweckt offensichtlich die Rechtfertigung einer stark zentralisierten und autoritären Regierungsform. Die neue Staatsorthodoxie dieser Regierung ist der marxistisch-leninistische Maoismus. Diese Ideologie ist noch im Fluß, hat aber bereits eine Geschichte voller dialektischer Bewegungen und Widersprüche hinter sich. Die Anti-Konfuzius-Kampagne offenbart zwei dieser Widersprüche: eine Tendenz zum politischen und intellektuellen Anachronismus durch rücksichtslose Angriffe auf die Prinzipien der Autorität und die Kontinuität der Vergangenheit sowie die Tendenz zu strengerer ideologischer Kontrolle. Der Sturz der Konfuzianismus als eines ethischen Systems erzeugt ein spirituelles Vakuum. Die Alternative sollte die neue, sich noch heranbildende marxistische und maoistische Ethik sein, die den Dienst am Volke betont. Aber der neuen Ethik fehlt noch die endgültige Strukturierung, sie erreicht die Bevölkerung nicht von unten, sondern wird von oben aufgesetzt. Die Botschaft des Legalismus ist unüberhörbar: Glaube an die Autorität. Dies ist genau das Merkmal legalistischen Denkens, das der Konfuzianismus so oft kritisiert hat. Der letzte Richter über das Gewissen ist nun der Staat.
Diese ernüchternde Analyse erteilt den echten Konfuzianern wichtige Lektionen, denn sie haben das innere Forum des Gewissens stets über alle Staatsvor-

schriften gestellt, manchmal durch direkte Anrufung des Himmels oder Gottes als Zeugen, wie es auch Christen tun würden. Tatsächlich erinnert die Situation in China manchen Christen an die legalistischen Einfügungen in die offiziellen Lehren des Christentums. Das Vermächtnis des römischen Rechts wurde vor allem von den Behörden durchgesetzt, von ihren eigenen Zucht- und Strafbehörden, die über die Reinheit der Orthodoxie wachen sollten. Das Ergebnis war eine Umformung christlicher Lehre, die in mancher Hinsicht mit der Umformung konfuzianischer Lehren vergleichbar war, durch Schutzmaßnahmen und Sanktionen des chinesischen Legalismus. Wahrheit hat schon häufig einer Ideologie weichen müssen und echte Suche und Einsicht bloßem Gehorsam.

Was Gebote und Verbote angeht, so soll betont werden, daß die goldene Regel des Konfuzianismus die Bedeutung zwischenmenschlicher Gegenseitigkeit, die im Glauben an und Respekt für den Menschen wurzelt, in negativer Formulierung, als »du sollst nicht«, ausdrückt. Es heißt hier, »Was du selbst nicht wünschest, das tue nicht an anderen« (*Gespräche* 15.23). Dies ist eine Art der Umschreibung des großen konfuzianischen »du sollst«: *jen*, die Tugend, die den Menschen zum wahren Menschen macht. *Jen*, so sagt Konfuzius selbst, heißt Liebe *zu anderen* (*Gespräche* 12.22). Konfuzius' Regeln ähneln einigen der Zehn Gebote: kindliche Pietät, eheliche Harmonie und dergleichen. Das konfuzianische *jen* ist die allem zugrundeliegende, alles vereinigende Richtschnur, die die anderen Regeln erst bedeutungsvoll macht, so wie das erste Gebot im Christentum, der Glaube an Gott, die grundlegende Vorschrift ist, auf der der gesamte Dekalog aufbaut. Gebote und Verbote haben ihren Platz in religiösen und philosophischen Systemen, die wiederum in einer grundlegenden Sicht der Wirklichkeit und des menschlichen Lebens wurzeln. Doch können Gebote und Verbote allein kein bedeutungsvolles und zusammenhängendes Gedankensystem aufbauen, das eine im Sinne des Guten definierte Lebensweise ermöglicht. Im chinesischen Kontext ist der Legalismus das beste Beispiel für ein System, das nur aus Geboten und Verboten besteht und Gesetzeskraft erhält durch die Autorität des Staates, aber kein Grundprinzip für seine Vorschriften bietet. Alles, was es vorstellt, ist die Idee, daß unter Berufung auf die Staatsautorität Belohnungen verteilt und Übeltäter und Rechtsbrecher bestraft werden.

In der chinesischen Vergangenheit erschien der Konfuzianismus gewöhnlich als eine Schule der Mäßigung zwischen bestimmten Extremen – zwischen dem Rückzug von der Gesellschaft, wie er von Taoisten und Buddhisten befürwortet wurde, und völligem Aufgehen in der sozialen und politischen Ordnung im Sinne der Ziele von Mohisten und Legalisten. Tatsächlich optierten die Chinesen für den Konfuzianismus wegen seiner Mäßigung. Allerdings reicht Mäßigung nicht aus, wenn der Konfuzianismus auch weiterhin seine vorherrschende Stellung behalten soll. Er hat oft Kompromisse schließen und Bündnisse eingehen müssen. Dies war das Ergebnis der Staatseinmischung, die zur Staatsorthodoxie führte – eines Konfuzianismus, der stark durch legalistische Normen geprägt war und sowohl mohistische wie auch taoistische und buddhistische Einflüsse in sich aufnahm.

Es ist daher heutzutage extrem schwierig, wenn nicht unmöglich, einer kritischen Bewertung des Konfuzianismus gerecht zu werden. Selten geht es in dieser Diskussion um Konfuzianer und Konfuzianismus, häufig jedoch um die gesamte chinesische Kultur, Gesellschaft und Mentalität.

Dasselbe gilt, *mutatis mutandis*, für Japan und Korea. Der Konfuzianismus ist ebenso wie in China Teil ihrer Kultur und Gesellschaft, er hat ähnliche Beiträge geleistet und ähnliche Probleme aufgeworfen. Widerstand gegen den Konfuzianismus wurde in Japan und Korea ebenfalls aus der Besorgnis heraus geleistet, er könne sich als Hindernis des sozialen Fortschritts und der bürgerlichen Freiheit erweisen. Besonders in Japan verbanden sich anti-konfuzianische Empfindungen oft mit patriotischen Gefühlen zur Rebellion gegen eine von außen inspirierte Kulturtradition.

Dies bedeutet nicht, daß man den Versuch einer Neubewertung aufgeben muß. In der Tat ist die Verantwortung für eine solche neue Interpretation all denen von uns auferlegt, die sich über das Problem des kulturellen Erbes und seiner Umwandlung Gedanken machen. Denn die Herausforderung zur Neubewertung ist im Grunde auch eine Herausforderung zur Wiederentdeckung – zur Rückkehr zu den Quellen der konfuzianischen Inspiration. Man mag niemals alle Dimensionen des historischen Konfuzius und seiner Lehren entschlüsseln, und doch sieht man im Konfuzianismus, wie wir ihn heute kennen, noch immer eine gewisse Lebendigkeit. Auch Familientradition und Gruppensolidarität haben ihre positiven Seiten, sobald die legalistischen Zwangsmittel beseitigt sind. Auch die konfuzianischen Werte, die auf den Hauptgedanken von menschlicher Würde, gegenseitiger Fürsorge, moralischer Verantwortung und Offenheit gegenüber dem Transzendenten gründen, haben ihre Verdienste. Diese Werte laden zum neuen sinnvollen Studium der Klassiker ein, das man dann mit Hilfe moderner wissenschaftlicher Methoden wie Logik und Hermeneutik angehen sollte. Diese Arbeit ist notwendig, um zwischen zeitlosen und zeitgebundenen Werten zu unterscheiden sowie zwischen wichtigen und überholten. Um zu überleben und dem modernen Menschen von Nutzen zu sein, muß der Konfuzianismus wieder jung werden, wie in den Tagen seines Entstehens, als er nur »eine« von Hundert Schulen war.

Für die Chinesen ist der Konfuzianismus ein Teil ihrer persönlichen und unmittelbaren Lebenserfahrung. Häufig sind sie noch in einer konfuzianisch geprägten Klan-Familie aufgewachsen, häufig erhielten sie eine Ausbildung nach konfuzianischen Wertvorstellungen. Sie reagieren daher entschieden auf den Konfuzianismus – sind entweder Konfuzianer oder nicht, selten jedoch völlig gleichgültig. Ihre Reaktionen sind emotionsgeladen, vergleichbar vielleicht mit Einstellung und Reaktion eines überzeugten Christen gegenüber seiner Religion, auch mit dem Theologen, dem die Aufgabe der Neuinterpretation der christlichen Botschaft zugefallen ist, oder mit dem militanten Antikleriker – und in vielen, die sich heute als gleichgültige Nicht-Christen bezeichnen, steckt etwas vom *unterdrückten* Antikleriker.

Tatsächlich gibt es eine gewisse Identifikation von chinesischer Erfahrung und konfuzianischen Werten, welche die politischen und sozialen Umwälzungen überdauert hat. Eben diese untergründige Identifikation bereitet der Führung in China Sorgen und gibt der Anti-Konfuzius-Kampagne solch emotionale Heftigkeit. Aber ist es überhaupt möglich, daß eine Nation ihrer Vergangenheit völlig den Rücken kehrt – sich auf unkritische Attacken und Hetzreden beschränkt? Ist nicht eine Wiederentdeckung im Zusammenhang mit einer Neubewertung eine bessere Alternative – nicht nur hinsichtlich der Bedürfnisse von Staat und Gesellschaft, sondern auch derjenigen von Familie und Individuum? Dies gilt besonders im Lichte eines erweiterten Bewußtseins der übrigen Welt, eines Wissens um allgemeine menschliche und ethische Werte, ob sie konkurrieren oder nicht, die die Denker dazu bringen, die menschliche Gesellschaft als Ganze zu berücksichtigen. Dies gilt um so mehr in einer Zeit, in welcher die fortschreitende Säkularisierung das Christentum zwingt, eine neue Identität aufzubauen, in einer Atmosphäre des intellektuellen Pluralismus – könnte sich da nicht auch das konfuzianische Erbe wandeln?

Ist der Konfuzianismus also heute relevant oder nicht? Wenn wir mit Konfuzianismus sterile Textuntersuchungen meinen, eine Gesellschaft geprägt von eindeutigen hierarchischen Beziehungen, die wahre Gegenseitigkeit ausschließen, wenn wir an die ununterbrochene Dominanz denken, die Eltern über ihre Kinder haben, Männer über ihre Frauen, an eine Sozialordnung, die nur an der Vergangenheit, nicht aber an der Zukunft interessiert ist – dann ist der Konfuzianismus sicherlich nicht relevant und braucht auf keine Weise zu überleben.

Wenn wir aber andererseits mit Konfuzianismus auch die dynamische Entdeckung des Wertes der menschlichen Person meinen, die Möglichkeit des einzelnen zu moralischer Größe, ja Weisheit, wenn wir uns auf die grundlegenden Beziehungen zum anderen besinnen, die in einer Gesellschaft so wichtig sind, die auf ethischen Werten gründet, wenn wir mit Konfuzianismus eine Metaphysik meinen, in der sich das Selbst dem Transzendenten gegenüber offenhält – dann ist der Konfuzianismus sicherlich relevant und wird es immer sein.

Wenn wir darüberhinaus vom Konfuzianismus eine Offenheit gegenüber Wechsel und Wandel erwarten, der durch die Konfrontation mit neuen Werten und Ideen aus anderen geistigen Traditionen hervorgerufen wird – so wie es früher schon geschah in der Auseinandersetzung mit dem Buddhismus, wenn wir eine Bereitschaft von ihm fordern, die eigene Tradition kritisch zu betrachten – dann ist der Konfuzianismus nicht nur relevant, sondern wirklich im Besitze der Zukunft.

Sicher, Konfuzius ist von seinem Sockel gestürzt, und der Konfuzianismus hat Macht und Status eingebüßt. Aber Sockel und Macht waren einem Mann, der sich stets einen Schüler, nicht einen Weisen nannte, und für eine Lehre, die moralisch überzeugen, nicht bezwingen will, unangemessen. Die Anti-Konfuzius-Kampagne fiel zeitlich mit einer besseren Kenntnis Chinas und des Konfuzianismus in der westlichen Welt zusammen und wirkte im ganzen eher stimulierend für das bessere Verständnis eines Erbes, das in seinem Heimatland Zielscheibe von Angriffen ist. Es steht zu hoffen, daß der Konfuzianismus ohne Ansprüche und Macht überleben und verwandelt werden kann, nicht in eine Ideologie, sondern in einen wertvollen geistigen Einfluß in China wie anderswo. Vielleicht wird die Zerstörung der älteren Synthese, die durch moderne Wissenschaft und Sozialisierung sowie durch die Anti-Konfuzius-Kampagne erzwungen wurde, der Sache doch letztendlich nutzen. Der Konfuzianismus muß vielleicht sterben, um wieder neu weiterleben zu können, als eine neue Synthese im Dienste eines neuen Zeitalters – eines Zeitalters des Pluralismus, in dem östliches und westliches Erbe zunehmend als Erbe der ganzen Menschheit anerkannt werden.

Drittes Kapitel

DAS MENSCHENBILD

Einführung

Was bedeutet Humanismus? Gibt es einen Humanismus im Christentum? Fragen dieser Art stellen sich einem Asiaten, der zwar einige Kenntnis des Christentums hat, der aber die Entwicklung christlicher Theologie während der letzten Jahrzehnte nicht verfolgt hat. Nach allgemeinem Verständnis bezieht sich Humanismus auf eine geistige Grundhaltung, die – mag sie Teil einer systematischen Philosophie sein, wie bei Plato und Aristoteles, oder Bestandteil einer praktischen »Weisheitslehre«, wie bei Konfuzius und Menzius – besagt, daß das Hauptobjekt menschlichen Trachtens der Mensch selbst sei, daß menschliches Wesen vervollkommnet werden kann und daß dem menschlichen Geist Wahrheit sowie Weisheit durchaus erreichbar sind. Allgemein herrscht der Eindruck vor, daß das Christentum sich mit Christus und mit Gott befaßt – mit dem Göttlichen – und, sofern es sich mit dem Menschen, Gottes Geschöpf, befaßt, es dies im Hinblick auf den Menschen als Sünder tut, der gnaden- und erlösungsbedürftig ist. Und erst darin, daß Gott zur Erde niedergestiegen sein soll, Mensch geworden sein soll um der Menschheit Erlösung willen, nur in diesem Bezug ist der Mensch von Wichtigkeit. Normalerweise aber erscheint einem gebildeten, nachdenklichen Asiaten doch eher seine eigene Tradition – besonders die konfuzianische – dem Menschen wie auch dem Menschlichsein zentrale Bedeutung beizumessen.[106] Für einen solchen Asiaten findet sich Humanismus, falls in der westlichen Tradition überhaupt vorhanden, eher in der griechischen Kultur als in der christlichen, und mehr in der neogriechischen Renaissancekultur Italiens im 15. Jahrhundert denn in der nachfolgenden Reformationsbewegung, die im Namen Gottes extremste Ge-

---

106 Vgl. zum Thema Humanismus, christlichem und konfuzianischem, T'ang Chün-i, *Chung-kuo jen-wen ching-shen chih fa-chan* (Die Entwicklung des humanistischen Geistes in China; Hongkong, 1958). Der Autor führt den Ursprung des westlichen Humanismus verständlicherweise auf die griechische und römische Philosophie zurück. Er erwähnt jedoch die allmähliche Verschmelzung religiös-christlicher Vorstellungen mit weltlich-philosophischen in der Entwicklung des Humanismus (S. 69–76) und beschließt das Buch mit einer Erörterung über den Wert des religiösen Glaubens und das Problem der Zukunft der chinesischen Kultur (S. 337–399). Hierbei berücksichtigt er sowohl alle traditionellen Formen chinesischer Religion wie auch das Christentum. Vgl. auch Roger L. Shinn, *Man: The New Humanism* (Philadelphia, 1968); E. Schillebeeckx, *Gott – Die Zukunft der Menschen* (Mainz, 1969).

fühle in Gang setzte und deren Folge die verwüstenden Religionskriege waren. Und in heutiger Zeit, so würde er denken, besteht westlicher Humanismus hauptsächlich in zwei Erscheinungsformen: einem säkularen liberalen Humanismus, entstanden in denjenigen Gesellschaften, die politische Demokratie und freie Wirtschaft als die Zauberformeln modernen Lebens ansehen, und zum anderen in einem säkularen marxistischen Humanismus, der im Namen des Neuen Menschen des sozialistischen Kollektivs einen militanten Atheismus proklamiert. Beide Formen gehen auf die antiklerikale Aufklärungsbewegung des 18. Jahrhunderts zurück; Auftrieb erhielten sie durch das Fortschreiten säkularer Liberalisierung. Beide sind auf die eine oder andere Weise für ihre Anhänger zu neuen »Religionen« geworden; öffentliche, bürgerliche Religionen mit jeweils individualistischen und kollektiven Zielsetzungen für das menschliche Leben.[107]

Für den ostasiatischen Betrachter humanistischer Strömungen in globalem Kontext erscheint das Christentum als gottgerichtet, der Konfuzianismus hingegen als auf den Menschen gerichtet. Das Zentrum des christlichen Schrifttums scheint Gott zu sein, der Schöpfer und Erlöser. Mit Gott und seinen Eigenschaften nimmt die Theologie Thomas von Aquins ihren Anfang, danach erst finden sich die Schöpfung und der Mensch. In unserer Zeit hat die Theologie Karl Barths die Größe Gottes und das Elend des Menschen gefeiert, wiewohl Karl Barth in späteren Tagen mehr und mehr die »Menschlichkeit Gottes« vertrat.[108] Doch wendeten sich damals schon viele dem Menschen zu, Dietrich Bonhoeffer, Häftling zur Zeit des Nazismus, sprach von Jesus als dem »Mann für andere« und predigte ein religionsloses Christentum. Rudolf Bultmann erklärte, daß man als Mensch nicht sinnvoll *über* Gott sprechen kann, dessen Wirklichkeit menschliches Begriffsvermögen übersteigt, es sei denn,

---

107 Vgl. Jürgen Moltmann et al., *Kirche im Prozeß der Aufklärung, Aspekte einer neuen politischen Theologie* (München, Mainz, 1970); zur Entwicklung in Amerika siehe Russell E. Richey und Donald G. Jones (Hrg.), *American Civil Religion* (New York, 1974). Man sollte auch wissen, daß der wichtigste Vertreter des Konzeptes einer bürgerlichen Religion in USA, Robert N. Bellah, Spezialist für japanischen Konfuzianismus ist. Er ist der Autor von *Tokugawa Religion* (Glencoe, 1957) und hat einen Artikel im oben angeführten Buch von Richey und Jones. Zur Säkularisation siehe Harvey Cox, *The Secular City* (New York, 1965) und D. Callahan (Hrg.), *The Secular City Debate* (New York, 1966). Zum säkularen Marxismus siehe Henri de Lubac, *Die Tragödie des Humanismus ohne Gott* (Salzburg 1960). Siehe weiterhin die Diskussionen im Rahmen des »christlich-marxistischen Dialogs« in Büchern wie Roger Garaudy und Karl Rahner, *From Anathema to Dialogue*, übers. L. O'Neill (New York, 1966). Die Fragestellung ist sehr gut zusammengefaßt bei Hans Küng, *Christ sein* (München, 1974), S. 17–22).
108 Bengt Hagglund, *History of Theology* (St. Louis, 1968), S. 397–404.

man spräche existentiell *von* ihm.[109] Paul Tillich begann seine *Systematische Theologie* mit einer Untersuchung der menschlichen Vernunft und fand durch Analyse ihrer kognitiven Funktionen die theologische Suche nach dem Sinn der Offenbarung gerechtfertigt. Auch das Zweite Vatikanische Konzil trug zu dieser »menschlichen« Ausrichtung der Theologie bei und proklamierte die höchste Bestimmung und den »gottgleichen Samen«, der in ihm gesät sei.[110] Die transzendentale Theologie des Katholiken Karl Rahner, wie auch die *process theology* von S.M. Ogden, eines Protestanten, sind gleichermaßen einer »anthropologisch-theologischen« Richtung geneigt, die mit dem Menschen und menschlichem Selbstverständnis einsetzt.[111] Hans Küngs Buch *Christ sein* (1974) bietet das gleiche Bild und stellt eine direkte Frage: »Warum Christ sein? Warum nicht einfach Mensch sein? Was kann das Christentum dem Menschentum hinzufügen?« – eine Frage, auf deren Beantwortung das ganze Buch abzielt. Christliche Theologie ist nun zu einem »selbstreflektiven und thematischen Ausdruck des Glaubens«[112] geworden; sie findet ihren ursprünglichen und angemessenen *locus* in der Existenz des Menschen selbst und seinem Eigenverständnis eben dieser Existenz. Offenbarung und Gott sind nicht etwa *ad acta* gelegt. Offenbarung gehört in den Bereich menschlicher Erfahrung; Erfahrung vom Dasein Gottes, nicht nur in historisch Abgelaufenem, sondern auch im eigenen Sein und durch eigene Interaktion mit der Welt. Selbstkenntnis und Kenntnis Gottes sind nicht mehr voneinander zu trennen.

In diesem Sinne kann man auch das heutige Christentum als Humanismus bezeichnen – es schlägt eine radikale Vision vom Menschen vor, vom Christen, der in der Welt ist, aber nicht nur von der Welt; eine Vision vom Christen, dessen Glaube an Gott Ausdruck findet in Liebe und irdischem Dienst an Gott, vom Christen, dessen Selbstverständnis auch ein Verständnis Gottes ist.

Ich möchte behaupten, daß solche zeitgenössischen Trends der christlichen Theologie auf eine Hinwendung zum Dialog mit der konfuzianischen Ansicht über Welt und Leben hindeuten. Der Konfuzianismus findet tiefe Wurzeln im Menschen und seiner Offenheit zum Transzendenten. Wo er vom Menschen und seiner Welt spricht, macht er bestimmte Äußerungen über sein letztend-

---

109 D. Bonhoeffer, *Widerstand und Ergebung* (München, 1962), S. 259–261; R. Bultmann, *Glauben und Verstehen* (Tübingen, 1933), S. 26–33.
110 Vgl. »Die pastorale Konstitution über die Kirche in der Welt von heute«, in *Kleines Konzilskompendium*, hrg. von Karl Rahner und Herbert Vorgrimler (Freiburg, 1966), S. 449–552.
111 Vgl. besonders John C. Robertson, Jr., »Rahner and Ogden: Man's Knowledge of God«, in *Harvard Theological Review* 63 (1970), S. 377–407. Siehe auch Peter L. Berger, *A Rumor of Angels: Modern Society and the Rediscovery of the Supernatural* (New York, 1969), S. 61–123.
112 Robertson, a.a.O., S. 377.

liches Ziel, über Gott oder das Transzendente, wie es sich im Menschen und in der Welt seiner subjektiven Erfahrungen findet, wobei diese mit den Erfahrungen anderer verbunden sind.
Mit der vorliegenden Studie setze ich mir das gleiche Ziel: anzufangen mit dem Menschen, und fortzuschreiten zu der Frage seiner Selbsttranszendenz. Es ist dies die Verfahrensweise zeitgenössischer christlicher Theologie. Und es ist dies stets die Verfahrensweise konfuzianischer Philosophie gewesen. Nach langen Jahrhunderten getrennter Entwicklung haben sich beide in der gleichen Richtung und in der gleichen Auffassung zusammengefunden: daß der Weg des Menschen und der Weg des Himmels sich treffen – im Menschen.

Der konfuzianische Mensch

Was ist der Mensch, und was macht seinen Wert aus? Diese Frage hat sich der Mensch seit Beginn seiner Existenz immer wieder gestellt. Er ist stets von sich selbst fasziniert gewesen, von seinen Begrenzungen wie von seinen Möglichkeiten zur Größe. Ebenso war und ist der Mensch fasziniert von diesen Fragen über sich selbst – denn sie können niemals ganz beantwortet werden.
Das Alte wie auch das Neue Testament zeigen den Menschen primär und vor allem als Geschöpf und Kind Gottes. Sein Wert liegt in seiner Beziehung zu Gott, dem er alles verdankt. Der Mensch *ist*, weil Gott *ist*. Und der Mensch kann gottgleich werden: *Eritis sicut Deus* (Gen 3,5) – aber auch im guten Sinne der Worte; denn er hat immer das Bild und die Ähnlichkeit Gottes in sich getragen (Gen 1, 27; 5,1; 1 Joh 3, 1–3).
Davon abgesehen wird der Mensch in der Schrift gemeinhin als »ganzes Wesen« betrachtet. Sein »Herz« ist der Sitz des Verstandes, des Willens und der Gefühle. Er »hat« weder Seele noch Körper; er *ist* Seele und Körper, verbunden mit Gott als dem Lenker der Geschichte und Partner in einem heiligen Bund, verbunden auch mit anderen Menschen im Bereich der Familie, im Stammesverbund und anderen Beziehungen. Worte wie *soma* (griech. Körper) und *pneuma* (griech. Geist) werden, sogar von Paulus, gemeinhin zur Kennzeichnung eines »Teiles« des Menschen benutzt; dieser Teil ist stellvertretend für das *ganze* Wesen (Röm 12,1; 1 Kor 2,11; 6,20; 7,4; 7,34; 13,3), welches wiederum ein lebendiges »Ich« darstellt und nicht etwa ein metaphysisches Prinzip.
Aber es gibt auch dualistische Untertöne in diesem Menschenbegriff, besonders in manchen Textstellen bei Paulus, wo die Vorstellung der Sünde ein Element der Spannung im Menschen aufzeigt (Röm 7,15–25, 8,10–13).[113] Diese

---

113 Zum Menschenbegriff im christlichen Schrifttum vgl. W. Eichrodt, *Das Menschenverständnis des Alten Testaments* (Zürich, 1950); H. Conzelmann, *Grundriß der*

Textstellen weisen auf einige bedeutende Unterschiede zwischen dem christlichen und dem konfuzianischen Menschenbegriff hin. Da nun der Konfuzianismus die Neigung des Menschen zum Bösen wie auch zum Guten nie bestritten hat, ist auch der somit einbegriffene Dualismus in einer vor allem mit der menschlichen Perfektibilität beschäftigten Tradition als unbedeutend dargestellt worden.

Die konfuzianischen klassischen Schriften verneinen das Geschöpfsein, das Sohnsein des Menschen in seiner Beziehung zu Gott nicht. Im Gegenteil, es finden sich eine Anzahl deutlicher Bezugnahmen.[114] Jedoch stellen die konfuzianischen Klassiker diese Behauptung nicht etwa im Bezug einer Schöpfungsmythe auf, sondern durch ausdrückliche Betonung der gemeinsamen menschlichen Wesenheit, die alle vom Himmel erhalten haben. Dies ist sinngemäß Bestandteil des chinesischen Begriffes für »menschliche Natur«, des Wortes *hsing*, einer Zusammensetzung aus dem Zeichen für Geist oder Herz (*hsin*) und dem für Leben oder Nachkommenschaft (*sheng*). Philologische Forschung zeigt die Verbindung dieser Etymologie mit frühem religiösen Kultus. Mensch ist die Person, die das Geschenk des Lebens und alle anderen eingeborenen Gaben menschlicher Natur vom Himmel empfangen hat.[115]

Der Mensch erwirbt Selbstkenntnis durch Differenzierung von anderen Lebewesen und dadurch, daß er sich mit anderen Menschen identifiziert. Wie bei allen anderen Lebewesen auch, gehört es zur menschlichen Natur, nach Nahrung zu verlangen, wenn er hungrig ist, nach Wärme, wenn er friert und nach Ruhe, wenn er ihrer bedarf.[116] Dies sind die Worte Hsün-tzus (etwa 298–238 v.Chr.), und er fügt hinzu, daß der Mensch *böse* geboren sei, aber *gegen* seine natürlichen Neigungen handeln kann. Denn im Unterschied zu anderen Lebewesen besitzt der Mensch die einzigartige Fähigkeit zu sozialem und moralischem Verhalten: »Feuer und Wasser besitzen Energie, aber sie sind ohne Leben. Gras und Bäume haben Leben, aber nicht Verstand. Vögel und vierfüßige Tiere haben Verstand, aber kein Pflichtgefühl. Deshalb (ist der Mensch) das

---

Theologie des Neuen Testaments (2. Aufl., München, 1968), S. 195–206. Vgl. auch Jürgen Moltmann, *Mensch: Christliche Anthropologie in den Konflikten der Gegenwart* (Stuttgart, 1971), Kap. 1; *Neues Glaubensbuch: Der gemeinsame christliche Glaube*, hrg. von J. Feiner und L. Vischer (Freiburg im Br. 1973), Teil 3; *Evangelischer Erwachsenenkatechismus*, hrg. von W. Jentsch et al. (1975), Teil 5. Siehe auch Reinhold Niebuhr, *The Nature and Destiny of Man* (New York, 1964), Bd. 1.

114 *Book of Documents*, Teil 4, Buch 2, übers. von James Legge, *The Chinese Classics* (Oxford, 1893), Bd. 3, S. 177–78; Book of Odes, Teil 3, Buch 3, in Legge, ebd., Bd. 4, S. 64.

115 Vgl. Donald Munro (Hrg.), *The Concept of Man in Early China* (Stanford, 1969), S. 65–67. Siehe auch seine ausführlichen Anmerkungen (Anm. 45–46) auf S. 214–15.

116 Vgl. H. Köster, *Hsün-tzu* (Kaldenkirchen, 1967), S. 304.

edelste Wesen auf Erden.«[117] Denn Menschsein bedeutet schließlich die Fähigkeit zum Erwerb der Güte, der vollkommenen Tugend, der Menschlichkeit (*jen*). Die Lehre der Mitte drückt es mit den Worten aus: »Die Bedeutung von *jen* (Tugend) ist Menschlichkeit«.[118] Die konfuzianische Betonung einer gemeinsamen menschlichen Natur führte zu einer weiteren Akzentsetzung: der natürlichen Gleichheit aller Menschen. Für Christen entstammt diese Doktrin allerdings in mehr direkter Weise dem gemeinsamen menschlichen Ursprung als Geschöpfe und Kinder Gottes. Für die Konfuzianer liegt der Bedeutungsschwerpunkt auf einer gemeinsamen moralischen Natur und der Unterscheidungsfähigkeit zwischen Gut und Böse; sie hat ihre Wurzeln im Vorhandensein eines gemeinsamen Geistes oder Herzens. Und tatsächlich existiert diese natürliche Gleichheit, trotz der vorhandenen sozialen Hierarchie und trotz des Fehlens einer Unterscheidung zwischen »Zivilisierten« – den Chinesen – und den Barbaren.[119] Konfuzius hat gesagt: »Alle Menschen zwischen den vier Meeren sind Brüder« (*Gespräche* 12.5). Und Menzius (ca. 371–289 v. Chr.) fügte hinzu, daß jedes menschliche Wesen ein weiser Herrscher werden kann (6B:20). Wenn auch manche der chinesischen Schriftzeichen für »Barbaren« den klassifizierenden Bestandteil »Hund« oder »Reptil« aufweisen und damit einerseits eine gewisse menschliche Verachtung für den »Untermenschen« ausdrücken, so bestand andererseits doch nie ein Zweifel an der Fähigkeit aller »Barbaren«, auf dem Wege der Akkulturation völlig menschlich zu werden. Und schließlich wurde sogar einigen der weisen Herrscher »barbarische« Abstammung nachgesagt.[120]

In diesem Kapitel möchte ich insbesondere zwei Probleme zur Sprache bringen. Das erste ist das Problem des Bösen, das zweite ist das Problem der weisen Herrscher des Weiseseins. Diese beiden Fragestellungen sind eng miteinander verknüpft. Die Fähigkeit des Menschen zum Bösen scheint seiner Fähigkeit zur Selbsttranszendenz, zum Weisewerden, gegenläufig zu sein. Eben dieses Interesse an Natur und Bestimmung des Menschen im Konfuzianismus enthält die stets gegenwärtige Dimension der Transzendenz und erhellt Ähnlichkeiten wie Unterschiede der beiden Religionen.

---

117 Ebd., S. 45.
118 Vgl. Richard Wilhelm (Übers.), *Li Gi, Das Buch der Riten, Sitten und Gebräuche* (Köln, 1951), S. 34.
119 Munro, a. a. O., Kap. 1.
120 Vgl. Richard Wilhelm (Übers.), *Mong Dsi* (Jena, 1916), S. 5.

Das Problem des Bösen[121]

Das Problem des Bösen bietet gute Gelegenheit für einen Dialog zwischen Christentum und Konfuzianismus. Traditionelles konfuzianisches Denken, das sich auf Menzius zurückführt, hat gewöhnlich das grundsätzliche Gutsein der menschlichen Natur vertreten; das Böse wurde als Abweichung vom Guten gedeutet, als eine Perversion des Guten. Matteo Ricci akzeptierte diesen Standpunkt; in seinem berühmten Katechismus erklärte er, die menschliche Natur sei grundsätzlich gut, wenn auch zu beidem fähig, zum Guten wie zum Bösen. Letztgenanntes entsteht durch das Vorhandensein der Konkupiszenz.[122] Aber spätere Katechismen betonten die Neigung zum Bösen und erklärten sie von der Erbsünde her. Dabei entstand der Eindruck, daß Menzius in seinen Lehren vom grundsätzlichen Gutsein sprach, während das Christentum gerne das Gegenteil behauptete. Auch diese Dinge gehören zum Hintergrund der folgenden Betrachtungen zum Problem des Bösen.

Zunächst sollten wir betonen, daß »Böses«, so wie der Begriff hier benutzt wird, sich weniger auf die ontologischen Unvollkommenheiten des Universums beziehen – »Ungleichheit zwischen Dingen« – noch auf jene Arten des Bösen, die mit menschlichem Leid verbunden sind, wo es sich im Gefolge von Krankheit, Alter und Tod zeigt; vielmehr bezieht sich der Begriff, wie wir ihn hier benutzen, auf das Problem des Bösen im Herzen; moralische Perversion in ihren kollektiven Erscheinungen, die soviel Not und Leiden mit sich tragen, normalerweise für Unbeteiligte. In dieser Hinsicht ist Sünde (griech. *hamartia*) der christliche Begriff für Böses. Seit Augustinus' Zeiten (354–430 n.Chr.) bezieht sich der Begriff sowohl auf die Erbsünde – menschliche Solidarität in der Fehlbarkeit – als auch auf die persönliche Sünde – für die jede Person individuell verantwortlich ist; diese Lehre setzt das Vorhandensein menschlicher Freiheit voraus. Im Falle des Konfuzianismus sind die Dinge nicht so eindeutig definiert. Auch das chinesische Wort *tsui* hat eine Doppelbedeutung – Verbrechen sowohl als Sünde. Die entstehende Mehrdeutigkeit hat manchen zu der inkorrekten Annahme geführt, daß die Chinesen keine schuldorientierte Moral hatten, samt der einbegriffenen Internalisation des Bewußtseins vom menschlichen Bösesein, sondern eine am Begriff der Schande orientierte Moral, äußerlicher und oberflächlicher, stärker auf zwischenmenschlichen Respekt hin ausgerichtet.[123]

---

121 Vgl. Julia Ching, »The Problem of Evil and a Possible Dialogue between Christianity and Neo-Confucianism«, in *Contemporary Religions in Japan* 9 (1968), S. 161–193.
122 Riccis Katechismus, *T'ien-chu shih-yi* (Die wahre Vorstellung von Gott), Teil 7. Eine moderne chinesische Übersetzung wurde von Liu Shun-te (Taichung, 1966) angefertigt. Darin siehe S. 170–198.
123 In seinem *Guilt and Sin in Traditional China* (Los Angeles, 1967) widerlegt Wolf-

In seinem berühmten Buch *Die Kulturen und Philosophien von Ost und West* unterscheidet Liang Shu-ming zwischen europäischen Kulturen mit früh einsetzender Prädominanz der Religion – später ersetzt durch den Aufstieg von Rationalismus und Wissenschaft, die nun vereint ihre unumschränkte Herrschaft ausüben; die indische Kultur, in Vergangenheit wie Gegenwart hauptsächlich mit Religion und Überirdischem beschäftigt; und schließlich das kontrastierende Beispiel der chinesischen Kultur mit ihrem zentralen Interesse am Menschen und den harmonischen Beziehungen zwischen Mensch und Natur – von Gott ist fast gar nicht die Rede.[124]

Diese charakteristisch chinesische Haltung zeigt sich auch in ihren Theorien von Gut und Böse. Böses wird weniger einem übermenschlichen Prinzip zugeschrieben, auch nicht einer im Grunde unwirklichen Erscheinungswelt, vielmehr ist die konfuzianische Theorie des Bösen untrennbar von ihrer Theorie der menschlichen Natur. Das Böse existiert; es ist entweder der menschlichen Natur inhärent oder aber das Produkt des Kontaktes zwischen ursprünglich Gutem und dessen unguter Umgebung. Diese Dinge sind uns als Lehren des Hsün-tzu beziehungsweise des Menzius bekannt. Sie setzten die große Debatte der chinesischen Philosophie in Gang; in dieser Thematik begegnen sich Ost und West, denn dieser Gegenstand enthält metaphysische wie ethische und psychologische Implikationen.

Nach christlichen Lehren ist das Hauptmerkmal der Sünde ihr Aufbegehren – eine Wendung gegen Gott und seine Gebote, wie auch die Grenzüberschreitung des eigenen Gewissens.[125] Dabei tritt die *doppelte* Natur der Sünde ans Licht, als Entfremdung einerseits von Gott und andererseits von sich selbst. Der Mensch, so scheint es, erklärt Gott durch die Sünde den Krieg – mythisch in den Gestalten Adam und Eva und existentiell durch jede bewußte und absichtliche Übertretung, die er selbst begeht. Sünde bedeutet Aufbegehren des Menschen gegen Gott und gegen sein eigenes Gewissen. Dies ist möglich durch den fundamentalen Dualismus im Menschen, so daß er gleichzeitig zu Bösem und Gutem angeregt wird: »Denn ich tue nicht das Gute, das ich tun will, sondern das Böse, das ich nicht tun will« (Röm 7,20).

Gibt es im konfuzianischen Bewußtsein ein vergleichbares Gefühl der Revolte? Ja. Die konfuzianischen Klassiker weisen mancherorts auf weise Herr-

---

    ram Eberhard die Vorstellung, daß Chinesen keinerlei Schuldbewußtsein kennen, mit weitgefaßten historischen und soziologischen Belegen.
124 Liang Shu-ming, *Tung-hsi wen-hua yü ch'i che-hsüeh* (1922). Dieses Buch ist nur auf chinesisch vorhanden. Liang kommt auf Gott nicht weiter zu sprechen, geht indes mehr auf die philosophischen Schriften ein. Sowohl das Buch der Dokumente als auch das der Lieder sind voll von Hinweisen auf den Allerhöchsten und den Himmel.
125 Vgl. die Artikel über Sünde von Piet Schoonenberg und Karl Rahner in *Sacramentum Mundi: Theologisches Lexikon für die Praxis*, Bd. 4, S. 766–779 und 761–766.

scher hin, die Gott um Vergebung ihrer persönlichen Übertretungen bitten. Oft bezichtigen sie sich selbst der Sünden des von ihnen regierten Volkes. Von König T'ang, dem Gründer der Shang-Dynastie (ca. 1766 v.Chr.), wird der Ausspruch überliefert: »Wenn ich persönlich ein Gebot übertrete, dann darf es nicht auch den Völkern der weiten Welt angelastet werden. Wenn hingegen ihr in der weiten Welt Gesetze brecht, so soll die Verantwortung dafür auf meinen Schultern lasten« (*Gespräche* 20:3). Das Buch der Urkunden sagt noch deutlicher, was der König denkt:

Das Gute in euch (dem Volk) will ich nicht zu verdunkeln suchen; und das Böse in mir will ich nicht zu verzeihen wagen. Ich will diese Dinge in Übereinstimmung mit den Vorstellungen des Allerhöchsten prüfen. Wenn irgendwo auf der Welt bei euch Schuld gefunden wird, so muß sie auf mir lasten. Wenn Schuld auf mir lastet, *dem einen Menschen*, dann wird sie nicht euch, den Völkern aller Welt, angelastet werden.[126]

Nach anderen Texten schnitt König T'ang sich Haar und Nägel als Versöhnungsopfer für den Allerhöchsten, bat um Vergebung seiner Sünden und um Beendigung der Dürrezeit, die er als Folge seiner Sünden betrachtete.[127]
Später hat die konfuzianische Philosophie nicht etwa eine Theorie der Sünde als Vergehen gegen Gott, sondern eine Theorie vom moralischen Bösen und seiner Beziehung zur menschlichen Natur aufgestellt. Diese Entwicklung fand erst nach dem Zeitalter der weisen Herrscher und nach Konfuzius selbst statt. Dieser Punkt bietet einen Ansatz zum Vergleich mit christlichen Lehren über die menschliche Neigung zur Sünde und zum Bösen. Die Debatte galt weder im Osten noch im Westen der menschlichen Natur an sich, sondern ihren verschiedenen »Zuständen« – hypothetisch wie erfahren. Nehmen wir beispielsweise die Mythe vom Sündenfall und die Theologie der Sünde, die sich daraus entwickelte. Sie impliziert, daß die menschliche Natur drei »Momente« hat: die »integrale« Natur, wie Adam sie vor dem Sündenfall besaß, die »gefallene« Natur, das Ergebnis von Adams unseligem Vermächtnis, und die »erlöste« Natur, gleich Wiedereinsetzung in den Gnadenstand in Christus. Diese drei Momente stellen für Menzius wie auch für Hsün-tzu die »ursprüngliche« menschliche Natur dar; der Mensch in seinem Geburtszustand, sein »existentieller« Zustand, der Mensch als Teil einer Gesellschaft und Kultur. Hier ist, nach Menzius, der Mensch seiner Natur nach gut, und Böses tritt auf mit der Formation schlechter Angewohnheiten (2A:6, 6A:1–7). Nach Hsün-tzu hingegen ist der Mensch seiner Natur nach böse, und nur kraft seiner Bemühung

---

126 Buch 3, Kap. 2; Legge, *The Chinese Classics* 3, S. 189–190.
127 Siehe *Lü-shih ch'un-ch'iu* 9.2, *Lun-heng* 5.19. Weiterhin vgl. die Kapitel zur allumfassenden Liebe bei Mo-tzu, Helwig Schmidt-Glintzer (Übers.), *Mo-ti* (Düsseldorf, 1979). T'angs Opfer sowie das Gebet des Herzogs von Chou sind im *Buch der Urkunden* beschrieben (5.6), Legge, *The Chinese Classics*, S. 352–362. Diese beiden Fälle sind die einzigen bekannten Belege für Gebete für andere in China.

gegen seine ursprüngliche Natur durch erzieherische Einflüsse kann er gut werden.[128]

Im konfuzianischen China gewann Menzius' Theorie die Oberhand, wenn auch erst spät – nach dem 9. Jahrhundert, zusammen mit dem Aufstieg des Neo-Konfuzianismus. Hier treffen sich Ost und West in der Annahme des ursprünglichen Gutseins der menschlichen Natur – mit dem Unterschied, daß Menzius dies im sozial noch unbeeinflußten Kind sah, während die Christen es Adam vor dem Fall zusprachen. Im heutigen kommunistischen China wird Menzius' Theorie von Hsün-tzu favorisierenden Autoren in Frage gestellt. Sie betonen die Wichtigkeit korrekter Erziehung und die zügelnde Einflußnahme von Gesetzen auf die menschliche Natur. In mancher Hinsicht würde dies mehr Gewicht auf einen der menschlichen Natur inhärenten Dualismus legen – und damit eher für westliche als für östliche Gedankenführung bezeichnend sein.

Bei seiner Besprechung des *concupiscentia*-Konzepts weist Karl Rahner auf den wesentlich »natürlichen« Charakter der *concupiscentia* als unmittelbar der menschliche Natur Eingegebenes hin, sogar in ihrem »reinen« Zustand vorhanden. Mit der existentialistischen Begründung der menschlichen Person als »Mensch insofern er über sich frei verfügend entscheidet«, und der der Benennung der menschlichen Natur als »alles im Menschen, was noch vor seiner eigenen Entscheidung vorhanden war« beschreibt er »theologische« *concupiscentia* als Spannung oder Dualismus zwischen »Person« und »Natur«:

> Vieles im Menschen bleibt tatsächlich immer gewissermaßen unpersönlich und für die existentielle Entscheidung des Menschen undurchdringlich und ungelichtet, bloß erlitten, nicht frei getan. Diesen Dualismus zwischen Person und Natur, ... nennen wir die Begierlichkeit im theologischen Sinn. Sie hat zwar ihren erfahrungsmäßig konkreten Ausdruck in einem Dualismus zwischen Geistigkeit und Sinnlichkeit, ist aber mit ihr nicht identisch.[129]

Diese *concupiscentia* kann man nicht als »moralisch böse« ausweisen, denn sie geht der freien Entscheidung voraus. Rahner allerdings ist sich bewußt, daß Römer 6–8 »Konkupiszenz« als »Sünde« bezeichnet. Er argumentiert, daß sie deshalb in gewisser Hinsicht »böse« genannt werden kann, insofern sie im Menschen nur in ihrer konkreten Form vorhanden ist, infolge des »Sündenfalls des ersten Menschen«, als ein *erfahrener* Widerspruch im Menschen selbst, zugegebenerweise in gedanklicher Nachfolge von Paulus, Augustinus, den

---

128 *Hsün-tzu* 23; Eine Bevorzugung seiner Theorie gegenüber der des Menzius ist dargelegt in Yang Jung-kuo, *Chien-ming chung-kuo che-hsüeh shih* (Geschichte der chinesischen Philosophie; Peking, 1973), S. 68.
129 Karl Rahner, »Zum theologischen Begriff der Konkupiszenz«, in *Schriften zur Theologie* (Einsiedeln, 1962), Bd. 1, S. 399–400.

großen Scholastikern, Reformern und Pascal. In diesem Falle ist es die »Konkupiszenz« nicht der »reinen Natur«, sondern der »gefallenen Natur«. Er unterscheidet auch zwischen der »Integrität« Adams im Paradies und der wiedererworbenen »Unschuld« des vollkommenen Christen:

> Die Verfügungsfreiheit der Person über die Natur war bei Adam die Möglichkeit eines restlosen Einsatzes seiner Natur zum Guten *und* zum Bösen. Die selige Verfügungsfreiheit des vollendeten Christen, des Heiligen, ist die Freiheit des Menschen, dem es gelungen ist, sich, sein ganzes Wesen und sein ganzes Leben restlos Gott zu überantworten.[130]

Es ist allgemein bekannt, wie konfuzianische Gelehrte nach Menzius und Hsün-tzu die Lehren dieser beiden Philosophen in Einklang zu bringen suchten: Die menschliche Natur sei zwar einer anfänglichen Tugend teilhaftig, jedoch nicht vollständig gut, und sei umfassenden erzieherischen Einflusses bedürftig. Ein Versuch dieser Richtung lief darauf hinaus, die Yin-Yang-Theorie der konfuzianischen Ethik zu korrigieren, indem man yang, das aktive männliche Prinzip, mit menschlicher Natur gleichsetzte, hingegen die Gefühle mit dem passiven kosmischen Prinzip yin. Damit erschien Natur als Quelle des Gutseins, die Gefühle als Gelegenheit zum Bösen.[131] Diese Einteilung wirkt künstlich. Aber Moralisten haben noch selten den Gefühlen als solchen Sympathie gezeigt. Auch Thomas von Aquin, der die Leidenschaften als amoralisch beschreibt, ist ihnen nicht wohlgesonnen.[132]

Eine philosophische Theorie des Menschen und des moralisch Bösen trat besonders mit dem Aufstieg des Neo-Konfuzianismus in den Vordergrund. Diese späte Entwicklung des Konfuzianismus schmiedete zum Teil buddhistische Waffen, um die Vorherrschaft des Buddhismus sowie die buddhistische Vernachlässigung sozialer Pflichten des Menschen zu bekämpfen. Hauptsächlich im ethischen Bereich fand sich der Ruf zur Rückbesinnung auf Menzius und Hsün-tzu gerechtfertigt. Und die neue Erklärung des Bösen trug deutlich die Färbung des neuerstandenen metaphysischen Interesses.

In dieser neuen Metaphysik stellt der Mensch den Höhepunkt des Universums

---

130 Ebd., S. 405. Es gibt keinen »ursprünglichen Fall« in orthodoxen konfuzianischen Lehren, doch besteht im volkstümlichen Buddhismus die Tendenz, den Menschen als ursprünglich gut anzusehen und erst im Laufe der Geschichte böse geworden. In Verbindung damit steht die Vorstellung von zyklischen Weltzeitaltern. Im konfuzianischen Denken findet sich eine solche Vorstellung manchmal in der Behauptung, früher habe es zahlreiche Weisen gegeben, in späterer Zeit sei jedoch eine moralische Degeneration eingetreten.
131 Vgl. Julia Ching, »The Problem of Evil« (wie Anm. 121), S.168.
132 Thomas von Aquin behandelt die Leidenschaften in seiner *Summa Theologica* 1–11, Q.22–46. Er betrachtet sie als sinnliches Verlangen, das dem irrationalen, sinnlichen Teil der Seele angehört, in einer Person, deren Hauptcharakteristikum die Vernunft ist.

dar; er hat Anteil an der Vortrefflichkeit des Urgrunds (*T'ai-chi*), dem Ursprung und Prinzip aller Dinge; und er besitzt jene Natur, die ihm durch die Interaktion von yin und yang und der Fünf Elemente zukommt. Menschliche Natur ist ursprünglich gut oder »aufrichtig«. Kontakt mit äußerlichen Dingen ergibt Gelegenheit für Böses, das eher negativ definiert wird, nämlich als Abweichung vom Guten, denn als unabhängig Vorhandenes. Die Begründung dafür findet sich in den zwei Seiten menschlicher Natur: der himmlischen, »wesenhaften« und guten Natur, und der körperlichen, »existentiellen« Natur, die sowohl gut als auch böse sein kann; dieses Gutsein oder Bösesein hängt davon ab, welche Art von *Ch'i* (Lebenskraft, materielles Prinzip) der körperlichen, existentiellen Natur eigen ist.[133]

Es bleibt dabei offen, an welchem Punkte genau nun die »wesenhafte« Natur ins Spiel kommt und was der Begriff *Ch'i* (durch Konzentration dieses Stoffes entstehen alle Dinge und alles Leben) eigentlich bedeutet. Aber die Unterscheidung von »wesenhafter« und »existentieller« Natur bezeichnet in der chinesischen philosophischen Anthropologie einen wichtigen Schritt vorwärts. Damit wird auch die frühere, unrealistische Unterscheidung zwischen menschlicher Natur in ihrem Zustand bei der Geburt und ihrem späteren Zustand ungültig; denn bei einem Neugeborenen kann man Gutsein oder Bösesein schlechthin nicht beurteilen. Die oft zitierte Parabel von der spontanen Reaktion eines Menschen, der ein Kind in einen Brunnen fallen sieht – erwähnt bei Menzius – kann nur als Beispiel für die Reaktion eines bereits durch den Erziehungsprozeß *hindurchgegangenen* Menschen dienen, und nicht als Beispiel unerzogener Natur. In dieser Hinsicht kommt Paul Tillichs Interpretation des uranfänglichen Falls der konfuzianischen Unterscheidung zwischen »grundlegender« oder essentieller Natur und dem augenblicklichen existentiellen Zustand nahe. Tillich verwirft die wörtliche Auslegung der Paradieserzählung und setzt »gegenwärtige Schöpfung« mit »entfremdeter Existenz« gleich. Der Sündenstand stellt einen Übergang von »Wesenhaftigkeit« zu »Existenz« dar:

...alles (von Gott) Erschaffene nimmt teil am Übergang von Wesenhaftigkeit zu Existenz. Er erschafft das neugeborene Kind; aber, sobald es erschaffen ist, gerät es in den Zustand existentieller Entfremdung... (und) es versichert während seiner Reifezeit den Zustand der existentiellen Entfremdung in freien Handlungen, die Verantwortung und Schuld einbeschließen. Schöpfung ist ihrer Wesensart nach gut. Wenn sie sich jedoch

---

133 Vgl. Chang Tsais *Hsi-ming* (Westliche Inschrift) und *Cheng-meng* (Besserung jugendlicher Unwissenheit), woraus dies Zitat entnommen ist. Eine englische Übersetzung findet sich bei Wing-tsit Chan, *A Source Book of Chinese Philosophy* (Princeton, 1963), S. 497–517. Es sollte vermerkt werden, daß die beiden Worte »essentiell« und »existentiell« nicht etwa eine wörtliche Übertragung darstellen, sondern nur zur Verdeutlichung des Konzepts benutzt werden.

vergegenwärtigt, geht sie in allumfassender Entfremdung, durch Freiheit und Bestimmung, unter.[134]

Nun haben die neo-konfuzianischen Philosophen nicht versucht zu erklären, warum der eine Mensch lautere Begabung und der andere Mensch unlautere Begabung erhält. Es wird schlicht als Tatsache hingestellt. Die Unterscheidung ist schließlich ontologisch, nicht moralisch. Moralität tritt in diesem Falle nur auf, wenn die menschliche Natur sich vom Stillesein zur Handlung hin bewegt, wenn Gefühle erweckt oder bewegt werden – oder, philosophisch ausgedrückt, wenn freie Willensakte postuliert werden. Unter dieser Voraussetzung stimmen zeitgenössische Dualismuserklärungen als Gelegenheit für das Böse völlig überein mit konfuzianischen Ansätzen:

> Wenn man den Menschen als fehlbar betrachtet, dann bedeutet es, daß die Begrenzung, die ein mit sich selbst uneines Wesen erfährt, die uranfängliche Schwäche ist, aus der sich das Böse erhebt.[135]

Es ist nicht uninteressant, daß in diesem Zusammenhang der jüdische Philosoph und Theologe Martin Buber die chinesische »Nostalgie«, das Zurücksehnen zum »ursprünglichen Menschen«, das westlicher Mentalität fremd erscheint, wie folgt kommentiert hat:

> Dies (chinesische) Vertrauen in den anfänglichen Menschen fehlt dem westlich Geborenen und ist ihm nicht erreichbar. Nicht einmal das Christentum konnte daran etwas ändern, obwohl es immerhin dem Westen die Lehre vom paradiesischen Urzustand des Menschengeschlechts zugänglich gemacht hat. Aus der Geschichte des ersten Menschen der Bibel ist dem westlichen Christen nun der Sündenfall als lebendige Tradition in der täglichen Wirklichkeit seines Lebens geblieben; nicht geblieben ist das Leben vor dem Fall.[136]

Buber betrachtet die chinesischen Vorstellungen als allzusehr übernatürlich (!) im Vergleich mit dem westlichen Bewußtsein, das nur den Zustand des Gefallenseins kennt, dessen Dualismus und Trennung.

Die Frage der Selbsttranszendenz: Weisesein

Das Problem des Bösen wird umso wichtiger im Zusammenhang mit dem Problem der Selbsttranszendenz. Anerkennung eines moralisch Bösen und menschlicher Fehlbarkeit sind Voraussetzung für alles Sehnen nach Selbst-

---

134 Paul Tillich, *Systematische Theologie* (Stuttgart, 1958), Bd. 2, S. 52.
135 Paul Ricoeur, *Die Fehlbarkeit des Menschen. Phänomenologie der Schuld* (Freiburg, München, 1971), S. 189. Einen Überblick über moderne Arbeiten zum Problem des Bösen findet sich bei Hermann Häring, »Satan, das Böse und die Theologen – Ein Literaturbericht«, in *Bibel und Kirche* (1975), Bd. 1, S. 27–30 und 66–68.
136 Martin Buber, »China and Us« (1928), in *A Believing Humanism* (New York, 1967), S. 189.

transzendenz und die schließliche Entscheidung dazu. Menschliche Natur beinhaltet das *Gegenwärtige* wie auch das *Künftige* – das wir formen können, in den Begrenzungen unserer geschichtlichen Situation.

Für den Christen meint Selbsttranszendenz eigentlich das Gottgleichwerden oder »heilig« (*hagios*) werden – ein griechisches Wort mit kultischer und ethischer Bedeutung. Gewiß deutet »heilig« besonders auf Gott hin. Im Alten Testament ist er der Heilige Israels, in seinem transzendentalen Anderssein, der sich dem Propheten Jesaja in der liturgischen Umgebung des Tempels offenbart (Jes 10,20).

Im Neuen Testament erscheint Jesus Christus als der Heilige Diener Gottes (Offb 4,27–30), der sich heiligt, um auch seine Anhänger zu heiligen (Joh 17,20). Der Christ betrachtet Jesus Christus im besonderen als Vorbild für persönliche Nachfolge. Christliches Leben war stets auf die Nachfolge Christi bezogen.[137]

Das chinesische Gegenstück des Wortes Heiligkeit ist *sheng*, Weisheit. Es beinhaltet keinen kultischen Sinn wie im Griechischen. Es erscheint im Buch der Dokumente[138] in einer Beschreibung des legendären Shun, eines weisen Königs und klugen Ministers, Herrschers und gehorsamen Sohnes des Altertums. Die ihm zugesprochene Wesensart ist besonders die des Natürlichen (*tzu-jan*). Shun ist derjenige, dessen Tugend sich vom »Natürlichen« herleitet. Ein weiteres Attribut ist »Durchdringung« (*t'ung*). Besonders in dem hanzeitlichen Wörterbuch *Shuo-wen chieh-tzu* (etwa 80 n.Chr.) wird der Weise als Mann mit durchdringender Intelligenz in allen Dingen beschrieben.[139] Dies findet ein Echo in einem weiteren hanzeitlichen Werk, *Po-hu-t'ung* (etwa 80 n.Chr.), der ihn als Mann im Besitz eines »alles durchdringenden und überallhin leuchtend ausstrahlenden Weges« beschreibt, der »durch seine Tugend eins ist mit dem Himmel und mit der Erde, eins ist mit dem Leuchten von Sonne und Mond, und in seiner Regelmäßigkeit eins ist mit den vier Jahreszeiten, eins ist mit Geistern und Dämonen durch seine Fähigkeit, Glück und Unglück vorherzusagen.«[140] Die Ritualtexte bestätigen dies Konzept der »Durchdringung«. Tai der Ältere definiert den Weisen als einen, dessen Weisheit den guten Weg durchdringt, der sich allem (endlosen) Wechsel mühelos anpaßt und das innere Wesen aller Schöpfung erkennnt.[141] Das kanonische *Buch der Riten* fügt

---

137 Zur Hermeneutik von »heilig« siehe Hans Küng, *Rechtfertigung Gottes: die Lehre Karl Barths und eine katholische Besinnung* (Einsiedeln, 1957), S. 302–320.
138 In den Kapiteln »Rat des Yü« und »Der Große Plan«; Legge, *The Chinese Classics*, Bd. 5, S. 54 und 327.
139 Hsü Heng, *Shuo-wen chieh-tzu*, Lexikon mit Erklärungen von Tuan Yu-ts'ai; Taipei, 1955), S. 598.
140 Pan Ku, *Po-hu t'ung-yi* (Taipei, 1968), S. 276–281.
141 *Ta-tai li-chi* (Buch der Riten des älteren Tai): »Die Fragen Herzog Ais zu den Fünf

noch die Idee des Schenkens von Leben hinzu. Somit wird der Weise gezeigt als der, der »aller Schöpfung Leben gibt«.[142]
Was nun von dem guten Weisen selbst? Wie hat Konfuzius sich über das Weisesein geäußert? Was hat, späterhin, Menzius gesagt?
In den konfuzianischen Gesprächen finden wir wenig über die Eigenschaften des Weiseseins. Wir finden eine gewisse Zurückhaltung, diese Fragen zu besprechen. Konfuzius selbst befand sich der Bezeichnung »weise« für unwürdig. Er war damit zufrieden, als Übermittler des weisen Weges zu dienen. Dieser Weg nun gehört zu drei verschiedenen Arten von Weisen: Könige, Minister und Einsiedler – die sich aus edlen Beweggründen zurückzogen, *nicht* um sich sozialen Verpflichtungen zu entziehen. Konfuzius betrachtete sich als ihr Bewunderer und Anhänger. Er war »Schüler«, ein Mensch, der weise werden wollte, und in diese Richtung gingen seine Bemühungen.[143]
Konfuzius' hohe Achtung des Weiseseins ist mehr in dem, was er nicht sagt, als in ausdrücklichen Stellungnahmen zu finden. Seine Bescheidenheit ist teilweise durch die hohe Wertschätzung, die er dem Stand des Weiseseins entgegenbringt, begründet. »Ich erwarte nicht, jemals einen Weisen zu Gesicht zu bekommen, und will mich damit bescheiden, einen Vornehmen (*chün-tzu*) zu sehen. Ich erwarte nicht, jemals einen guten Menschen (*shan-jen*) zu sehen und will zufrieden sein, einen Beharrlichen zu sehen.«[144] Damit läßt er Raum für zukünftige Debatten darüber, ob Weisesein ein Zustand ist, in den man hineingeboren wird, oder ob er durch menschliche Bemühung und Lernen erreichbar ist.
Das Wort *sheng* taucht häufig im Buch des Menzius auf. Hier erscheinen Weise als Menschen, die in vollkommener Art diejenigen Tugenden vertreten, welche die zwischenmenschlichen Beziehungen regieren; Menzius bezieht sich, ebenso wie Konfuzius vor ihm, auf Beispiele des Altertums wie die früheren Könige Yao und Shun, die vortrefflichen Minister, den Herzog von Chou und andere, wie beispielsweise die Einsiedler Po-yi und Liu-hsia Hui, die noch in ihrer Zurückgezogenheit Modellbilder politischer Loyalität darstellen.[145] Für Menzius ist der Weise ein Lehrer, der nicht unbedingt mit Worten, jedenfalls aber durch sein Beispiel wirkt. Aber wo ein gewöhnlicher Mensch seinen erzieherischern Einfluß über einen begrenzten Personenkreis ausübt, ist der Weise ein »Lehrer für kommende Generationen«.[146] Er fügt noch eine pole-

---

Bedeutungen«. Vgl. Benedict Grynpas (Übers.), *Un Legs Confuceen: Fragments du Ta Tai Li Ki* (Brüssel), S. 50.
142 Ich beziehe mich hier auf die *Lehre von der Mitte*, d.h. Kap. 28 des *Buches der Riten*.
143 *Gespräche* 7:33.
144 *Gespräche* 7:25.
145 *Buch des Menzius* 4A:2.
146 *Buch des Menzius* 7B:15.

mische Orientierung hinzu: Der Weise bekämpft falsche Lehren wie die von Yang Chu und Mo Ti. In dieser Hinsicht erklärt er auch seine eigene Entschlossenheit: »Auch ich wünsche der Menschen Herz ins Rechte zu bringen, abweichende Lehren aufzuhalten, einseitigen Handlungen zu widerstreben und zügellose Handlungen zu verbannen.«[147] Folgend dann, in einer ganz direkt den Sinn des Wortes Weisesein beschreibenden Textstelle, schlägt Menzius eben das Weisesein als universales Ziel des menschlichen Herzens vor. »Denn so wie mit dem Gaumen die gleichen Köstlichkeiten genossen werden, man sich mit den Ohren an denselben Tönen erfreut und mit den Augen an derselben Schönheit«, so finden auch ihre Herzen Ruhe in einem gemeinsamen Gegenstand, den sie alle gleich hoch schätzen: die moralischen Prinzipien der menschlichen Natur, »denen auch die uns vorangegangenen Weisen verhaftet waren«.[148]

Zwar hat Konfuzius es abgelehnt, sich als weise zu bezeichnen; doch haben spätere Generationen seine Skrupel nicht geteilt. Sie waren ungemein schnell bei der Hand, *ihn* als Weisen anzuerkennen, und sogar als *den* Weisen par excellence. Die Lehre der Mitte deutet dies bereits an, indem Konfuzius als ein Mann beschrieben wird, der seine »geistigen Vorfahren« in Yao und Shun findet, und sein Leben nach dem Vorbild der Könige Wen und Wu ausrichtet:

Nach oben hin klingt er in eins mit den Jahreszeiten des Himmels, nach unten hin mit (den Elementen) Wasser und Erde. Man kann ihn mit Himmel und Erde vergleichen, die alles aufnehmen und stützen, er ist vergleichbar den vier Jahreszeiten und dem Kreis ihrer Wiederkehr und vergleichbar der Sonne und dem Mond, die abwechselnd ihren Aufgaben als Lichtspender nachgehen.[149]

Es ist die gleiche metaphysische Sprache wie im *Po-hu-t'ung* und wie im Großen Anhang zum Buch der Wandlungen.

Die konfuzianische Doktrin des Weiseseins und die Übereinstimmung von Menzius und Hsün-tzu über die menschliche Fähigkeit zur Selbsttranszendenz – ob durch eingeborene Gabe oder durch angemessene Erziehung – hat deswegen nun keineswegs zu einem Überfluß an Weisen geführt. Spätere Denker faßten manche Textstellen der Klassiker durchaus anders auf. Werden Weise geboren oder gemacht? Falls sie geboren werden, sind sie dann nicht *übermenschlich*? Würden sie auch »Gefühle« besitzen?[150] Wenn sie gemacht werden, warum gibt es dann nur so wenige von ihnen? Weshalb gab es sie nur im entfernten oder historischen Altertum? Diese Fragen beschäftigten viele Denker; einige erhöhten das Konzept des Weiseseins zu einem neo-taoisti-

---

147 *Buch des Menzius* 3B:9.
148 *Buch des Menzius* 6A:7.
149 *Lehre von der Mitte* 30; vgl. R. Wilhelm, *Li Gi* (wie Anm. 13), S. 36.
150 Vgl. Fung Yu-lan, *A History of Chinese Philosophy* (Princeton, 1953), übers. von Derk Bodde, Bd. 2, S. 187–189.

schen, unpersönlichen Ideal, menschlicher Bestrebung unerreichbar. Diskussionen dieser Art liefen parallel zu buddhistischen Debatten über die Allgegenwärtigkeit und Erreichbarkeit der Buddhaschaft.[151] Theorien über »menschliche Vorbestimmung« herrschten allgemein vor während eher aristokratischer Epochen, in hierarchisch organisierten Gesellschaften, wie in der Wei- und Chin-Zeit (220–420 n.Chr.) als Rangordnungstheorie der menschlichen Natur, die der Beamtenhierarchie und ihrem neunstufigen Systems entsprach, welches den Kindern besonders bedeutender Familien Vorrang gab.[152] Die buddhistische Reaktion tauchte besonders in der Behauptung Tao-shengs (gest. 434) über die Buddhaschaft aller Lebewesen und die Möglichkeit »plötzlicher Erleuchtung« auf.[153] Auch die neo-konfuzianische Bewegung, besonders Han Yü (768–824), späterhin Ch'eng Yi (1033–1108) und Chu Hsi (1130–1200), sprach sich günstig über die allgemeine Möglichkeit des Weisewerdens aus – im Namen einer Rückbesinnung auf Konfuzius und Menzius. Nun reicht es nicht aus, das natürliche Verlangen des Menschen nach Selbsttranszendenz und die mögliche Erfüllung dieses Verlangens zu bezeugen. Man muß auch den *Weg* zeigen, der zu dieser Erfüllung führt. Denn ohne *Praxis* kann man Theorie nicht auf die Probe stellen, und ohne solche Probe bleibt die Theorie leer – kraftloses Wünschen, besser gesagt noch, ein Wunsch, der zerstörerisch – weil stets frustriert – wirken, sich jedoch nicht erfüllen kann.

Gewiß bieten die Beispiele derer, die die *Praxis* gemeistert haben, die besten Beweise für die Möglichkeit solcher Selbsttranszendenz. Der Buddhismus weist seine Buddhas und Boddhisattvas, der Konfuzianismus seine legendären und historischen Weisen und das Christentum seine heiligen Männer und Frauen auf. Der christliche Heilige par excellence ist Jesus Christus, der konfuzianische Heilige par excellence ist Konfuzius – dies nach dem Urteil von Generationen seiner Schüler und Bewunderer. Jeder von beiden ist eine historische Person. Beide dienten als eine Art Modell für Anhänger der ersten Stunde und spätere Bewunderer – Jesus Christus wirkte bewußter als Konfuzius darauf hin.

Ich will nun die Frage der Modellbilder besprechen – und die Frage des persönlichen Nacheiferns solcher Modelle, sei es in der Nachfolge Christi oder in der Nachahmung der Weisen. Dann werde ich die mehr spezifisch ethischen Fragen des konfuzianischen Bewußtseins prüfen und die konfuzianische Gemeinschaft, die sich aus einem dieser beiden Modelle – dem des Weisen Konfuzius – entwickelt hat.

---

151 Fung, a.a.O., 274–284.
152 Ching, »The Problem of Evil«, S. 169.
153 Fung, a.a.O., S. 274–284.

Eine Frage der Modelle

Ich bin der Weg, die Wahrheit und das Leben (Joh 14,6).

Mit Fünfzehn richtete ich meinen Geist auf das Lernen.
Mit Dreißig stand ich fest.
Mit Vierzig hatte ich keine Zweifel mehr.
Mit Fünfzig kannte ich die erlassenen Gesetze des Himmels.
Mit Sechzig hörten meine Ohren willig (der Wahrheit) zu.
Mit Siebzig konnte ich dem Begehren meines Herzens folgen, ohne dabei vom rechten Pfad abzukommen. (*Gespr.* 2:4)

Jesus Christus und Konfuzius. Beide haben jahrhundertelang als Modell gedient, der eine im Westen, der andere im Osten. Waren sie sich der normativen Gewalt ihres Lebens bewußt? Was haben sie von ihren Anhängern verlangt; was ist aus ihren Lehren geworden in den Zeiten nach ihrem Tod? Was können wir noch von ihnen lernen?

Jesus Christus wird heute besonders als Mann »für andere« bezeichnet.[154]
Denn er lebte, lehrte und litt für die Erlösung anderer – als »wirkender Grund« der Erlösung. Und sein Leben, seine Lehren und sein Leiden dienen auch als Modell zur Nachahmung – ein »beispielhafter Grund« für Erlösung wie auch Heiligung. Das Evangelium berichtet uns, daß Jesus Christus eine Gruppe von Anhängern um sich sammelte (Mt 4,19; Mk 2,14; Lk 5,11; Joh 1,43). Allein die Tatsache ihrer Gefolgschaft erforderte Opfer – im Falle der ersten Apostel die Aufgabe ihrer Boote, ihres Besitzes und ihres früheren Berufes als Fischer. Den begüterten jungen Mann, der ihm zu folgen wünschte, fordert Jesus auf, seine Habe zu verkaufen, den Armen zu geben und erst dann zu ihm zurückzukommen (Mt 19,21). Einem anderen zukünftigem Anhänger untersagt er sogar die Heimkehr zum Abschiednehmen oder zum Begräbnis seines Vaters (Lk 9,59–69); so dringlich war die Gefolgschaft! Und er forderte Selbstverneinung und das Tragen des Kreuzes von seinen Anhängern (Mt 10,38; 16,24). Im Johannesevangelium (10,4–5) wird die Gefolgschaft Christi mit dem Bild der Schafe beschrieben, die dem Guten Hirten folgen. Und die Offenbarung (14,4) zeigt uns die Vision der »Jungfrauen«, die dem Lamm überallhin nachfolgen.

Nirgendwo in den Evangelien gibt Jesus eine planvolle Zusammenstellung der Forderungen an seine Anhänger. In der Bergpredigt (Mt 5–7; Lk 6,20–49) gibt er eine verallgemeinerte Beschreibung dessen, was Jüngerschaft bedeutet. Er beginnt mit den Glückseligkeiten und dem Versprechen des Reiches an die Armen und Notleidenden und ermahnt seine Anhänger zur Vollkommen-

---

154 Vgl. Dietrich Bonhoeffer, *Nachfolge* (München 1937), Kap. 1.

heit: »Seid vollkommen so wie Euer himmlischer Vater vollkommen ist« Mt 5,48).[155]

Was nun bedeutet diese Vollkommenheit? Obwohl Jesus Bescheidung übte im Annehmen der schönen Dinge dieser Welt, würde er sein Leben am Kreuz beschließen: »Niemand hat größere Liebe denn die, daß er sein Leben läßt für seine Freunde« (Joh 15,13).

Konfuzius gab Tugend den Vorzug vor Reichtum und Ehren; er weigerte sich, seine Prinzipien um persönlichen Vorteils willen zu opfern, und er bemühte sich um seine Karriere nur zur Verwirklichung seiner Prinzipien im sozialen und politischen Bereich. Eines ihm vom Himmel zugekommenen religiösen Auftrags bewußt, führte er ein Leben, das ins Jenseits wies, in der Ausübung von *jen, der* allumfassenden Tugend, in Nachfolge der Weisen des Altertums. Er war ein guter Lehrer und predigte für das Heil des *ganzen* Menschen. Sein Leben und seine Lehre hatten religiöse Wirkungen. Aber er sah sich selbst nicht als religiösen Retter an, wie Jesus Christus es tat. Er gab nicht sein Leben hin, um seine Glaubensbrüder mit Gott zu versöhnen.

Konfuzius war gewisser Exzesse fähig. Die elegante Musik des Staates Ch'i erfreute ihn so sehr, daß er drei Monate lang kein Fleisch aß.[156] Doch im allgemeinen war er ein bescheidener Mann. Wie Jesus Christus auch, erfreute er sich an den guten Dingen dieser Welt, speiste gut und trank guten Wein. Und wie Jesus predigte er Gegenseitigkeit in zwischenmenschlichen Beziehungen – eine ausgeglichene Gegenseitigkeit, mit Sinn für das rechte Maß, besonders da, wo es negativ definiert ist: »Was du nicht willst, das man dir tu', das füg' auch keinem anderen zu.« (*Gespräche* 15–23)

Konfuzius stellte weder an sich noch an seine Schüler radikale Forderungen, so wie Jesus es tat. Abscheidung vom Familienleben, von weltlichem Gut, das »Tragen des Kreuzes«, diese Dinge sah er nicht als Aufnahmebedingung in den Schülerkreis an, wenn auch den wenigen, die ihm folgten, kaum Zeit für Frau und Kinder blieb.

Gewiß, Konfuzius hat sich positiv geäußert über den von »besessenem Eifer« Getriebenen – der »vorangeht auf der Wahrheitssuche« – rastlos tätig, ohne die Folgen zu bedenken. Menschen dieser Art waren ihm lieber als die »Vorsichtigen« und diejenigen, die sich mit bloßem »Abstandnehmen vom Übeltun« beschieden.[157] Besessener Eifer aber und exzentrisches Verhalten betrachtete er nicht als Vollkommenheit. Sein Ideal blieb der, der seine Handlungen nach der Mitte hin ausrichtet.

155 Ebd. Kap. II über die Bergpredigt. Vgl. auch Hans Küng, *Christ sein*, S. 235–238. Küng betont die Nachfolge Christi als Person, nicht als abstraktes Prinzip.
156 *Gespräche* 7:13. Eine Biographie des Konfuzius findet sich bei D. Howard Smith, *Confucius* (New York, 1973).
157 *Gespräche* 13:21 und 5:21. Ich gehe auf seine Lehre auch in meinem Buch *To Acquire Wisdom* ein.

In diesem Sinne finden wir zwischen Jesus und Konfuzius Ähnlichkeiten ebenso wie Unterschiedliches. Jesus nannte sich den Weg, die Wahrheit und das Leben.

Konfuzius hat nie solche Behauptungen aufgestellt. Die oben zitierte Textstelle aus den Gesprächen bietet eine Selbstoffenbarung, erlaubt uns einen Blick auf seine persönliche Entwicklung, den Rhythmus ihres allmählichen Wachsens mit Augenblicken plötzlicher Selbstentdeckung. Konfuzius war ein demütiger Mann. Zwar schrieb er, ebenso wie Christus, seinen Schülern Ideale hoher moralischer Vollkommenheit vor, bot sich selbst aber nie als bewußtes Modell zur Nachfolge an. Vielmehr wies er auf die weisen Könige und Staatsdiener des Altertums hin – seine eigenen Beispiele – und auf den Himmel, dessen stille Wege denen mit reinem Herzen und aufrichtiger Absicht lehrhaft wirken können. Er tat den Ausspruch: »Wie kann ich es wagen, mich mit Weisen und Männern perfekter Tugend auf eine Stufe zu stellen?« – »Wenn von mir selbst die Rede sein soll, dann würde ich mich dahingehend äußern, daß ich rastlos (zur Vollkommenheit) strebe und nicht müde werde, andere zu unterrichten« (*Gespräche* 7:33). Was ist Weisesein anderes als dies unablässige Bemühen – was auch seine Schüler sofort erkannten. Für sie und für spätere Generationen *war der Meister ein Vorbild*. Und ebenso schnell kam die Antwort: »Dies (Streben) ist eben das, was wir, Eure Schüler, von Euch nicht lernen konnten« (*Gespräche* 7:33).

Die Lehre vom Märtyrertum

Verständlicherweise haben Jesu Lehren allen Grund gegeben, die Anhängerschaft Christi als rückhaltlosen Einsatz des Lebens zu verstehen, der Möglichkeit bewußt, daß dies Leiden und Tod einschließen könne, wie es bei den Märtyrern, den frühesten Zeugen Christi, dann auch der Fall war. Aber dies ist keine unabdingbare Schlußfolgerung, die sich aus dem Studium des Evangeliums ergibt. Genau genommen bedeutet das Wort »Martyrium« (griech. *martyrein*, Zeuge sein) im Neuen Testament das Bezeugen durch Predigt und nicht eigentlich den Tod im Dienste des Glaubens. Erst später erhielt das Wort diese Sonderbedeutung von Leiden und Sterben für den Glauben – weil ein solches ungefordertes Lebensopfer starke Zeugenschaft für den Glauben des Betreffenden bietet, seinen Glauben an die Wirklichkeit von Jesu Versprechen. Ebenso spiegelt es seinen Opfertod wider. Frühe christliche Erwartungen einer zweiten Ankunft Christi haben ein gewisses Streben nach Martyrium gefördert, indem sie die Bedeutung dieses Lebens verneinten. Ein früher Märtyrer, Ignatius von Antiochien, gab diesen Überlegungen kurz vor seinem Tode folgendermaßen Ausdruck:

Es ist besser für mich, für Christus Jesus zu sterben, denn Herr zu werden über die Extreme dieser Welt. Er ist es, den ich suche, der für mich gestorben ist; er ist es, den ich will, der für uns erstanden ist. Es ist meine Geburt, die naht... laßt mich das reine Licht empfangen. Wenn ich dort bin, werde ich Mensch sein.[158]

Mit dem Ende der Verfolgungszeit wurde Martyrium selten. Die Märtyrerdoktrin gab der Lehre vom eremitischen und klösterlichen Leben Raum; hierhin verlagerte sich die Wesensart des Martyriums. Besonders im klösterlichen Leben entwickelte sich »Asketentum«, eine Lehre von geistiger Vollkommenheit. Das Wort »Askese« (griech. *askeo*) bedeutet die Notwendigkeit von Übungen, von Anstrengungen, Einsatz aller Kräfte im Kampf gegen die eigenen bösen Neigungen. Der zur Vollkommenheit strebende Christ liegt mit sich selbst im Streit. Es handelt sich um inhärenten Dualismus: Er muß sich selbst bezwingen, damit er sich zu Gott gewinnen kann.[159]

Eine gute Illustration dieses inneren Kampfes von Selbst gegen Selbst finden wir in Dietrich Bonhoeffers Gedicht »Wer bin ich?« Als politischer Häftling wußte er, daß er anderen ruhig und gefaßt erschien, als überragende Figur, als Riese sozusagen, im menschlichen Bereich, aber daß er nichts anderes war als ein Kind vor Gott. Er war sich seines inneren Konflikts wohl bewußt. In seinen Worten lesen wir:

Wer bin ich? Der oder jener?
Bin ich denn heute dieser und morgen ein andrer?
Bin ich beides zugleich? Vor Menschen ein Heuchler und vor mir selbst ein verächtlich wehleidiger Schwächling?
Oder gleicht, was in mir noch ist, dem geschlagenen Heer, das in Unordnung weicht vor schon gewonnenem Sieg?

Wer bin ich? Einsames Fragen treibt mit mir Spott.
Wer ich auch bin, Du kennst mich, Dein bin ich, o Gott![160]

Hat der Konfuzianismus eine Märtyrerlehre? Ja. In den *Gesprächen* (15:8) wird Konfuzius wie folgt zitiert: »Der entschlossene Gelehrte und Mann der Tugend wird nicht auf Kosten und durch Verletzung seiner Tugend (*jen*) leben. Er wird sein Leben geben, um sein *jen* vollständig zu erhalten.« Menzius sagt: »Lieb ist mir mein Leben, und ebenso lieb ist mir Rechtschaffenheit. Wenn ich diese zwei nicht zusammen erhalten kann, will ich Leben fahren lassen und Rechtschaffenheit wählen.«[161] Die chinesische Geschichte bezeugt zahlreiche Männer und Frauen, die den Tod einem Bruch mit ihrem Gewissen vorzogen.

---

158 Über das Martyrium siehe Louis Bouyer, *La Spiritualité du Nouveau Testament et des Pères* (*Histoire de la spiritualité chrétienne*, Bd. 1; Paris, 1946), Kap. 8. Das Zitat von Ignatius von Antiochien stammt aus seinem Brief an die Römer. Übersetzung des Autors.
159 Siehe zu diesem Thema Karl Rahner, *Schriften zur Theologie*, Bd. 3, S. 61–73.
160 Dieses Gedicht ist auf S. 15–16 in G. Leibholz »Memoir« zitiert, das sich in *Widerstand und Ergebung* S. 243 findet.
161 *Buch des Menzius* 6A:10.

Der Patriot Wen T'ien-hsiang starb unter den Händen der mongolischen Eroberer (1282); an seinem Körper fand man die Zeilen: »Konfuzius sprach über die Erhaltung von *jen*; Menzius sprach davon, *yi* zu wählen. Von jetzt an werde ich ohne Schande sein.«[162]
Konfuzianische Lehren fordern zum Suchen der Tugend und zur Nachfolge der Weisen auf. Viele von ihnen darbten oder starben für ihre moralische Überzeugung. Aber konfuzianische Lehre begünstigt nicht das *Sehnen* nach Märtyrertum als solches, denn sie hat keine entwickelte Eschatologie. Konfuzius und seine Schüler nahmen an Riten für die Ahnen und anderen religiösen Ritualen teil; damit bewiesen sie ein implizites Interesse am Leben nach dem Tode. Sie teilten jedoch die frühchristliche Erwartung der *Parusie* nicht. Konfuzianische Bestrebungen in diesem Leben zielten auf das Weisesein ab, ohne daß sie ihr Augenmerk in erster Linie auf das Jenseits richteten und ohne sich vor sozialem Tun und Verantwortung zurückzuziehen. Aus diesem Grunde hat der Konfuzianismus nie eine Mönchskultur entwickelt und *gegen* den klösterlichen Buddhismus als Verneinung menschlicher Werte und Bezeugung von Egoismus gekämpft. Nach konfuzianischen Lehren stellt Selbstverbesserung kein Ziel für sich dar, sondern dient nur als Grundlage für den Dienst am anderen – in der Familie, im Staate und in der Welt. Der Konfuzianer ist ein Mensch *für andere*, auch in seinem Bestreben zum Weisesein.
Hat der Konfuzianismus ohne monastisches Leben eine asketische und mystische Tradition entwickelt, mit einer Lehre von Selbstüberwindung, Andacht und Buße? Die Antwort lautet wiederum: Ja. Auf die Frage seines Lieblingsschülers Yen Yüan nach der Bedeutung von *jen* erwiderte Konfuzius: »Eigenen Neigungen nicht unbedingt Folge zu leisten und zu guten Sitten zurückzukehren, das heißt vollkommene Tugend (*jen*)« und zählte hierauf die »Stufen« dieser Askese auf: »Man soll nicht das ansehen, was den guten Sitten zuwiderläuft; man soll nichts sagen, was den guten Sitten widerspricht« (*Gespräche* 12:1).
Diese Aussage zählt nun kaum etwas auf, das man als »Stufen« verstehen kann – eine planvolle Einführung in die Kunst der Selbstüberwindung und Selbstvervollkommnung. Aber sie stellt die Notwendigkeit von Übung und Kampf in dem Bemühen um perfekte Tugend oder Weisheit dar. Spätere Konfuzianer, besonders während der Sung-Zeit, haben diese Doktrin ernst genommen – manchmal zu ernst –, so daß der Konfuzianismus irrtümlich in den Ruf geriet, eine bloß praktische Moral zu sein, mit einer Sammlung von Vorschriften und Verboten.
Haben Konfuzianer ein starkes Bewußtsein des Dualismus im Menschen, einer rückgängig zu machenden Entfremdung, so wie die Christen es haben?

---

162 Siehe Wen T'ien-hsiang, *Wen-shan hsien-sheng ch'üan-chi* (Gesammelte Werke; 1936), Kap. 19, S. 685.

Nein, die konfuzianische Stellung ist nicht so »dualistisch« wie die christliche. Obwohl Hsün-tzu das ursprüngliche Bösesein der menschlichen Natur lehrte, glaubte er an die Möglichkeit der Vervollkommnung durch Erziehung, und seine Anhänger späterer Generationen folgten ihm darin. Gleichzeitig mit dem schrittweisen Aufstieg zur Vorherrschaft der Lehren des Menzius – die menschliche Natur sei ursprünglich gut – entwickelte die konfuzianische Schule mehr und mehr eine auf Harmonie und weniger auf Konflikt ausgerichtete Menschen- und Weltsicht. Einerseits wird »Selbstbemühung« (*kung-fu*) angeraten; andererseits wird das zu erreichende Ziel, ein Weiser zu sein, als ein Ende des Vorganges der Selbstverbesserung angenommen; es ist keine Trophäe, die sich durch heftige Kämpfe mit sich selbst gewinnen läßt. Die großen Konfuzianer, Wang Yang-ming besonders, lehrten vom Samen des Weiseseins, der im Menschen, in seiner eigenen Natur, vorhanden ist, und daß der Mensch nur der Erweckung, des Erwachens in seine eigene Wirklichkeit bedarf, um ein Weiser zu werden.[163]

Natürlich erfuhren auch die Konfuzianer innere Konflikte. Durch die Jahrhunderte hindurch, in mancher Hinsicht heute vielleicht noch mehr als je zuvor, wurden Menschen zwischen Pflicht und Verantwortlichkeit hin- und hergerissen. Kann man gleichzeitig ein gehorsames Kind sein und ein patriotischer Staatsbürger? Muß man seine Eltern zum Wohle des Staates vernachlässigen? Sollte man Missetaten und Verbrechen der Eltern der Staatsgewalt mitteilen?[164] Und sind die Verpflichtungen einer Ehefrau ihren Eltern und ihrem Land gegenüber stärker als die gegenüber ihrem Ehemann, ihrem Gefährten? Dies sind nur einige der vielen Fragen, die auf dem konfuzianischen Gewissen lasten.

Was bedeutet konfuzianisches Gewissen? Handelt es sich um die Fähigkeit, zwischen Gut und Böse zu unterscheiden oder ist es noch mehr? Richtet sich das konfuzianische Gewissen mehr auf Wissen als auf Wollen? Ist das Böse eher Ergebnis von Unkenntnis als Ergebnis moralischer Schwäche? Diese und andere Fragen harren nun der Prüfung.

Das konfuzianische Gewissen

Das Wort »Gewissen« (lat. *conscientia*; griech. *syneidesis*) bezieht sich nach dem Zeugnis der Stoiker auf Kenntnis des Guten und die eigene persönliche Beziehung zum Guten. Ovid sprach vom »deus in nobis« und Seneca nannte es den innewohnenden heiligen Geist, Beobachter unserer guten und bösen Ta-

---

163 Siehe J. Ching, *To Acquire Wisdom*, Kap. 2.
164 *Gespräche* 8:18. Zur Bedeutungsverschiebung von Sohnespflicht zu Staatsbürgerpflicht in der Volksrepublik China siehe C.K. Yang, *The Chinese Family in the Communist Revolution* (Cambridge, 1959), S. 176–178.

ten. In den Sprüchen Salomos (Spr 17, 10ff) wird *syneidesis* in abfälligem Sinne benutzt, als das »schlechte« Gewissen, während der Geist das gute Gewissen ist, die Seele, das Herz, das den Menschen mahnt, ihn zu Gott ruft, der allein Herz und Nieren prüft. Im Neuen Testament erhält das Wort wiederum eine positive Bedeutung, besonders wenn es durch den Glauben an Christus veredelt ist. Es wird als geistige Haltung bezeichnet, als Kraft zum Handeln wie auch als Akt des Handelns selbst.[165]

Konfuzianische Lehre hat stets im Menschen die Anlage zu moralischer Erkenntnis gesehen – eben das Gewissen.[166] Menzius nennt das Wissen um Recht und Unrecht eine allgemeine Eigenschaft aller Menschen (2A:6). Und wirklich ist es dies, was das Menschenwesen vom Tier unterscheidet und was allen Menschen eine natürliche Ebenbürtigkeit zusichert. Menzius spricht auch von der Kenntnis des Guten (*liang-chih*) und der Fähigkeit zum Tun des Guten (*liang-neng*), die der Mensch besitzt, ohne daß er sie gelernt hätte (7A:15). Der Philosoph Wang Yang-ming (1472–1529) nahm dieses zur Grundlage seiner ganzen Philosophie – Metaphysik wie Ethik. Wang Yang-ming nennt *liang-chih* die Fähigkeit zum Unterscheiden von Gut und Böse – gleichzeitig die Anwendung solcher Unterscheidungsfähigkeit in bestimmten Situationen, also der Praxis. Es bezieht sich allerdings nicht nur auf den Sinn für Moral und Intuition, sondern auch auf die Grundlage moralischer Fähigkeit und menschlichen Daseins selbst.[167]

Der Unterschied zwischen konfuzianischer und christlicher Gewissenslehre findet sich hauptsächlich darin, daß das Christentum den Akzent auf Gott legt, als Schöpfer des Moralgesetzes und Richter des menschlichen Gewissens. Die konfuzianische Lehre beinhaltet, daß das Gewissen ein Geschenk ist. Es kommt dem Menschen zusammen mit dem Leben zu. Aber die konfuzianische Philosophie verharrt nicht bei Gottes Rolle als höchster Gesetzgeber und Richter. Sie zieht die Bedeutungsanalyse des Gewissens selbst vor.

In diesem Zusammenhang ist die größere Ähnlichkeit zwischen konfuzianischer Lehre und der traditionellen christlichen Doktrin eines *natürlichen Moralgesetzes* bemerkenswert – ein Gesetz, das auf der menschlichen Natur selbst aufbaut, dem im Herzen eingeschriebenen Gesetz.[168] Vergleichende Juristen

---

165 Siehe Bernhard Häring, *Das Gesetz Christi* (Freiburg, 1954), S. 178–235; *Neues Glaubensbuch*, S. 473–476.
166 Siehe Cheng Chung-ying, »Conscience, Mind, and Individual in Chinese Philosophie«, in *Journal of Chinese Philosophy* 2 (1974), S. 6–25.
167 Ching, *To Acquire Wisdom*, Kap. 4 und 5; Cheng, »Conscience«, S. 24–25.
168 Siehe dazu Bernhard Häring, *Das Gesetz Christi*, Bd. 1, S. 238–250. Vgl. auch H.N. Söe, »Natural Law and Social Ethics«, in John Bennett (Hrg.), *Christian Social Ethics in a Changing World* (New York, 1966), S. 289–91 zu einer Kritik des Naturrechts.

sehen dies negativ.[169] Sie weisen auf die konfuzianische Herabsetzung des positiven Gesetzes (*fa*) als Beweis für seinen nur strafrechtlich orientierten Charakter hin. Gewiß legt die konfuzianische Tradition weit mehr Wert auf die Persönlichkeit des Herrschers als auf die im Lande geltenden Gesetze. Aber das heißt nicht, daß konfuzianische Philosophie nicht mit dem selbstevidenten Prinzip – dem natürlichen Gesetz zugeordnet – übereinstimmen könnte, daß der Mensch fast wie durch moralischen Instinkt Gutes tun und Böses lassen kann, auch wenn eben dieser Instinkt ihm nicht erhellt, *was* gut ist und *was* böse. Jedenfalls hat die konfuzianische Tradition diese grundlegende menschliche Unterscheidungsfähigkeit, Grund und Boden für die Möglichkeit des Menschen zur Selbsttranszendenz, nicht mit dem Begriff »Gesetz« bezeichnet. Im konfuzianischen Bewußtsein ist ein Gesetz stets etwas von außen *Auferlegtes*, wohingegen die menschliche Fähigkeit, Gutes zu tun, – nach Menzius' Schule – als eingeborene Gabe betrachtet wird, wenn auch noch der Erziehung und Entwicklung bedürftig. Somit betont die konfuzianische Gewissenstheorie die Immanenz eines solchen Moralgesetzes, ohne dabei dessen Offenheit zur Transzendenz hin zu verneinen. Unter Verwendung der soteriologischen Terminologie des japanischen Buddhismus könnte man hier sagen, daß katholische Lehre und konfuzianische Theorie sich hier begegnen, indem sie mehr Sinn für Selbständigkeit (*jiriki*) zeigen, während protestantische Theologie, mit ihrer Vorliebe für biblisches Gesetz, auf dem Glauben allein und ausnahmsloser Abhängigkeit von der Macht Gottes (*tariki*) besteht.

Des Menschen Herz

Zwar ist das Gewissen die moralische Fähigkeit des Menschen, aber auch noch mehr als das. Das Wort mag sich auch auf eine tiefere Wirklichkeit hin beziehen – auf den *Sitz* der moralischen Fähigkeit selbst, die innerste Mitte der Seele, ihren höchsten Ort, *locus* der Begegnung zwischen Mensch und Gott, Quelle und Prinzip menschlicher Freiheit und menschlicher Verantwortung.
Schon im Alten Testament finden wir die ständig wiederholte Feststellung, daß Gott weniger auf unser äußerliches Tun als auf unser »Herz« schaut. »Ich will Euch ein (neues) Herz geben, und einen neuen Geist…« (Ez 11,19). In der Bergpredigt betont auch Jesus die Wichtigkeit der rechten inneren Haltung:

---

169 Unter anderen hat John C.H. Wu die Existenz eines Naturrechts in der chinesischen Philosophie positiv beurteilt. Vgl. sein »Chinese Legal and Political Philosophy«, in Charles A. Moore (Hrg.), *The Chinese Mind* (Honolulu, 1967), S. 217–276. Vgl. auch S. 235, Anm. 18, wo Wu eine Zusammenfassung von Hu Shih's Verständnis dieses Problems gibt. Er benutzt dabei Hus Artikel »The Natural Law in the Chinese Tradition«, erschienen in *Natural Law Institute Proceedings* 5 (1951).

»Selig sind die, die reinen Herzens sind« (Mt 5,8). Paulus spricht vom »beschnittenen Herzen« (Röm 2,5.29). »Ein jeglicher sei gesinnt, wie Jesus Christus auch war« (Phil 2,5). Zu bereuen und sich zu Gott zu wenden, heißt Herzenswandel, *metanoia*.[170]

Das chinesische Wort für Herz-und-Verstand, *hsin*, ist ursprünglich vom Bild eines Feuers abgeleitet. Es bezieht sich auf Absichten, Gefühle, auch auf den Akt des Wissens und Urteilens. Herz-und-Verstand ist es, das zwischen Recht und Unrecht entscheidet und Übereinstimmung mit seiner Beurteilung fordert.[171] Die neo-konfuzianischen Philosophen sprechen von *hsin* als dem, was sowohl die Natur (*hsing*) als auch die Gefühle (*ch'ing*) überwacht. Es ist zudem der *locus*, wo Mensch und Himmel sich treffen. »Er, der sein Herz (*hsin*) ganz verwirklicht, versteht seine eigene Natur; er, der seine eigene Natur versteht, weiß, was der Himmel ist« (Menzius 7A:1). In den Worten Wang Yang-mings:

Das Herz (*hsin*) ist der Weg (*Tao*), und der Weg ist gleichbedeutend mit dem Himmel. Wer sein eigenes Herz kennt, der kennt auch den Weg und den Himmel.[172]

Das Herz kommt uns vom Himmel zu (Menzius 6A:10). Es führt uns auch zurück zum Himmel. Es ist Symbol und Wirklichkeit der Einheit des Menschen und des Himmels. Noch stärker als das Christentum hat der Konfuzianismus den Fortbestand zwischen verschiedenen Stufen des Gewissens verdeutlicht. Im Bewußtsein der moralischen Kraft und der Grundlage dieser Kraft, als Herz-und-Verstand.

Das Herz ist auch der Grund für die Einheit des Menschen mit sich selbst. Der konfuzianische Mensch ist nicht Dualist, nicht mit sich selbst zerstritten. Der konfuzianische Mensch weiß, daß er in seinem Herzen eins ist. Er will sein Herz bewahren, seinem Herzen treu sein. »Suche und du wirst finden; laß fahren und du wirst es verlieren. Wenn das so ist, dann dient Suche dem Finden, und das Gesuchte findet sich in dir selbst« (Menzius 7A:3).

Der Konfuzianismus ehrt den Himmel als Schenker des Lebens und der Menschlichkeit; alles verdankt er ihm, Sinnesorgane und ein menschliches, fühlendes Herz. Der Konfuzianer schätzt die Gaben des Himmels und ist bestrebt, sie in sich zu voller Blüte zu pflegen. Doch spekuliert der Konfuzianer wenig über Fragen der Unsterblichkeit des Geistes, die auch im Westen eher griechisch als semitisch ist.

Weniger wichtig als das Wort *hsin* sind die Begriffe »geistige Seele« (*hun*) und »fühlende Seele« (*p'o*). Sie sind in den Vier Büchern nicht zu finden. In den *Annalen von Tso* – einem klassischen konfuzianischen Buch – bezieht sich das Wort *hun* auf jegliche bewußte Tätigkeit, und *p'o* auf körperliche Form. Das

---

170 Häring, a.a.O., Bd. 1, S. 206–209.
171 Munro, a.a.O., S. 50–51.
172 Ching, *To Acquire Wisdom*, Kap. 5.

gemeinsame Element dieser beiden Ideogramme bildete ursprünglich einen Maskenträger ab; der »Impersonator« trug während der Zeremonien eine Maske, worin der Geist des Toten Aufenthalt nahm. Die beiden Worte sind schon in früher Zeit mit Ritualen der Totenverehrung assoziiert. Im Volksglauben steigt die höhere *hun*-Seele zum Himmel auf, während die niedere *p'o*-Seele sich der Erde zufügt. Im Verlaufe der Entwicklung einer konfuzianischen Metaphysik wurde *hun* mit der Lebenskraft (*ch'i*) in Verbindung gebracht, und *p'o* mit der körperlichen Form. Im Buch der Riten heißt es, daß die »geistige Seele und die Lebenskraft zum Himmel zurückkehren (nach dem Tode); Körper und Gefühlsseele kehren zur Erde wieder«.[173]

Allgemein herrschte wohl die Vorstellung, daß die Gefühlsseele letztendlich Teil der Erde wird. Wie verhält sie sich nun zur geistigen Seele? Von ihrem endlichen Geschick ist nichts Eindeutiges gesagt. Wir lesen in Wang Ch'ungs *Lun-heng* Beweisführungen *gegen* den Glauben an das Weiterleben Verstorbener als Geistwesen oder Geister; damit wissen wir, daß man sich über die Lösung dieses Problems – das zu diskutieren Konfuzius sich geweigert hatte – nicht einig war. In den Vordergrund trat die Frage mit der Ankunft des Buddhismus und in der folgenden Debatte zwischen Taoisten und Buddhisten. Interessant ist auch, daß die Taoisten behaupteten, die *konfuzianischen* Weisen, samt dem Meister selbst, seien Unsterbliche geworden, während der Buddhismus die Möglichkeit persönlicher Unsterblichkeit leugnete.

Wir können die konfuzianische Position folgendermaßen zusammenfassen: Der uralte Brauch der Totenverehrung, die in den Klassikern zu findenden Textstellen über weise Herrscher, die mit dem Allerhöchsten, oder Gott, engen Kontakt haben, deuten auf einen frühen Glauben an eine Form persönlicher Unsterblichkeit. Aber Konfuzius schwieg zu dieser Frage, nahm hingegen aktiv an Ritualen zur Totenverehrung teil (*Gespräche* 11:11, 3:12). Der Bericht in den *Annalen von Tso* über die Diskussion des Lebens nach dem Tode ist interessant, streicht aber mehr die Unsterblichkeit der Tugend, d.h. persönlicher Errungenschaften und Werte heraus.[174]

---

173 *Buch der Riten*, Kap. 26, »Über Sakralopfer«. Siehe auch Kap. 47, »Zur Bedeutung der Opfer«. Vgl. Munro, a.a.O., S. 50 und 209, Anm. 4.

174 Wang Ch'ung, *Lun-heng*, Kap. 62 (»Über den Tod«), W.T. Chan, *A Source Book of Chinese Philosophy* (Princeton, 1963), S. 300. Zur Frage der Unsterblichkeit und Diskussionen darüber siehe Hu Shih, »The Concept of Immortality in Chinese Thought«, in *Harvard Divinity School Bulletin*, 1946, S. 26–43; Walter Liebenthal, »The Immortality of the Soul in Chinese Thought«, in *Monumenta Nipponica* 8 (1952), S. 327–297. Die zitierte Stelle der *Annalen von Tso* stammt aus dem Eintrag zum siebten Jahr des Herzogs Chao. Dazu vgl. J. Legge, *The Chinese Classics*, Bd. 5, S. 613. In Matteo Riccis Katechismus (*T'ien-chu shih-yi*, Hrg. 1603, Kap. 3) äußern chinesische Disputanten die Vorstellung, daß die Seele am Ende auseinanderfällt, während der westliche Gelehrte (Riccis *alter ego*) mit Hilfe scholastischer Philosophie die Unsterblichkeit der Seele zu beweisen sucht.

Allumfassende Tugend

Der konfuzianische Mensch ist eins – in seinem Leben und in seinem Herzen. Der konfuzianische Mensch muß nur eine Tugend üben: diejenige, die ihn zu einem ganzen, vollkommenen Menschen macht. Sie beschließt alle anderen Tugenden in sich ein: die Universaltugend *jen*.

Das konfuzianische *jen* bietet gewisse Parallelen zur christlichen Tugend der Liebe des Himmels zum Menschen, die sich in Jesus Christus offenbart.[175] Die konfuzianische *jen*-Lehre andererseits bietet Liebe des Himmels zum Menschen nicht ausdrücklich als Beweggrund und Vorbild zur Nachahmung an. Nach den klassischen Schriften ist der Himmel die Quelle des Lebens, Beschützer des Menschen und Stiller seiner Bedürfnisse. Aber die Tugend des *jen* gründet sich mehr auf die menschliche Natur selbst. Der Mensch ist imstande, *jen* zu praktizieren. Er ist nicht wirklich menschlich, wenn er es nicht tut.

Barmherzigkeit ist eine universale Tugend. Sie ist das »Band der Vollkommenheit« (Kol 3,14), das innere dynamische Prinzip, welches dem ganzen Leben seine Wärme, seine Festigkeit und seinen Wert gibt. Dies trifft auch auf *jen* zu. Vor Konfuzius' Zeiten galt *jen* als aristokratische Tugend, jene Art der Freundlichkeit, die der Höhergestellte den Untergebenen erweist. Aber Konfuzius' Lehren formten *jen* in eine universale Tugend, die jedermann ausüben kann.[176]

Was bedeutet *jen*? Man hat Konfuzius oft danach gefragt. Jedesmal gab er eine andere Antwort. Seinem Schüler Fan Ch'ih sagte er, es bedeute »Liebe zu den Menschen« (*Gespräche* 12:21). Zu Yen Hui sprach er von *jen* als Unterdrückung seiner selbst und Rückbesinnung auf Angemessenheit (*Gespräche* 12:1). Einem anderen gab er die Goldene Regel: »Was du nicht willst, das man dir tu', das füg' auch keinem anderen zu«. (Gespräche 12:2, 15:23)

Jen ist vollkommene Tugend; wer *jen* besitzt, ist schon vollkommen, ein Weiser. Aus diesem Grund hat Konfuzius eine gewisse Vorsicht gezeigt, wenn von *jen* die Rede war. Er sagte:

Ich habe nie jemanden gesehen, der *jen* wirklich geliebt hätte, noch jemanden, der alles, das nicht *jen* ist, wirklich gehaßt hätte. Derjenige, der *jen* liebt, würde nichts höher schätzen. Derjenige, der nicht-*jen* haßt, würde *jen* ausüben und nichts anderes auf sich wirken lassen. Gibt es jemanden, der fähig wäre, auch nur für einen einzigen Tag all seine Kraft für *jen* einzusetzen? Ich habe noch nie jemanden mit ungenügender Kraft gesehen. Es mag daher so jemanden geben, doch ich habe ihn noch nicht gesehen (4:6).[177]

---

175 Siehe dazu R. Schnackenburg, *Die moralische Lehre des Neuen Testaments* (Freiburg, 1965), Kap. 3.
176 Siehe Wing-tsit Chan, »Chinese and Western Interpretations of *Jen*«, in *Journal of Chinese Philosophy* 2 (1975), S. 107–109.
177 Die Übersetzung basiert auf der englischen von James Legge, *The Chinese Classics*, Bd. 1, S. 167.

Nach Konfuzius soll *jen* stets die allererste Überlegung sein (4:6). Der wahre Mensch bewahrt sein *jen* (4:5). *Jen* tritt erst nach überwundener Schwierigkeit auf (6:20). Es kann geschehen, daß man für *jen* sein Leben geben muß. Und doch ist *jen* nichts Entferntes, Weithergeholtes. »Ich verlange nach *jen*, und *jen* ist nahe« (7:26).

Etymologisch und interpretationsmäßig kommt – nach Konfuzius' Auslegung – *jen* stets in der Beziehung zwischen Mensch und Mensch zum Tragen. Es wird verbunden mit Loyalität (*chung*) – Treue zum eigenen Herzen und Gewissen – und mit Gegenseitigkeit (*shu*; *Gespräche* 4:15) – Respekt für und Rücksichtnahme auf andere. *Jen* steht auch mit *li* (Schicklichkeit, Ritual) in Verbindung. Letztgenanntes weist mehr auf rituelles und soziales Verhalten, das erstgenannte aber auf die innere Ausrichtung einer Person.[178] *Jen* wurzelt im menschlichen Gefühl ebenso wie in einer grundlegenden Lebenshaltung. *Jen* bedeutet Zuneigung und Liebe. »Wer *jen* besitzt, liebt andere« (Menzius 4B:28). Das heißt, er liebt *alle* und *jeden* (7A:46). Er weitet seine Liebe von denen, die er liebt, auf diejenigen aus, die er nicht liebt (Menzius 7B:1). Hsün-tzu stimmt dieser Definition von *jen* als Liebe zu. Auch das Buch der Riten beschreibt *jen* als Liebe. Der hanzeitliche Konfuzianer Tung Chung-shu (176–104 v.Chr.) definiert *jen* als Liebe zu den Menschen, Yang Hsiung (53 v.Chr. – 18 n.Chr.) hingegen nennt *jen* »allumfassende Liebe«. Das frühe Lexikon *Shuo-wen* (um 11 n.Chr.) setzt Liebe mit Zuneigung (*ch'in*) gleich.[179]

Die konfuzianische Interpretation von *jen* als allumfassender Liebe unterscheidet sich nun von der Auslegung einiger früherer Philosophieschulen, besonders der von Mo-tzu begründeten Mohisten. Mo-tzu sprach sich für unterschiedslose Liebe aus. Seine Anhänger betonten die Notwendigkeit, die Begriffe deutlich voneinander abzugrenzen. »Barmherzigkeit beginnt im eigenen Hause«. So auch *jen*. Die Wurzeln von *jen* sind Gehorsamkeit der Kinder den Eltern gegenüber und Respekt unter allen Geschwistern (*Gespräche* 1:20). Der Konfuzianer hegt zu seinen Eltern und Verwandten eine besondere Art von Liebe. (*Lehre von der Mitte* 20) Und Menzius sagte:

»Der Edle geht sorgsam und schonend mit den Dingen um, aber er beweist ihnen nicht *jen*. *Jen* beweist er den Menschen, aber es haftet dem nichts Gefühlsbetontes an. Er ist seinen Eltern herzlich zugetan, während er anderen Menschen *jen* beweist. Er besitzt *jen* für die Menschen; mit Dingen geht er bedachtsam um« (7A:45).[180]

---

178 Herbert Fingarette, *Confucius – the Secular as Sacred* (New York, 1972), S. 37–38; Muron, *a.a.O.*, S. 28–29, 208–209, 219.
179 *Hsün-tzu*, Kap. 27; *Buch der Riten*, Kap. 19; Tung Chung-shu, *Ch'un-ch'iu fan-lu*, S. 29–30.
180 Die Übersetzung basiert auf der englischen von D.C. Lau, *Mencius* (Baltimore, 1970), S. 192.

Die konfuzianische Auslegung von *jen* wird manchmal als »abgestufte Liebe« bezeichnet. Aber dies ist nicht gleichbedeutend mit Berechnung. *Jen* findet seine Wurzeln im menschlichen Fühlen und im Verantwortungsbewußtsein. Es ist Feingefühl, Tugend und Verpflichtung. Es ist die edelste Eigenschaft, die ein Mensch besitzen kann.

Das Verständnis von *jen* als allumfassender Tugend – welche die Einzeltugenden transzendiert – entwickelte sich nach dem Tode von Konfuzius weiter. Mit dem Hervortreten der Sung-Philosophen nahm es eine weitere Eigenschaft an: die des Schöpferischen, des Lebens, Bewußtsein und höchste Wirklichkeit erschaffend.[181] Nach Ch'eng Hao ist der Mensch, der *jen* besitzt, eins mit allen Dingen, und die Tugenden der Rechtlichkeit, Wohlanständigkeit, Weisheit und Wahrhaftigkeit sind alle Ausdrucksformen von *jen*. Er empfiehlt den Lernwilligen, der Bedeutung von *jen-t'i* (*jen* in-sich-selbst) nachzuspüren und bestrebt zu sein, es zu einem Teil des eigenen Selbst zu machen. Danach dann soll man es durch Ausübung der Tugenden »pflegen«. Chu Hsi lehrt die lebenschenkende Kraft von *jen*. Durch *jen* erhalten Mensch und Ding von Himmel und Erde ihr Leben. Chang Tsai nennt *jen* als Werk des Weisen, des Mannes, der

Himmel und Erde bestärkt, um allen Menschen den Weg zu bahnen, um die unterbrochenen Lehren früherer Weiser fortzusetzen und ein neues Zeitalter des Friedens einzusetzen für künftige Generationen.[182]

Vom Fehlen einer ausdrücklichen Erwähnung Gottes einmal abgesehen, müßte dieser Ausdruck mystischer Liebe zu Mensch und Kosmos erinnern an die Worte des Johannes, Paulus, Heinrich Seuses und, im zeitlich Näheren, Teilhard de Chardins. Die Bewegung der Lebenschenkung wird als abwärts gerichtet beschrieben, von Himmel und Erde zum Menschen, danach zurück zu Himmel und Erde. Dies ist eine gute Analogie zum Verständnis der lebenschenkenden Gnade in der christlichen Theologie.

Dieses Verständnis von *jen* und dem *jen*-besitzenden Menschen kann uns zum Verständnis des »Einsseins von Himmel und Mensch« (*t'ien-jen ho-yi*) führen. Denn das Ideal des Weiseseins schließt die Einheit von Mensch und Himmel ein und ist der *locus* dieser Gemeinschaft. Das Konzept des Menschen, der in seinem innersten Wesen mit dem Absoluten kommuniziert, kommt dem Ideal der christlichen Mystik sehr nahe – theologisch definiert als das Erblühen der Nächstenliebe.

---

181 Chan, »Chinese and Western Interpretations of *Jen*«, S. 115.
182 Chang Tsai, zitiert in Chu Hsis *Chin-ssu-lu* 2 (Übersetzung des Autors).

Die konfuzianische Gemeinschaft

Der konfuzianische Mensch ist kein Dualist. Er steht sich selbst nicht geteilt gegenüber, und seine Liebe zu anderen steht nicht unter Druck. Am innigsten liebt er die, die – nach Weisung des Himmels – ihm am engsten verwandt sind. Und er weitet seine Liebe auf andere aus – zunächst auf Freunde, dann auf jedes Teil der Gesellschaft und der ganzen Welt. Er hat einen tiefen Sinn für Gemeinschaft und Verantwortung für andere.

Die fünf Beziehungen

Der Konfuzianer sieht die menschliche Gesellschaft im Sinne persönlicher Beziehungen und ethischer Verantwortungen, die sich aus diesen Beziehungen ergeben. Die wohlbekannten »fünf Beziehungen« schließen ein: Herrscher zu Beherrschtem, Vater zu Sohn, Ehemann zu Ehefrau, älterer zu jüngerem Bruder, Freund zu Freund. Drei von diesen sind familiäre Beziehungen, während die beiden anderen gewöhnlich im Sinne von Familienvorbildern gesehen werden.[183] Beispielsweise sieht die Beziehung Herrscher zu Beherrschtem der Vater-Sohn Beziehung ähnlich, während Freundschaft der Brüderlichkeit nahekommt. Aus diesem Grunde betrachtet die konfuzianische Gesellschaft sich als große Familie: »Zwischen den vier Meeren sind alle Menschen Brüder« (*Gespräche* 12:5).

Die sich aus diesen Beziehungen ergebenden Verantwortungen beruhen auf Gegenseitigkeit. Ein Untertan ist seinem Herrscher Treue schuldig und ein Kind seinen Eltern kindliche Zuneigung. Doch wird vom Herscher auch erwartet, daß er für seine Untertanen sorgt wie Eltern für ein Kind. Menzius hat die konfuzianische Doktrin der »Richtigstellung der Namen« – die Definition von Herrscher als gutem Herrscher, von Untertan als gutem Untertan, von Vater als gutem Vater, von Sohn als gutem Sohn – dahingehend interpretiert, daß ein schlechter Herrscher das Recht auf seine Stellung verliert und zum bloßen »Tyrannen« wird, den seine Untertanen absetzen können (1B:8). Doch hat er diese Ableitung nie auf die *natürlichen* Beziehungen der Verwandtschaft ausgedehnt. Söhne beispielsweise werden angehalten, den guten Namen ihrer Eltern zu schützen, auch wenn sie um Untaten der Eltern wissen.

Das System der fünf Beziehungen betont ein grundlegendes Rangordnungsverständnis. Die einzige horizontale Beziehung ist die zwischen Freunden; und sogar hier fordert höheres Alter einen gewissen Respekt ab, wie auch zwischen Brüdern. Die Beziehung Ehemann-Ehefrau weist eine natürlichere Ähnlichkeit zu der Beziehung zwischen älterem und jüngerem Bruder auf. Sie wird indes meistens mit der Beziehung Herrscher-Untertan verglichen: Die

---

183 Fung Yu-lan, *A Short History of Chinese Philosophy* (New York, 1948), S. 21.

Pflicht des kindlichen Gehorsams, ohne die die Fortsetzung der Ahnenverehrung nicht gewährleistet wäre, diente jahrhundertelang zur ethischen Rechtfertigung der Polygamie.

Zentrum konfuzianischen Lebens und konfuzianischer Ethik war stets die Familie; dies Verständnis des Familienlebens zeigt, daß der Konfuzianismus nicht nur ein ethisches System, sondern auch eine Religionsphilosophie war. In vielen chinesischen Haushalten in Hongkong, Taiwan, Südostasien – auch in Korea und Japan – wird der Ahnenaltar noch immer aufrechterhalten. Hier wird eine Anzahl von Tafeln aufbewahrt, deren jede einen Ahnen darstellt. Die Tafeln bestehen gewöhnlich aus Holz, wenn auch ein Soziologe feststellen konnte, daß in unseren Tagen die Holztafeln in manchen Familien durch Papiertafeln ersetzt wurden.[184] Dies trifft besonders bei denjenigen zu, die ihre früheren Ahnentafeln auf dem chinesischen Festland zurücklassen mußten. Vor diesen Tafeln brennt eine matte Lampe, Räucherwerk und Kerzen liegen bereit. All dies zeigt die religiöse Bedeutung der konfuzianischen Familie, einer Gemeinschaft der Lebenden und der Toten.

Kindlicher Gehorsam nimmt unter den konfuzianischen Tugenden den vordersten Platz ein; sie steht noch vor Loyalität zum Herrscher, ehelicher Zuneigung und allem anderen. Ahnenverehrung besteht seit Jahrhunderten, seit undenklichen Zeiten, und hat kindlichen Gehorsam und Familienzusammenhalt noch verstärkt. Sie hat stets einen integrierenden, festigenden Einfluß ausgeübt und nicht nur die große, patriarchalische Familie zusammengehalten, sondern das ganze Geschlecht als solches, alle, die Nachkommen derselben Vorfahren sind, mithin das ganze chinesische Verwandtschaftssystem. Geburt und Heirat sind auf die Ahnenverehrung, d.h. die Pflicht des kindlichen Gehorsams, bezogen, denn jede Geburt vergrößert die Anzahl der Nachkommen, und die Heirat dient zur Sicherung des Fortbestands der Familie und damit des Ahnenkultes selbst. Kindlicher Gehorsam hat betagten Eltern ihren Unterhalt gesichert durch die erwachsenen Kinder, während das starke Familien- und Verwandtschaftsbewußtsein gegenseitige Hilfeleistung der Verwandten untereinander sicherstellte und sogar über den Familienkreis hinaus, zwischen nicht blutsverwandten Personen, die gleichen Familiennamens sind und aus derselben Stadt stammen, d.h. möglicherweise Verwandte sind.[185]

Familienbeziehungen stellen ein Modell sozialen Verhaltens bereit. Respektiert die Älteren, sei es aus der eigenen oder aus einer fremden Familie! Seid

---

184 Siehe Arthur P. Wolf, »Gods, Ghosts, and Ancestors« in seinem Buch *Religion and Ritual in Chinese Society* (Stanford, 1974), S. 146 und 155–162. Er bezieht sich hauptsächlich auf Taiwan mit Verweisen auf das chinesische Festland und andere Gebiete.

185 C.K. Yang, *Religion in Chinese Society* (Berkeley, 1961), S. 29–53.

freundlich zu den Kindern jüngerer Angehöriger der eigenen Familie wie auch zu den Kindern anderer Familien! So lauten Menzius' Worte (1A:7). Sie inspirierten Generationen von Konfuzianern. Sie waren der Grund für den starken Solidaritätssinn, nicht nur innerhalb der chinesischen Familie, sondern auch in konfuzianischen sozialen Organisationen. Sogar heute noch werden sie bei den Gruppen chinesischer Auswanderer angewandt. Wenn der Konfuzianismus auch in Zukunft überleben wird, so ist es diesem starken Gefühl für Solidarität zu verdanken, das auf dem Familiensinn aufbaut, aber einen Glauben an allumfassende Brüderlichkeit impliziert.

Die hierarchische Ausrichtung des Konfuzianismus verstärkte sich während späterer Entwicklungsphasen. Zu nennen wäre die Einsetzung des Konfuzianismus als Staatsdoktrin während der Han-Dynastie. In dieser Staatsorthodoxie fanden auch der metaphysische *Yin-Yang*-Begriff sowie legalistische Auffassungen von Autorität und Gehorsam vor dem Gesetz Aufnahme. In den Worten des hanzeitlichen Denkers Tung Chung-shu:

Alle Dinge sind aufeinander bezogen. Wo es ein Oben gibt, da wird das Unten nicht fehlen. Yin ist das Gegenstück zu yang, die Ehefrau zum Ehemann, der Untertan zum Herrscher.[186]

Aus den fünf Beziehungen wählt Tung drei aus: Herrscher zu Untertan, Ehemann zu Ehefrau, Vater zu Sohn. Er bezeichnet sie als die »Drei Bande«. Nach seiner Interpretation ist der Herrscher der Vorgesetzte des Untertanen, der Ehemann der der Ehefrau, der Vater der des Sohnes. Die Beziehungen erfordern Beachtung gegenseitiger Pflichten und Verantwortungen. Aber die höhergestellten Partner haben mehr Rechte, und die niedriger stehenden haben mehr Pflichten.[187]

Die Interpretation der metaphysischen Begriffe *yin* und *yang* in der konfuzianischen Sozialethik unterstreicht eine weitere Dimension des konfuzianischen Humanismus: seine Offenheit zum Göttlichen, zum Transzendenten. Tung Chung-shu hat die Doktrin der Einheit von Himmel und Mensch als »Trias« verdeutlicht: Himmel, Erde, Mensch. Nach seiner Auffassung ist der Mensch eine Nachbildung des Himmels, Mikrokosmos als Ebenbild des Makrokosmos, geistig wie körperlich. Er ist allen anderen Wesen weit überlegen. Himmel, Erde und Mensch sind der Ursprung aller Dinge: »Der Himmel gebiert sie, die Erde nährt sie und der Mensch vervollkommnet sie«.

Diese Drei sind miteinander verbunden wie Hände und Füße eines Körpers; verbunden erst bilden sie eine vollendete Körperlichkeit, und keines der Einzelteile ist entbehrlich.[188]

---

186 Tung Chung-shu, *Ch'un-ch'iu fan-lu*, S. 53; Fung Yu-lan, *A Short History*, S. 196.
187 Fung, ebd., S. 197.
188 Tung Chung-shu 19; Fung, *a.a.O.*, S. 194–195.

Tung Chung-shu hat besonders den Begriff des Königtums gepriesen. Der ideale König ist der vollkommene Mensch, ein beispielhafter Mensch, gleichberechtigt mit dem Himmel und auf gleicher Stufe stehend, Vermittler zwischen Himmel, Erde und menschlicher Gesellschaft.

Der Himmel wünscht nichts anderes, als beständig Liebe und Wohltat zu erweisen; er nährt und läßt reifen... der Wille des Königs ist es, der Welt Liebe und Wohltat zu erweisen, sein Amt ist es, Frieden- und Freudebringer seiner Zeit zu sein... Wenn der Beherrscher der Menschen seine Liebe und seinen Haß ausübt, seine Freude und seinen Zorn in Übereinstimmung mit der Rechtlichkeit vorbringt, dann ist es eine gute Regentschaft. Wenn dies nicht gemäß der Rechtlichkeit geschieht, dann wird Unordnung herrschen... Wir müssen begreifen, daß die Prinzipien des Menschengeschlechtes dem Weg des Himmels entsprechen.[189]

Nun ist nicht jedermann ein König. Aber konfuzianische Philosophie hat stets eines jeden Pflicht zur Teilnahme an der Regierung betont, die Aufgabe des einzelnen, dem König zur Seite zu stehen, um gute Regierung zu gewährleisten. Beispielsweise wird jeder Beamte dazu angehalten, dem Volk gegenüber wie Vater und Mutter zu sein. Und in den Reihen der Modellweisen des Konfuzius finden sich nicht allein weise Könige, sondern auch weise Minister. Von einem Konfuzianer wird Dienst am Staate erwartet, es sei denn, andere Verantwortung, etwa den Eltern gegenüber, hielte ihn davon ab, oder aber die Staatszustände sind derart, daß man seine Prinzipien durch Dienst am Staate kompromittiert.

Konfuzianische Philosophie hat sich stets universal geäußert. So wie der Himmel über uns ist, so ist die Welt darunter, die Ganzheit dessen, was sich unter dem Dach des Himmels befindet. Konfuzius war kein Partikularist, kein Nationalist. Er reiste von Staat zu Staat auf der Suche nach einem Herrscher, der, zum Wohle der ganzen Welt, seine Dienste annehmen würde. Er sieht gute Regierung stets als Teil der ganzen Welt. Seine späteren Anhänger sind ihm darin treu geblieben, durch die Jahrhunderte hindurch, in denen China die Mitte einer bekannten Welt, eines bekannten Universums war. Die konfuzianische Gemeinschaft ist eine Weltgemeinschaft, eine Gemeinschaft aller Menschen.

Der Konfuzianer muß sich auf diese Aufgabe natürlich vorbereiten. Dazu wird er angehalten, dieser integrierten Mensch- und Lebensicht, die die Unterschiede zwischen Subjekt und Objekt, zwischen Selbst und Welt transzendiert, treu zu bleiben. Das klassische Werk *Die große Lehre* veranschaulicht diese organische Einheit zwischen Selbstvervollkommnung und dem Ordnen von Familie, Staat und Welt. Unterschiede einzelner Stufen werden in einen allumschließenden kreisförmigen Prozeß übernommen:

189 Tung Chung-shu 43; W.T. de Bary (Hrg.), *Sources of Chinese Tradition* (New York, 1960), S. 163.

Dinge haben Wurzeln und Zweige, Begebenheiten einen Anfang und ein Ende. Wer die Reihenfolge kennt, ist dem Weg (*Tao*) nahe. Die Alten, in ihrem Bestreben, das Tugendprinzip in der Welt kundzutun, betrieben zunächst die Ordnung ihrer Staaten; um gute Regierung ihrer Staaten sicherzustellen, kultivierten sie ihre eigene Persönlichkeit. Um die Kultivierung der eigenen Persönlichkeit sicherzustellen, strebten sie zunächst nach Aufrichtigkeit ihres Verstandes und ihres Herzens. Um die Aufrichtigkeit von Herz und Verstand sicherzustellen, stellten sie zunächst die Ehrlichkeit ihrer Absichten sicher. Man kann nicht die Wurzeln vernachlässigen und doch die Verzweigungen der Dinge in Ordnung halten. Man kann das Wesentliche nicht vernachlässigen und doch die Einzelheiten in Ordnung halten.[190]

Eine Gemeinschaft der Kultur

Die christliche Gemeinschaft, die Kirche (*ecclesia*), betrachtet sich als von Gott berufene Versammlung, eine Gemeinschaft der Gläubigen.[191] Sie ist eine Versammlung von Gemeinschaften, örtlichen Kirchen. Doch sie bleibt eine versammelte Gemeinschaft für sich, verbunden durch das alle Mitglieder einende Glaubensband, und trotz der Unterschiede in Zeit, Raum und Kultur, politischer Ideologie und sozialer Organisation. Eine Gemeinschaft ist sie auf Grund des gemeinsamen Glaubens; er verbindet Mensch und Gott, Gläubige und Gläubige und ist wichtiger als die jeweiligen sozialen oder politischen Organisationen, in denen sich der einzelne befinden mag. Der Glauben ist Wurzel, Triebkraft und Band der christlichen Gemeinschaft.

Auch die konfuzianische Gemeinschaft hat ihre Herrscher, Gesetze und Verordnungen. Aber sie ist mehr als eine religiöse Gemeinschaft. Sie ist auch eine Gemeinschaft im Sinne persönlicher Beziehungen. Sie wird nicht durch religiösen Glauben zusammengehalten – wenn dieser auch vorhanden sein mag – sondern entsteht durch das Akzeptieren einer gemeinsamen Kultur. In dieser Kultur wird die Person höher geschätzt als das Gesetz, und menschliche Beziehungen werden höher bewertet als der Staat. Kultur ist das Leben der konfuzianischen Gemeinschaft. Im traditionellen China, wo der Staat seinem Eigenverständnis nach die ganze damals bekannte Welt einbeschloß, betrachtete man die konfuzianische Kultur als menschliche Kultur – das, was Zivilisation von Barbarentum unterschied.

Konfuzianische Kultur war gleichzeitig religiös und weltlich. Sie unterschied nicht zwischen diesen beiden Bereichen. Ihr Grundglauben – die Einheit von Himmel und Mensch – inspirierte ein großes Vertrauen in die menschliche Natur und die Möglichkeit ihrer Vervollkommnung, eine Überzeugung, die ihre treibende Kraft in der Suche nach einer universal gültigen Lebensweise

---

190 Dies stammt aus der *Großen Lehre*, einem Konfuzius zugeschriebenen Text. Vgl. R. Wilhelm, *Li Gi* (wie Anm. 118), S. 46, entnommen. Häring bemerkt die Ähnlichkeit der hier ausgedrückten Vorstellungen zum Evangelium.
191 Hans Küng, *Die Kirche* (Freiburg, 1967), S. 99–107.

und nach einer universal gültigen irdischen Ordnung fand. Der konfuzianische Mensch betrachtet den Himmel als Ursprung seines Lebens und seines ganzen Seins; an ihn wendet er sich um Schutz und Befriedigung seiner Nöte. Die Erde betrachtet er als Aufenthalt im Leben und im Tode, ein Vorratshaus und lebendiger Garten, genährt durch die Gaben des Himmels. Er betrachtet sich als Teilnehmer am Leben und Sein des Himmels wie der Erde, und er fühlt sich mit anderen Menschen verbunden in dieser gemeinsamen Teilhabe, im Bewußtsein gemeinsamen himmlischen Ursprungs.

Der Konfuzianismus hat nie eine organisierte, kirchliche Priesterschaft gekannt. Der Kaiser war Vermittler zwischen Himmel und Volk, kraft seiner Stellung als politischer Herrscher. Ihm zur Seite standen die Minister sowie eine Beamtenhierarchie von in Riten und Ethik wohlbewanderten Männern. Kaiser und Minister zusammen stellten eine Art Laienpriesterschaft dar, wiewohl ihre Würden und ihre Mission sich eher von Bildung und Verdienst herleiteten als aus persönlichem Charisma.[192] Sie konstituierten eine Sonderklasse innerhalb der Gesellschaft und widmeten sich im Namen des Gemeinwohls dem Dienst an Staat und Gesellschaft.[193] Mancherorts nannte man sie »Edle« (*chün-tzu*).[194] Von Zeit zu Zeit trat aus ihren Reihen ein »Prophet« hervor und erhob seine Stimme gegen Mißherrschaft; Ziel seiner Klage waren die »Könige«, wie wir es auch bei den hebräischen Propheten finden. Solch ein Mann würde ein echter Anhänger von Konfuzius und Menzius sein. Solch ein Mann würde im Namen der klassischen Schriften, der Weisen und des Himmmels sprechen.

Es ist nicht uninteressant zu beobachten, daß der konfuzianische Mensch immer als »König« betrachtet wurde – tatsächlich oder nur als Möglichkeit, jedenfalls aber zu regieren verpflichtet, oder wenigstens der Regierung Beistand zu leisten. Die *Große Lehre* wendet sich an alle: das Tugendprinzip zu manifestieren (durch Kultivierung der eigenen Person), das Volk zu lieben (Familie

---

192 Ich denke hierbei besonders an Max Webers *Die Wirtschaftsethik der Weltreligionen* Bd. 1, »Konfuzianismus und Taoismus« (Tübingen, 1920). Weber sieht die konfuzianischen Gelehrten als Träger einer gewissermaßen priesterlichen Rolle, leugnet jedoch, daß China jemals die Erfahrung einer »ethischen Prophetik eines überweltlichen, ethische Forderungen stellenden Gottes« hatte (S. 516).

193 Die »universalistische« Orientierung konfuzianischen Lebens hat sicher zu einer Vernachlässigung der Spezialisierung geführt, besonders in Wissenschaft und Technik. Und doch ist diese Orientierung ein wahrhaft humanistisches Leben, das dem ganzen Menschen gerecht wird, selbst wenn es Neugier und den Drang, die Welt zu erforschen und zu beherrschen, ausschließt. Das Problem des Konfuzianismus war sein ausdrückliches Verbot der technischen Spezialisierung, die der ethischen Betrachtung eines Edlen nicht zuträglich schien.

194 Zur Bedeutung von *chün-tzu* im Konfuzianismus siehe Antonio S. Cua, »The Concept of the Paradigmatic Individual in the Ethics of Confucius«, in *Inquiry* 14 (1971), S. 41–55.

und Staat wohl zu ordnen) und im höchsten Guten zu ruhen (der ganzen Welt Frieden zu schenken). »Für den Sohn des Himmels bis hinunter zum gemeinen Mann gilt dasselbe: jeder muß Kultivierung der eigenen Person als Wurzel (und Grundlage) ansehen«.

In einem späteren Kapitel – über die politische Bedeutung – werde ich die konfuzianischen Ideale von König und Minister im einzelnen besprechen: wie die dynastische Einrichtung des Königtums mit seiner Priorität erblicher Nachfolge und dem Hintansetzen von Charisma und Verdienst die Diskrepanz zwischen Ideal und Wirklichkeit vergrößerte und so dem Minister größere Bedeutung zuwies, einem Mann, der mehr um seiner Verdienste willen als auf Grund seiner hohen Geburt gewählt war. Ich möchte vermuten, daß dies zu einer Art »Kräfteausgleich« beitrug, indem die Rolle des Ministers sowohl als *kritischer* Berater wie auch als ausführender Beamter gestärkt wurde. Die konfuzianische Doktrin politischer Loyalität hat nicht passive Gehorsamkeit gefordert. Sogar im schlimmsten Falle zögerte ein treuer Minister nicht, durch unwillkommenen Rat sein Leben aufs Spiel zu setzen.

Schlussbetrachtung

Im Verlaufe dieser Studie haben wir mehr Ähnlichkeiten denn Verschiedenheiten zwischen Konfuzianismus und christlichen Auffassungen vom Menschen aufgezeigt. Aber wir dürfen die Unterschiede nicht übersehen, besonders diejenigen, die wir in den unterschiedlichen Akzentsetzungen der beiden Überlieferungen finden. Beispielsweise konzentrieren sich die konfuzianischen Lehren mehr auf das Potential zur menschlichen Vervollkommnung, wohingegen das Christentum eher menschliches Verharren im Irrtum betont. So projiziert der Konfuzianismus ein Bild des Menschen in Harmonie mit Gesellschaft und Universum, während das Christentum offenbar die Idee des Menschen als eines mit sich selbst zerstrittenen Wesens und seiner Sündennatur unterstützt, ein Wesen, das sich abmüht, eine von Gott entfremdete Welt zu überwinden. Diesen Unterschied hat man auch in den Begriffen Selbstgefälligkeit und Dynamismus formuliert. Den auf Harmonie hin ausgerichteten Konfuzianismus hat man als änderungsfeindlich bezeichnet, während der militante Christ die Welt verändert. Hierin liegt eine weitere Möglichkeit der Betrachtung. Entfremdung ist auch für unglaubliche Gewalttaten gegen Mensch und Natur verantwortlich.

Was nun können wir über die Stärken und Schwächen dieser beiden Richtungen des Humanismus sagen? Die Bewunderer des Konfuzianismus betonen, daß Konfuzianismus grundlegend humanistisch ist, daß im Herzen seiner Lehre Selbstverwirklichung und Selbsttranszendenz stehen, also das Erwekken von Weisheit und Weisentum. Die Kritiker hingegen weisen auf seine *ent-*

menschlichenden Tendenzen hin, hauptsächlich auf seine hierarchische Ausrichtung, die im Netz der »fünf Beziehungen« mehr zum Austeilen von Pflichten denn zur Vergabe von Rechten neigt.

Ebenso haben die Bewunderer des Christentums darauf hingewiesen, daß göttliche Offenbarung die tatsächlichen Möglichkeiten menschlicher Größe kundgetan hat; Kritiker des Christentums hingegen betrachten es als Gegner des Humanismus, besonders wegen seiner Konzentration auf das Jenseitige und Gott.

Beide Arten von Humanismus versuchen ihre inneren Spannungen auszubalancieren, um wahrer Ausdruck menschlichen Strebens zu bleiben. Der Konfuzianismus bedarf einer deutlicheren Theorie menschlicher Fehlbarkeit und besonders einer Theorie menschlichen Leidens und dessen Bedeutung in der Rangordnung der Werte. Das Christentum seinerseits bedarf einer tiefergehenden Untersuchung der Frage menschlichen Gutseins, auch außerhalb des Konzeptrahmens erlösender Gnade. Ich glaube, in dieser Hinsicht kann das Christentum von der konfuzianischen *Pädagogik* lernen; die unterschiedlichen Akzentsetzungen auf Fehlbarkeit einerseits und möglicher Vervollkommnung andererseits vermögen das Schuld- und Frustrationsbewußtsein zu fördern wie auch das Bewußtsein von Stärke und hingebungsvollem Einsatz. Im Umfeld konfuzianischer Tradition wäre ein Roman wie Anthony Burgess' *Uhrwerk Orange*[195] (eine Weiterentwicklung der zunehmenden Faszination des Sündenproblems im literarischen und gesellschaftlichem Bereich) schlechterdings nicht möglich.

Die Entwicklungsgeschichte konfuzianischer Kultur bezeugt zahlreiche Wechselfälle von Größe und Schwäche, Verknöcherung und Neuanfang der Institutionen. Wenn wir den Konfuzianismus im Lichte seiner historischen Höhen und Tiefen betrachten, muß man vorsichtig fragen: Hat der Konfuzianismus an sich gefehlt oder ist es etwas anderes? Ist nicht der Konfuzianismus unter das Joch der Staatsgewalt geraten, als System staatlicher Orthodoxie? Hat er nicht zum Einbruch legalistischer Autoritäts- und Gehorsamsvorstellungen geführt, die zu einer Starrheit der menschlichen Beziehungen führten? Und gibt es nicht trotz alledem bestimmte Ideale und Werte, die durch die Zeiten hindurch lebendig und anregend bleiben?

Zweifellos sieht der Mensch unserer Gegenwart, sei es in sozialistischen oder in marktwirtschaftlichen Gesellschaften, viele der Verfahrensweisen im Be-

---

[195] London 1962. Der Autor, dessen voller Name John Anthony Burgess Wilson lautet, sagt von seinen eigenen religiösen Überzeugungen: »Ich wurde katholisch erzogen, bin dann Agnostiker geworden, habe mit dem Islam geflirtet, und finde mich jetzt auf einem Standpunkt, den man manichäistisch nennen könnte. Ich glaube, der falsche Gott regiert zur Zeit die Welt, der wahre Gott ist untergegangen.« Dies stammt aus A.A. DeVitis, *Anthony Burgess* (New York, 1972).

reich der fünf Beziehungen als wertlos, ja sogar als unmenschlich an. Warum sollte das Alter vor der Jugend und der Mann vor der Frau Vorrang haben? Warum sollte die Vergangenheit so hoch gelobt werden, warum nicht die Gegenwart oder die Zukunft? Ist nicht eben diese Ausrichtung auf die Vergangenheit konfuzianischer Kultur verantwortlich für die Tragödien Chinas in der jüngsten Vergangenheit, als das Land so hilflos dastand angesichts der jugendlichen und dynamischen »Barbaren« des Westens, dem Ansturm mit Waffengewalt und Technologie, also alledem, was der konfuzianische Edle und seine der Hast abgeneigte Kultur so verachtet hatten?

Die Kritik an der konfuzianischen Kultur ist in vielen Punkten berechtigt. Die erlittenen Niederlagen des Konfuzianismus sind beredte Zeugen für die notwendige Verjüngung einer so alten Kultur. Aber alle diese Gründe reichen nicht hin, die konfuzianische Kultur für tot und keiner Zukunft mehr fähig zu erklären.

Auch menschliche Kulturen bewegen sich in einem kreisförmigen Zyklus von Leben und Tod. Konfuzianische Kultur hat schon so manchen dieser Zyklen durchlebt, angefangen von der Bücherverbrennung (213 v.Chr.) und der späteren Vorherrschaft von Buddhismus und Taoismus bis zur jüngsten Herausforderung durch westliche Verweltlichung und den Marxismus. Bislang hat die konfuzianische Kultur noch immer die Kraft zur Wiederauferstehung gefunden, oft erst nachdem sie ihre Lektion gelernt hatte, im Guten wie im Bösen.

Jeglicher kreative Dialog zwischen den beiden Traditionen muß an ihren Berührungspunkten ansetzen, nicht an den Unterschieden. Die vielversprechendsten Ansatzpunkte für diesen Dialog zwischen Christentum und Konfuzianismus sind die gemeinsamen Überzeugungen und der Glaube an den Menschen als Offenheit zum Transzendenten.[196] In diesem Glauben fand der Konfuzianismus seine Dynamik, die den Mißbräuchen des Legalismus entgegenwirkte; so manche der dem Konfuzianismus angelasteten Vergehen sind durch Eindringen legalistischer Konzepte ins konfuzianische System entstanden. Dieser Glaube gibt uns den Ausgangspunkt für die zeitgenössische Theologie und hat als einziges *Rationale* jeder authentischen Rechts-

---

196 Siehe »A Manifesto for a Reappraisal of Sinology and Reconstruction of Chinese Culture« (1958), unterschrieben von C. Chang, T'ang Chün-i, Mou Tsung-san und Hsü Fu-kuan. Die englische Übersetzung ist in C. Chang, *The Development of Neo-Confucian Thought* (New York, 1962), Bd. 1, S. 462–464 abgedruckt. Siehe auch Robert P. Kramers, »Some Aspect of Confucianism in Its Adaptation to the Modern World«, *Proceedings of the IXth International Congress for the History of Religions* (Tokyo und Kyoto, 1958), herausgegeben Tokyo, 1960, S. 332–333. T'ang Chün-is Vorstellungen können weiterhin eingesehen werden in seinem *Chung-kuo wen-hua chih ching-shen chia-chih* (Die spirituellen Werte der chinesischen Kultur; Taipei, 1960), S. 326–344.

ordnung auch für den Christen Priorität über Gesetz und Gebot. Endlich ist es dieser Glaube, der die kreative Ausübung von Freiheit ermöglicht, die den Menschen seinem transzendenten Ziel näherbringt: dem Erwerben *radikaler* Menschlichkeit.

Viertes Kapitel

DIE GOTTESFRAGE

Einführung

Wir sagten vorher, daß es ohne Glauben keine Religion geben kann, und daß Glauben nicht möglich ist ohne eine Dimension der Transzendenz: ohne die Dimension Gottes.[197] Das bedeutet nicht, daß Gott nun stets als Gott erkannt würde. Das Wort gehört mehr in den Sprachbereich philosophischer Theologie als in den Sprachbereich religiösen Bewußtseins. In der europäischen Geistesgeschichte verband sich das Wort für lange Zeit mit dem Suchen nach einem Gottesbeweis. Trotzdem versuchen weder das Alte noch das Neue Testament einen Gottesbeweis. Sie nehmen die Existenz Gottes einfach an – daß Er *ist*, was er ist.

Die vorherrschende Tradition im Konfuzianismus ist der jüdischen Tradition und dem christlichen Evangelium darin ähnlich, daß man sich eines Gottesbeweises enthält, während die Existenz Gottes ausdrücklich anerkannt wird. In der Bibel ist Gott der Hauptakteur, und er steht im Zentrum christlicher Theologie; in den konfuzianischen Klassikern und Kommentaren hingegen erscheint er nur gelegentlich. Die Bejahung der Existenz Gottes in der vorherrschenden konfuzianischen Tradition – ich beziehe mich hier auf die kanonischen Schriften selbst, auf Konfuzius und viele seiner Anhänger – ging auch Hand in Hand mit der Verneinung der Existenz Gottes durch einige andere Anhänger Konfuzius'. Deshalb kann man den Konfuzianismus sowohl als theistisch wie auch als atheistisch, besser agnostisch, bezeichnen. Eine genauere Formulierung wäre die Kennzeichnung des Konfuzianismus als eher theistisch als atheistisch. In diese Richtung geht die Beurteilung zeitgenössischer Kritiker des Konfuzianismus.

Das Gottesproblem im Konfuzianismus ist um so interessanter im Hinblick auf den Entwicklungsprozeß im Verständnis Gottes. Es handelt sich um einen schrittweisen Übergang von früheren theistischen Überzeugungen zu der

---

197 Vgl. Paul Tillich, *Systematische Theologie* (Stuttgart 1966), Bd.3, S.134–37; John E. Smith, *Experience and God* (New York, 1968), Einleitung und Kap. 2; Louis Dupre, *The Other Dimension: A Search for the Meaning of Religious Attitudes* (New York, 1972), S. 8. Ich will nicht sagen, daß alle Religionen der Menschheit gleich wirkungsvoll bei dem Unternehmen der Selbsttranszendenz behilflich sein können. Möglicherweise bestehen gravierende Unterschiede, ebenso wie es »Ersatzreligionen« gibt, die Staat, Führer oder Doktrin zum Objekt der Verehrung machen.

späteren philosophischen Interpretation des Absoluten. Ich möchte mich hier auf Friedrich Heilers Buch *Das Gebet* beziehen, das von prophetischen Religionen – mit ihrem Glauben an einen persönlichen Gott – und Mystik spricht, mit ihrer Betonung der Einheit von Selbst und Universum, mit sogenannten pantheistischen Tendenzen.[198] Mir scheint, der Konfuzianismus bietet ein Beispiel des Übergangs von der früheren personalen Gottheit der klassischen Schriften zum späteren Gott-Absoluten der Philosophen. Auch scheint mir diese Annahme eine Unterstützung in der Entwicklung von Gebet, Meditation und Mystik zu finden. Ich will an dieser Stelle nicht elaborieren, es sei nur vermerkt, daß die spätere Entwicklung in philosophischem Verständnis nicht etwa einen gewissen Fortbestand des früheren Glaubens an einen persönlichen Gott ausschloß. Dies bezeugt sich in der langen Geschichte des konfuzianischen Himmelskultes und auch durch das Überleben solcher Überzeugungen im Bewußtsein des chinesischen Volkes von heute – ein Grund für die sorgfältigen Bemühungen moderner Religionskritiker in der Volksrepublik, den Konfuzianismus und seine religiösen Dimensionen auch weiterhin zu kritisieren.

Wie kann eine solche Studie des Gottesproblems im Konfuzianismus unserem zeitgenössischen Gottesverständnis dienlich sein? Es mag überraschen, daß man eine ganze Reihe von Gründen aufführen kann, nicht allein die Entdeckung des Gottes der klassischen Schriften – eines persönlichen Gottes –, ebenso den Brennpunkt des Neo-Konfuzianismus auf einen Gott der Entwicklung und des Werdens, einen Gott des Geistes und der Subjektivität, wie ihn die spätere philosophische Tradition darbietet. Die konfuzianische Tradition hat sogar in diesem Problembereich eine Vorliebe dafür bewahrt, ihre Überlegungen stets mit dem Menschen zu beginnen: mit seinem Weltverständnis, seinem Eigenverständnis. In beiden entdeckt er etwas, das über sie hinausreicht, eben das, was die Einheit zwischen Selbst und Universum erklärt. Und eben dieser Pfad – der den Menschen zu einem Verständnis Gottes führt – ist auch der Pfad zeitgenössischer Philosophie und Theologie.

Der persönliche Gott

Das christliche Gotteskonzept hat seine Wurzeln im jüdischen Alten Testament. Es zeigt uns durchweg göttliche Offenbarung, angefangen von der Schöpfungsgeschichte bis zur Geschichte eines Volkes der Auserwählten und seiner Patriarchen, Könige und Propheten. Exodus 3,1–15, die Theophanie

---

198 Friedrich Heiler, *Das Gebet* (München, 1921). Friedrich Heiler war ein Schüler Nathan Söderbloms, der über den Gottesglauben in verschiedenen Religionen gearbeitet hat. Vgl. vor allem Kap. 6 in Heilers Buch.

Moses', ist besonders bedeutsam durch die Offenbarung des Namens *Yahwe*. Schon die verschiedenen Bedeutungsebenen dieses Wortes stellen eine Offenbarung für sich dar. Yahwe bedeutet: »Ich bin der, der ich bin«. Yahwe ist, in seinen eigenen Worten, der Gott der jüdischen Patriarchen, der Gott Abrahams, Isaaks und Jakobs. Yahwe bedeutet auch »Ich erschaffe, was wird« – wenn man das Verb kausativ versteht. Er ist Schöpfer und Herr aller Dinge. Yahwe kann auch im Zusammenhang seines Versprechens an Mose interpretiert werden: »Ich werde *mit dir* sein« – wenn man das Verb »sein« hier bezugsgerichtet versteht. Yahwe ist im Vokabular der alttestamentlichen Existentialisten nicht nur *Sein*, sondern auch *Dasein*. Man hat diese dreifache Bedeutung des Wortes als dreifache Offenbarung Gottes verstanden: Gottes Innewohnen *in* der Geschichte – dabei gilt die Offenbarung als historisches Ereignis –, Gottes Transzendenz *über* die Geschichte hinaus und seine transparente Präsenz durch die Geschichte hindurch, durch seine Tätigkeit als Retter. Er ist Herr der Natur und der Geschichte. Und er ist der *einzigartige* Gott, ein Gott mit persönlichen Attributen; er allein trägt den Titel El-Elohim.[199]

Im Neuen Testament finden wir Gott als *Theos*, ein griechisches Wort mit Anklängen an den hellenischen Polytheismus und jene religiöse Welt, an deren Spitze Gott, der Vater der Götter steht. Als dieses Wort in das Vokabular des Neuen Testamentes aufgenommen wurde, hatte das griechische Gotteskonzept bereits eine philosophische Entwicklung durchlaufen, vermittelt in den Werken Platos und Aristoteles', die beide einen transzendenten und metaphysischen Einen erkannten, über die Vielen gesetzt.[200] Nicht daß diese metaphysische Kenntnis Gottes jemals in erwähnenswertem Umfange in den Evangelien diskutiert wäre. Sie ist indes vorhanden als fraglose Versicherung von Gottes selbstevidenter Wirklichkeit, gegründet auf die historische Offenbarung nicht nur Moses', sondern auch und besonders durch Jesus Christus. Die Männer des Neuen Testaments sind Zeugen Christi – in ihm sind sie Gott begegnet. Sie sind hauptsächlich besorgt um persönliche Offenbarung Gottes, nicht so sehr um eine philosophische Konstruktion des Gotteskonzepts.

Der Gott in Jesus' Offenbarung ist der Gott Israels und der Väter, der Gott Abrahams, Isaaks und Jakobs (Mt 5,31; 22,32; Mk 12,26; Lk 1,68; 20,13; Apg 13,17; 22,14; 2 Kor 6,16; Hebr 11,16). Besonders ist er der Gott und Vater Jesu Christi (Röm 15,6; 2 Kor 1,3; 11,31; Eph 1,3). Er hat deutliche persönliche Attribute. Er ist Schöpfer des Universums und Herr der Zeit, der im histo-

---

199 Über die Namen Gottes vgl. Walther Eichrodt, *Theologie des Alten Testaments* (Stuttgart, 1968), Bd.1, S. 110, 116–21. Vgl. vor allem John Courtney Murray, *The Problem of God* (New Haven, 1964), Kap.1.
200 Karl Rahner, »*Theos* im Neuen Testament« in: *Schriften zur Theologie* (Einsiedeln, 1962), Bd.1, S.91–167. Gerhard Kittel (Hrg.), *Theologisches Wörterbuch zum Neuen Testament* (Stuttgart, 1933–73), Bd.3, S. 65–120 (Aufsatz von E. Stauffer).

rischen Dialog mit Menschen keinen Begrenzungen unterliegt. Er ist der Geber des Gesetzes, das Du des Gebets. Er ist vor allem der Gott der Liebe (1 Joh 4,16); seine Liebe zeigt sich im Neuen Testament noch mehr als im Alten Testament, und zwar in der Person Christi.[201] Mit diesem Verständnis des persönlichen Gottes werden wir die konfuzianische Tradition betrachten. Besitzt sie eine ähnliche Tradition oder nicht? Auf kontroverse Fragen bezüglich Gottes werden wir weder bei der Besprechung des Christentums noch bei der Besprechung des Konfuzianismus eingehen. Wir werden beispielsweise nicht das Verständnis Gottes im Alten und im Neuen Testament vergleichen, oder das Problem einer ehrfurchtweckenden, willkürlichen Gottheit *versus* eines Gottes der Gnade und der Milde aufgreifen. Wir setzen ein mit der Annahme, daß Gott beides ist, ehrfurchtweckend und liebreich, wenigstens im Christentum.[202] Alsdann werden wir das Bild des persönlichen Gottes in den konfuzianischen klassischen Schriften besprechen, als Schöpfer und Herr der Geschichte. Dabei werden wir Fragen wie etwa der Beziehung – oder Identität – zwischen dem Allerhöchsten und dem Himmmel sowie der Dualität Himmel und Erde aufgreifen. Dabei werden wir vor allem aufzeigen, daß in der konfuzianischen Tradition sowohl Bejahung als auch Verneinung eines persönlichen Gottes evident sind. Für den größten Teil chinesischer Geschichte hat die Bejahung triumphiert, wie sie sich in dem bis in unser Jahrhundert währenden Himmelskult zeigt. Zur Zeit nun ist mit der Dominanz marxistischer Ideologie die Verneinung deutlich hervorgetreten.

Die Bejahung Gottes

Der Konfuzianismus ist eine Buchtradition. Die konfuzianischen klassischen Schriften sind vergleichbar der Bibel in christlichen Ländern. Diese klassischen Schriften sind Werke verschiedenen Inhalts: Lyrik, historische Dokumente, Gesprächsaufzeichnungen und anderes. Einige dieser klassischen Schriften – hauptsächlich das Buch der Lieder und das Buch der Urkunden – bezeugen einen Glauben an einen persönlichen Gott. Sie führen den Leser in eine Welt moralischer Werte, menschlichen Wirkens und der Abhängigkeit von einer höheren Macht. Genaugenommen werden sie nicht als Zeugnisse göttlicher Offenbarung angesehen. Doch wird in ihnen die Geschichte als Dialog zwischen Mensch und Gott benannt – wobei der *Mensch* gemeinhin der politische

---

201 Vgl. Hans Conzelmann, *Grundriß der Theologie des Neuen Testaments* (1968), S. 13–15, 99–105. Vgl. auch Henri de Lubac, *Über die Wege Gottes* (Freiburg 1956). Heinrich Ott, *God* (Richmond, 1974), S. 66–78. E. Schillebeeckx, *Gott – Die Zukunft der Menschen* (Mainz 1969).
202 Ich beziehe mich auch auf Probleme, die Ernst Bloch in seinem Werk *Atheismus im Christentum* (Frankfurt, 1968) referiert hat, wo seine Ablehnung eines dominierenden, ehrfurchtweckenden Gottes die Verneinung Gottes an sich einbeschließt.

Herrscher ist, gleichzeitig religiöser Vermittler. Glaube bewegt und belebt jede Zeile dieser Schriften: Glaube an Gott, von dem alle herkommen und der das Universum regiert, die Guten belohnt und die Bösen bestraft. Das Mythische fehlt in diesen Texten nicht, wenn es auch nur einen unaufdringlichen Platz innehat. Moralisches Lehren herrscht vor. Doch ist es nicht ohne theologischen Sinn. Anspielungen auf Gott finden sich häufig und mehr auf Mensch und Geschichte bezogen als auf die Natur.[203]

Das Gotteskonzept, wie es sich in den konfuzianischen klassischen Schriften darbietet, war Studienobjekt für Missionare, Philologen, Textexegeten und sogar für Archäologen. Aber es bleibt noch viel zu tun, verglichen mit der exegetischen Qualität des Gotteskonzepts in jüdischen und christlichen Schriften. Wir haben noch einige ungelöste Probleme, wo es um China und Konfuzianismus geht, so zum Beispiel die Frage nach dem Ursprung der chinesischen Religion, in der die Idee einer allhöchsten Gottheit entstand. Für unseren augenblicklichen Zweck werde ich nur den offenbar allgemeinen Konsensus besprechen. Ich werde mit dem Buch der Lieder und dem Buch der Urkunden beginnen, einschließlich den Gesprächen des Konfuzius und dem Buch Menzius. Ich spreche hier vom Begriff eines *persönlichen* Gottes, dem Schöpfer und Herrn der Geschichte. Ich beziehe mich mehr auf *Bejahung* denn auf Offenbarung. Ich arbeite mehr mit einem als vorhanden hingestellten Glauben als mit der Exposition eines solchen Glaubens.

In den konfuzianischen Klassikern gibt es zahlreiche auf den Gottesbegriff hinweisende Ausdrücke, schon diese Tatsache allein ist Quelle vieler Schwierigkeiten und Mißdeutungen gewesen. Die beiden wichtigsten Ausdrücke sind *Shang-ti* (der Allerhöchste) und *T'ien* (Himmel). Etymologisch hat das Wort *Ti* (Herr), schon in frühesten Niederlegungen vorhanden, den sogenannten »Orakelknochen«, kultische Bedeutung im Zusammenhang mit Opferdarbringungen. *Ti* im besonderen war der Gott der frühesten chinesischen Dynastie: der Shang, deren Anfänge traditionell auf etwa 1766 v.Chr. datiert werden, die nach archäologischen Untersuchungen allerdings nicht früher als etwa um 1300 v.Chr. begann. *Ti* gehört einer stark dem Ahnenkult verbundenen

---

203 Vgl. vor allem Antoine Tien Tcheu-kang, *Dieu dans les huit premiers classiques chinois* (Fribourg, 1942) für eine Überprüfung der relevanten Texte. Weiterhin Tu Erh-wei, *Chung-kuo ku-tai tsung-chiao yen-chiu* (Studien zur Religion im alten China; Taipei, 1959), S. 92–100 über einen anthropologischen Ansatz. Werner Eichhorn, *Die Religionen Chinas* (Stuttgart, 1973), S. 31–35, über die Beziehung zwischen Ahnenkult und dem Begriff einer persönlichen Gottheit. Vgl. besonders Joseph Shih, »The Notions of God in the Ancient Chinese Religion«, *Numen* 16 (1972), S. 99–138; »Mediators in Chinese Religion«, *Studia Missionalia* 21 (1972), S. 113–126, sowie »Non e Confucio un Profeta«, in *Studia Missionalia* 22 (1973), S. 105–121. Die beiden letzterwähnten Aufsätze beziehen sich weniger auf das Gottesproblem an sich und mehr auf die Idee des frühen Konfuzianismus als dem Prototyp »prophetischer Religion«, wie Friedrich Heiler ihn versteht.

Religion zu; nach Ansicht einiger Forscher stellt *Ti* eine Vergöttlichung des Ahnengeistes der Herrscherfamilie dar.[204]

Das Wort *T'ien* hingegen legt eine naturalistischere Assoziation nahe oder wenigstens eine Himmels-Priesterschaft. Das Zeichen leitet sich vermutlich vom Bild eines Mannes mit großem Kopf ab, hat also anthropomorphen Ursprung. In Chinas erstem Lexikon (erstes Jahrhundert n.Chr.) wird dieses Ideogramm mit Hilfe seiner beiden Komponenten erklärt: »eins« und »groß«, also der/das »eine Große«.[205]

Das Wort *T'ien* kommt auch in den Inschriften der Orakelknochen vor; hier ist es aber nicht auf Göttliches bezogen. Die Beziehung zum Göttlichen taucht erst im Schrifttum einer späteren Zeit auf: während der Chou-Zeit (1122–221 v.Chr.) bzw. in den konfuzianischen klassischen Schriften. *T'ien* war möglicherweise der Gott der chou-zeitlichen Bevölkerung, die kulturell und politisch den Shang verwandt waren, aber erst später ins Zentrum der politischen Bühne traten. Die Verbindung von *Ti* und *T'ien* erfolgte offensichtlich während der Chou-Zeit und bezeichnet den Allerhöchsten, auch Himmel genannt; er wurde allgemein als höchste Gottheit anerkannt, Herr über andere Götter, Geister und vergöttlichte Vorfahren, die man im Gebet um Segen und Vorhabensbilligung anrief. Die göttliche Transzendenz rückte näher in den Brennpunkt der Aufmerksamkeit. Der *personale* Charakter des Gottes ist belegt durch die zahlreichen vorliegenden Gebete zu Gott – entweder Allerhöchster oder Himmel genannt, und zuzeiten mit beiden Namen. Die *ethischen* Implikationen des Glaubens an Gott fanden besondere Betonung. Gott ist Quelle und Prinzip der moralischen Ordnung, er bestimmt, was gut und was böse ist. Die königlichen Vorfahren des Hauses Chou waren ganz offensichtlich niedriger gestellt als der Allerhöchste.[206]

---

204 Die Frage ist: war *Ti* schon von Anfang an ein vergöttlichter Vorfahr oder war er die Umformung eines Erdgottes, eines Regengottes – vielleicht sogar eines Mondgottes – zu einer höchsten Gottheit, die gleichzeitig als eine Art vergöttlichter Ahnengeist betrachtet wurde? Die Meinungen zu dieser Frage sind geteilt. Vgl. Carl Hentze, *Mythes et symboles lunaires* (Antwerpen, 1932). Bernhard Karlgren, »Legends and Cults in Ancient China«, in *Bulletin of the Museum of Far Eastern Antiquities* 18 (1946), S. 199–365. Vgl. ebenso die Arbeiten von Archäologen und Paläographen: Cheng Te-k'un, *Archeology in China* (Cambridge, 1960) Bd. 2, S. 333. Tsung-tung Chang, *Der Kult der Shang-Dynastie im Spiegel der Orakelinschriften: Eine paläographische Studie zur Religion im archaischen China* (Wiesbaden, 1970), S. 211–36.
205 Vgl. Fu Ssu-nien, *Hsing-ming ku-hsün pien-cheng* (Über die alten Bedeutungen von Natur und Bestimmung; Changsha, 1940), Teil 2, S. 1a-8a. Bernhard Karlgren, *Grammatica Serica Recensa* (Göteborg, 1964), S. 104 und 233. Chang, a.a.O., S. 236–242. Vgl. auch Mircea Eliade, *Die Religionen und das Heilige* (Frankfurt, 1986) über eine Untersuchung der Himmels-Hierophanie in verschiedenen Religionen.
206 Es scheint sich um einen Konsensus der chinesischen Gelehrten zu handeln, daß *Ti* und *T'ien* eins werden, wenn von einer höchsten Gottheit gesprochen wird. Vgl. Ku

Nun bringt das Wort Himmel auch das Problem seines Gegenteils mit sich: der Erde. Im *Buch der Lieder* und dem *Buch der Urkunden* steht der Begriff Himmel oft für sich allein, die Erde hingegen wird gewöhnlich zusammen mit dem Himmel genannt. Im *Buch der Wandlungen* – also einem der fünf konfuzianischen Klassiker – tritt die *Idee* von Himmel-cum-Erde und Himmel-versus-Erde in zwei verschiedenen Begriffen stark hervor: *ch'ien* (Himmel) und *k'un* (Erde); sie stellen das Prinzip *yang* (aktiv handelnd, männlich) und das Prinzip *yin* (passiv, weiblich) dar.

Man nimmt auch an, daß *Ti* (der Herr) als Gottheit mit dem Kult der Erdgöttin in Verbindung stand; aus diesem Grunde galt der Erde nicht nur in der Chou-Zeit, sondern auch noch später eine besondere Opferzeremonie. Allerdings werden in der Sprache der Gebete – die literarische Sprache des Opfers für den Himmel einbeschlossen – die Worte *Ti* (Herr) oder *Shang-ti* (Herr-in-der-Höhe) und *T'ien* (Himmel) austauschbar benutzt; sie drücken den Glauben an eine höchste Gottheit aus. Möglicherweise beziehen sich die Begriffe Himmel und Erde auf manchmal scharf umrissene Hierophanien und manchmal auf die *Kraft hinter diesen beiden*; der Himmel jedenfalls wurde als deutlich ranghöher stehend als die Erde betrachtet, nicht nur im Buch der Wandlungen, sondern auch in anderen klassischen Texten. Dies wurde auch an der dem Himmelskult beigemessenen Wichtigkeit klar. Und der Himmel war gewiß ranghöher als die Götter der Feldfrüchte, der Berge und Ströme und ranghöher als die Ahnengeister von Königen und gemeinem Volk.[207]

Der Schöpfer

Der Konfuzianismus hat keinerlei Schöpfungslehre. Aber die konfuzianischen Klassiker formulieren deutlich einen Glauben an Gott als Quelle und Prinzip aller Dinge, als Schützer des Lebens und Schirmherr der Menschen. Im *Buch der Urkunden*, der »Großen Deklaration«, einer dem König Wu, Gründer der Chou-Dynastie zugeschriebenen Rede, heißt es:

Himmel-und-Erde sind Vater-und-Mutter aller Dinge, und der Mensch ist von allen Wesen das am reichsten beschenkte.[208]

Im *Buch der Lieder* decken sich manche wohl aus der Chou-Zeit stammenden Verse mit diesem Gedanken; manchmal nennen sie Gott den Herrn-in-der-Höhe und manchmal Himmel:

Chieh-kang (Hrg.), *Ku-shih pien* (Über alte Geschichte) (1926, Nachdruck Hongkong, 1962), Bd. 1, S. 199–200; (1930) Bd. 2, S. 20–32.
207 Joseph Shih, a. a. O., S. 122–125. Shih benutzt vor allem Hentzes und Tu Erh-weis Arbeiten. Vgl. auch Bruno Schindler, »The Development of Chinese Conceptions of Supreme Beings«, in *Asia Major*, Introductory volume (1922), S. 298–366.
208 James Legge, *The Chinese Classics* (Oxford, 1865), Bd. 3, S. 283.

> Wie groß ist der *Herr-in-der-Höhe*,
> Herrscher der Menschen auf Erden:
> Wie ist der Herr-in-der-Höhe in Schrecken gekleidet:
> So unregelmäßig sind die Verordnungen
> Der *Himmel* gebiert die Menge der Völker,...[209]

und weiterhin

> Der Himmel gebar die Menge der Völker
> und gab sein Gesetz jedem Wesen.
> Die Völker besitzen ihr bleibendes Wesen,
> Die sind der Tugend geneigt.[210]

Der Himmel wird Schenker des Lebens genannt, der erste Erzeuger der Menschen; ebenso wird die Liebe irdischer Eltern ein Abbild irdischer Gunst:

> Oh mein Vater, der mich erzeugte:
> Oh meine Mutter, die mich ernährte:
> ...
> Grenzenlos wie der weite Himmel wär
> meine Dankbarkeit, könnt ich sie erweisen.[211]

In Notzeiten werden Gebete mit Worten der Klage und Sorge an den Himmel als Vater und Mutter der Menschen gerichtet:

> Oh Himmel, weit und ferne
> (Du) heißt Vater und Mutter,
> (ich bin) ohne Vergehn und Verbrechen
> (Und trotzdem) leide (ich) große Not![212]

Der Himmel als höchste Gottheit wurde offensichtlich als einziger Schöpfer der Menschen und des Universums betrachtet, jedenfalls während der Chou-Dynastie. Späterhin verknüpfte die *Yin-Yang*-Philosophenschule Erde und Himmel als gemeinsam bei der Schöpfung wirksam. Die Anhänge zum Buch der Wandlungen zeigen deutlich das Eindringen der Konzepte von *yin* und *yang* in den Konfuzianismus. »*Ch'ien* ist der Himmel und heißt deshalb Vater: *k'un* ist die Erde und heißt deshalb Mutter.« Das Universum wird, wenigstens metaphorisch, als Frucht der Verbindung von Himmel und Erde betrachtet.[213] Diese Entwicklung war für das konfuzianische Schöpferverständnis nicht definitiv. Aber es trug zweifellos zu einer gewissen Verwirrung bezüglich der Be-

---

209 Legge, *The Chinese Classics*, Bd. 4, S. 541.
210 Legge, *The Chinese Classics*, Bd. 4, S. 505.
211 Ebd., S. 352.
212 Ebd., S. 340.
213 Zum Worte *ch'ien* vgl. Karlgren, a.a.O., S. 57. Zum Buch der Wandlungen vgl. Hellmut Wilhelm, *Die Wandlung: Acht Vorträge zum I-ching* (Jena, 1925), S. 39.

griffe Gott–Schöpfer bei: ob es sich um eine Einheit handelt oder um eine Dualität oder ob »Schöpfung« ein spontaner, selbstbestimmter Vorgang ist. Die *Yin-Yang*-Schule legte auch Betonung auf die Rolle der fünf Wirkkräfte – Wasser, Feuer, Holz, Metall und Erde – in der Entsprechung zwischen himmlischer und menschlicher Ordnung. Dies führte zur Ausbildung von fünf Göttern oder Herren-in-der-Höhe. Obwohl diese Entwicklung nur geringeren Einfluß auf den späteren Konfuzianismus hatte, zeigt sie die zunehmende Abweichung vom früheren Glauben, der mehr mit der Ahnenreligion und der Offenbarung der Himmelshierophanie einherging. Dies ist hilfreich zum Verständnis der Negation Gottes im Konfuzianismus; diejenigen Gelehrten, die mit dem Begriff einer höchsten Gottheit, sogar einer Vielzahl von Gottheiten, verbundene Praktiken und abergläubische Vorstellungen zur Kenntnis nahmen, wurden immer kritischer und bezeugten ihr Mißfallen an Religion überhaupt.

Der Lenker der Geschichte

Wichtiger noch als in seiner Eigenschaft als Schöpfer wird Gott als Lenker der menschlichen Geschichte, als Quell aller Macht und Autorität. Gott hat den Menschen nicht erschaffen, um ihn zu vernachlässigen. Gott ist immer beim Menschen – und besonders ist er bei dem guten Regenten, dem wiederholt gesagt wird: »Du sollst nicht zweifeln und dich nicht sorgen, denn der Allerhöchste ist mit dir«.[214] So leitet denn auch das Herrschertum sich von einem besonderen Mandat des Himmels her;

Der Himmel schuf Herrscher, um das niedere Volk zu beschützen, auf daß sie dem Allerhöchsten beistehen mögen, den Frieden in allen vier Winden zu wahren.[215]

Durch die Regenten, die Könige, verweilt der Himmel auf dem Regieren der Welt. Sieg und Wohlstand kommen vom Himmel zu:

Der Herr übersah die Hügel
Wo Eichen und *yi*-Bäume spärlich nur standen,
Und Wege zogen sich hin zwischen Zypressen und Föhren.
Den Staat erschuf der Herr, nun gab er noch den rechten Herrscher hinzu...
Als König Wen erschien
Ließ die Tugend nichts zu wünschen übrig
Er empfing des Herrn Segen
Und seine Nachkommen ebenso.[216]

Gott leitete König Wen und gab ihm Anweisungen wie folgt:

---

214 Legge, *The Chinese Classics*, Bd. 4, S. 623.
215 Legge, Bd. 3, S. 286.
216 Legge, Bd. 4, S. 450.

Der Herr sprach zu König Wen:
»Du sollst nicht sein wie jene, die dies nicht wollen und sich an jenes hängen;
Du sollst nicht wie sie Untertan von Neigung und Begehren sein.«[217]

Und noch einmal spricht Gott zu König Wen wie Yahwe zu David und Salomo sprach:

Der Herr sprach zu König Wen:
»Wohl gefällt mir deine kluge Tugend,
Du rühmst dich ihrer nicht und zeigst sie nicht herum,
Man sieht dir keine Spur von Mühe an,
Du tust nach dem Gesetz des Herrn«.[218]

Gott hat einerseits eine besondere Beziehung zum Regenten, andererseits erstreckt Gottes Allwissenheit sich auch auf das Volk unter der Regierung des Herrschers.

Der Himmel sieht und hört, wie unser Volk sieht und hört:
Der Himmel bestätigt und erweist seine Fruchtbarkeit.
So wie die Menschen unseres Volkes ihre Fruchtbarkeit erweisen und bestätigen.

Oben und unten erreichen sich:

Wie sehr ehrfürchtig die Herren der Erde sind![219]

Gott als Lenker der Geschichte hat einen Mann als Herrscher und Führer seines Volkes erwählt. In hoher Achtung stehend, wird der Herrscher nur dann seiner Stellung würdig, wenn er sich als Diener am Volke versteht. Aus diesen und vergleichbaren anderen Textstellen der Klassiker lernte Menzius, daß die Wichtigkeit des Volkes Vorrang hat vor der Wichtigkeit des Herrschers: Er ist für das Volk da, nicht das Volk für ihn.[220] Textstellen dieser Art geben auch Hinweise auf die Vorliebe des heutigen China, der Volksrepublik, das Volk als allmächtig darzustellen. Und diese Textstellen versichern uns der aktiven Rolle des Himmels im Dialog zwischen Mensch und Gott.

Gottes Wille

In den aufgezeichneten Aussprüchen des Konfuzius, den Gesprächen, und des Menzius finden wir die Bezeichnung Allerhöchster nur selten vor, gewöhnlich nur im Zusammenhang mit Anspielungen und Verweisen auf die anderen klassischen Schriften. Das Wort Himmel erscheint, wenn auch nicht häufig, in Gebetsabschnitten, wie es auch im *Buch der Lieder* und im *Buch der Urkun-*

---

217 Legge, Bd.4, S. 452.
218 Legge, Bd.4, S. 454.
219 Legge, Bd.3, S. 74.
220 *Menzius* 1A:5, 4A:9, 7B:14.

den der Fall ist. In den *Gesprächen* wird Konfuzius dargestellt, wie er in Not- und Krisenzeiten, etwa beim Tod seines Lieblingsschülers (11:8) den Himmel anruft, als Quelle und Prinzip seiner eigenen Tugend und Sendung (9:5), Zeuge für die Integrität seines Lebens und seiner Taten (7:22) und als geheimnisvolle Macht, die über Leben und Geschick bestimmt. »Wer sich gegen den Himmel vergeht, hat nichts, zu dem er beten kann« (17:19). Dieser Ausspruch unterstützt die Vorstellung, daß der Himmel für Konfuzius einen persönlichen Gott darstellt, der höher ist als alle anderen Geistwesen – das absolute Du des Gebetes.[221]

Ein wichtiger Begriff, der oft in den Gesprächen erscheint, ist *T'ien-ming*. Wir finden ihn auch im *Buch der Lieder*, im *Buch der Urkunden* und in anderen Texten wie den *Frühling- und Herbst-Annalen*. Er bezieht sich auf den Willen oder das Dekret des Himmels und bedeutet im besonderen »Mandat des Himmels«, also den göttlichen Ursprung des Herrschertums. Er kann sich auch auf Bestimmung oder Schicksal beziehen. Bei Konfuzius hat der Begriff die Konnotation »Gottes Wille« – der Wille eines persönlichen Gottes. Konfuzius spricht mit Achtung von ihm. Wer diesen Willen (*ming*) nicht kennt, so sagt er, kann nicht Edler, das heißt ein Mensch von vorzüglicher moralischer Wesensart sein (20:3). Und doch spricht er von sich als einem, der den »Willen des Himmels« (*T'ien-ming*) nicht kannte, bevor er die Fünfzig überschritt (2:4).

Ist es möglich, daß Konfuzius den Willen des Himmels als vorbestimmtes Schicksal verstand? So haben es manche Interpreten gesehen und besonders die Kritiker Konfuzius' in der Volksrepublik China.[222] Sie bezogen sich in ihrer Kritik auf die – nun aber nicht eindeutigen – Abschnitte 9:1 und 16:8 der *Gespräche*. 9:1 spricht von einer notwendigen und heilsamen »Furcht« vor dem Willen des Himmels; 16:8 handelt vom »Schweigen« des Himmels, wie man es in der Natur beobachten kann. Im Buch *Mo-tzu*, dem gleichnamigen Autor des fünften Jahrhunderts v.Chr. zugeschrieben, gibt es ein Kapitel »Wider den Fatalismus«, offensichtlich als Streitschrift gegen die Konfuzianer jener Tage verfaßt. Mo-tzu glaubte offenbar an eine persönliche Gottheit und ehrte ihren Willen. Aber die Polemik an sich war gegen die derzeitigen Schüler des Konfuzius gerichtet, nicht gegen den Meister selbst.

Das Wort Schicksal kann sich entweder auf eine blinde Macht oder auf die Bestimmung oder auf das eiserne Gesetz einer gnadenlosen Gottheit beziehen. Interessanterweise sehen die Konfuzius-Kritiker der Volksrepublik seinen Glauben an eine persönliche Gottheit mit unwechselbarem Willen als gegeben

---

221 Über Konfuzius' religiöse Haltung vgl. D. Howard Smith, *Chinese Religion*, S. 35.
222 Zur Kritik an Konfuzius' angeblichem Schicksalglauben vgl. vor allem Yang Jung-kuo, *Chung-kuo ku-tai shih-hsiang shih* (Geistesgeschichte im alten China; Peking, 1954), S. 170–212.

an und kritisieren Konfuzius wegen dieser Art Religiosität. Dies mag auf ein Mißverstehen des »persönlichen Göttlichen« hinweisen.

Wir kommen nun zum Buch des Menzius. Hier finden wir eine eindeutige Bedeutungsänderung des Begriffs Himmel. Nach Menzius ist der Himmel in des Menschen Herz – wer sein Herz und sich selbst kennt, kennt den Himmel. Es stellt deshalb eine stärkere Immanenz dar. Es bezieht sich auch mehr und mehr auf Quelle und Prinzip ethischer Gesetze und Werte. Menzius spricht vom Willen des Himmels (*T'ien-ming*), aber gewöhnlich bezüglich der technischen Bedeutung als Herrschermandat des Himmels. Wo Konfuzius selten eine persönliche Gottheit erwähnt, dort spricht Menzius sehr viel öfter vom Himmel, aber nicht immer als persönlicher Gottheit.

Die mystische Dimension des Konfuzianismus bezeugt sich auch in der *Lehre der Mitte*, wo der Begriff »Weg des Himmels« (*T'ien-tao*) vorrangig wird. Dieser Weg ist ewig und ohne Unterbrechung; er geht hinaus über Raum und Zeit, Substanz und Bewegung und ist charakterisiert in der allumfassenden Harmonie, die sich in der Natur wie auch im Menschen findet. Es ist ein abgerundeter Ausdruck der »Einheit von Himmel und Mensch«: Integration kosmisch-moralischer und menschlich-sozialer Gedankenebenen (*Lehre der Mitte*, Kap. 22).

Nichtsdestoweniger billigt die *Lehre der Mitte* – und gleichermaßen das Buch des Menzius – weiterhin die Opfer, die Gott als Allerhöchstem und den Ahnen dargebracht werden. Menzius sagt: »Ein Mann kann schlecht sein – doch wenn er seine Gedanken ordnet, fastet und badet, mag er dem Allerhöchsten Opfer bringen« (4B:25). Und die *Lehre der Mitte* stellt fest: »Die Opferzeremonien für Himmel und Erde sind dem Dienste des Allerhöchsten gewidmet; und die Zeremonie in den Ahnentempeln sind dem Dienst an den Ahnen zugedacht« (Kap. 19).

In dieser Weise, während die Entwicklung der Philosophie sich zum Mystischen neigte, bezeugen die Philosophen selbst und ihre Werke die fortbestehende Billigung einer Kultur, die den Glauben an eine persönliche Gottheit darstellt. Dieser Zustand blieb durch die gesamte chinesische Geschichte hindurch bis ins frühe zwanzigste Jahrhundert bestehen, als die Ausrufung der Republik dem staatlichen Himmelskult ein Ende setzte. Der Kult selbst war exklusiv und wurde vom Kaiser, dem Himmelssohn, und seinen konfuzianischen Ministern durchgeführt. Trotzdem blieb durch die Jahrhunderte hindurch im Bewußtsein des Volkes – im Unterschied zum philosophischen Schrifttum – die Vorstellung einer höchsten und persönlichen Gottheit erhalten.

Die Verneinung Gottes

Die konfuzianischen *Gespräche* sind in besonderer Weise mit menschlichen Dingen beschäftigt; Bezugnahme auf Gott findet sich häufiger im *Buch der Lieder* und im *Buch der Urkunden*.
Die *Gespräche* drücken eine fortgesetzte Verehrung für das Göttliche aus sowie Unterwerfung unter die weisen Herrscher des Altertums. Aber sie geben keine Beispiele solch zielgerichteten Gebets an den Allmächtigen, wie sie sich auf den Seiten des *Buches der Lieder* und des *Buches der Urkunden* finden. Die Gespräche behandeln einen zum Göttlichen hin offenen Humanismus, der jedoch nicht allzusehr und nicht nur mit dem Göttlichen beschäftigt ist. Die Lieder und Urkunden beziehen sich auf direkte Anweisungen Gottes an die weisen Herrscher, wohingegen die *Gespräche* und das *Buch Menzius* eher das »Schweigen Gottes« erwähnen: daß der Himmel nicht so sehr mit Worten, sondern in Taten spricht und handelt, durch das Wirken der Natur. Dieses göttliche Schweigen wurde besonders zu Zeiten sozialen und politischen Übergangs oder des Aufruhrs betont. Es stellt weder im Falle Konfuzius noch bei Menzius Agnostizismus dar. Doch daß es bei beiden Ausdruck gefunden hat, bereitet uns auf die zunehmende »Säkularisationstendenz« im frühen Konfuzianismus vor, eine Tendenz, die in der konfuzianischen Tradition selbst die Verneinung Gottes erreichte, besonders in den Schriften Hsün-tzus (um 238 v.Chr.) und Wang Ch'ungs (27–100 n.Chr.?).[223]
Hsün-tzu verleiht der Trennung der beiden Bereiche des Kosmisch-Göttlichen und des Menschlich-Sittlichen Ausdruck. Logisch und systematisch versucht er die Nichtigkeit religiöser Praktiken wie das Beten um Regen oder die Bitte um Gesundung, auch die Physiognomie – Zukunftsdeutung aus dem physischen Erscheinungsbild eines Menschen –, zu demonstrieren. Damit entmythologisiert Hsün-tzu den Begriff Himmel als personale Gottheit, die den Gebeten wohlgefällig lauscht. Für Hsün-tzu ist der Himmel nichts anderes als physisch und Natur:

> Die Wege des Himmels sind unabänderlich und wechsellos. Sie herrschen nicht vor, weil es einen Weisen gab wie Yao es war; sie herrschen nicht vor, weil es einen Tyrannen gab wie Chieh. Reagiert auf den Himmel mit guter Regierung, dann wird Glück nicht fehlen; reagiert auf den Himmel mit Unordnung, dann wird Unglück nicht fehlen. Wenn man den Ackerbau fördert und sparsam in seinen Ausgaben ist, dann kann auch der Himmel nichts daran wegnehmen. Wenn du den Weg beschreitest und nicht uneins mit dir bist, dann kann der Himmel dir nicht Unglück bringen.[224]

---

223 Vgl. Joseph Shih, »Secularization in Early Chinese Thought«, in *Gregorianum* 50 (1969), S. 403–404, und seinen weiteren Aufsatz »The Notions of God«, a.a.O., S. 136–138.
224 Vgl. Burton Watson, *Hsün-tzu: Basic Writings* (New York, 1963), S. 79.

Ganz offenbar bleibt der religiöse Skeptiker ein Lehrer im Politischen und Moralischen. Es scheint, daß Hsün-tzu sich sehr darum bemüht, die unabhängige Wichtigkeit des Bereichs menschlicher und sozialer Tat herauszustreichen. Nach ihm ist derjenige, der die unterschiedlichen Aufgaben von Himmel und Mensch verstanden hat, ein vollkommener Mensch.

> Man betet um Regen und es regnet. Warum? Das hat keinen besonderen Grund, würde ich sagen. Es ist genau so, als hättest du nicht um Regen gebetet und es hätte dann doch geregnet.[225]

Hsün-tzu verneint die Existenz einer höchsten Gottheit, die das kosmische und menschliche Universum kontrolliert. Und er verneint ausdrücklich das Vorhandensein böser Geister und Dämonen. Während er wohl manchmal das Wort *shen* benutzt, das bei anderen Autoren die Ahnengeister und die Naturmächte bezeichnet, definiert er es als das, »was vollständig gut und rundum ordentlich ist« (Abschnitt 8), und macht es damit zu einer Qualität moralischer Vorzüglichkeit. Er ist der durchaus am stärksten rationalistische unter den frühen konfuzianischen Autoren. Doch wendet er sich nicht gegen manche Praktiken wie die Wahrsagekunst mit Hilfe von Schildkrötenpanzern und Schafgarbenstengeln oder die Durchführung von Trauer- und Opferzeremonien. Tatsächlich spricht er sich für Ritualpraktiken aus, indem er sie als rein menschliche Erfindung deutet; sie dienen zum Ausschmücken des sozialen Daseins und geben dem Menschen einen Maßstab zum angemessenen Ausdruck seiner Gefühle. Nach Hsün-tzu werden Himmel, Erde und Mensch eins durch Rituale.[226]

Hsün-tzu stand mit seiner Entmythologisierung des Himmels und seiner Leugnung der Existenz geistiger Wesenheiten nicht allein. Er fand gleichsinnigen Zuspruch bei dem späteren Wang Ch'ung, der auch konfuzianischer Moralist war. Bei beiden kann man einen gewissen, aus dem philosophischen Taoismus stammenden, naturalistischen Einfluß entdecken. Wang Ch'ung aber war noch stärker von der *Yin-Yang*-Schule, ihrer naturalistischen Deutung der kosmischen Ordnung als Zusammenspiel zweier Grundprinzipien, das eine aktiv, das andere passiv, beeinflußt. Wang Ch'ung war ein früher Moralist, der das Universum folgendermaßen erklärte:

> Wenn die Kräfte der Materie (*ch'i*) von Himmel und Erde sich vereinen, entstehen ohne Verzug alle Dinge; ganz ebenso wie auf natürliche Weise ein Kind entsteht, wenn sich die Lebenskräfte (*ch'i*) von Ehemann und Ehefrau vereinen... Wie können wir wissen, daß der Himmel unverzüglich handelt? Nun, weil er weder Mund noch Augen hat... Und wie können wir wissen, daß der Himmel weder Mund noch Augen hat? Wir wissen es von der Erde. Der Leib der Erde besteht aus Schmutz, und Schmutz hat nun einmal weder Mund noch Augen. Himmel und Erde sind wie Mann und Frau. Da nun der Leib

---

225 Ebd., S. 85.
226 Ebd., S. 89–111.

der Erde weder Mund noch Augen hat, dient uns das als Zeugnis dafür, daß auch der Himmel weder Mund noch Augen hat. Der Weg des Himmels besteht darin, nicht aktiv zu handeln. Im Frühling handelt der Himmel nicht, um Leben zu beginnen, im Sommer handelt der Himmel nicht, um das Wachstum zu fördern...[227]

Die Verneinung Gottes bringt, wie wir schon bei Hsün-tzu gesehen haben, auch die Verneinung geistiger Wesenheiten mit sich, die geistige Unsterblichkeit des Menschen einbegriffen. Wang Ch'ung spricht sich ganz kategorisch dagegen aus:

Ein Mensch lebt, weil er seine Lebenskräfte hat. Im Tode sind seine Lebenskräfte ausgelöscht. Es ist das Blut, was das Vorhandensein der Lebenskräfte ermöglicht. Wenn nun ein Mensch stirbt, dann ist sein Blut aufgebraucht. Mithin sind seine Lebenskräfte ausgelöscht und sein Leib verrottet und wird zu Staub und Asche. Und wie soll daraus noch eine geistige Wesenheit entstehen?[228]

Die konfuzianische Tradition kennt sowohl Bejahung als auch Verneinung der Existenz Gottes – aber keinerlei Bemühung Gottes Existenz *zu beweisen*, was in der christlichen Überlieferung Ziel und Richtung vielfältigen Bemühens ist. Man kann der konfuzianischen Tradition gleichzeitig theistische, agnostische und sogar atheistische Tendenzen zusprechen, wobei allerdings die erstgenannte Tendenz stärker ist als die letztgenannte. Die konfuzianische Tradition besitzt auch eine mystische Tendenz, die schon bei Menzius vorhanden war und später besonders von den großen Männern der neo-konfuzianischen Philosophie entwickelt wurde. Mit diesen gelangen wir zu einer weiteren Dimension des Gottesproblems im Konfuzianismus, der Beziehung zwischen Gott und dem Absoluten.

Das Absolute

Die konfuzianischen Klassiker geben uns vielfältige Beweise zum Glauben an Gott als persönliche Gottheit. Aber in nur geringem Maße bieten sie philosophische Interpretation der Natur und der Eigenschaften Gottes. Sie sind mehr mit Gottes *Handlung* beschäftigt, wie sie sich in der Schöpfung und in der Geschichte äußert. Und sie betonen, wie wichtig es ist, daß man Gottes Willen kennt, damit man nach diesem handeln kann.
Spätere Entwicklungen des Konfuzianismus, besonders während der Han-Dynastie, weisen eklektizistische Ergebnisse auf, besonders die Aufnahme von Ideen der *Yin-Yang*-Schule. Hanzeitlicher Konfuzianismus richtet sich auf eine mystische Theorie der Entsprechung zwischen Himmel, Erde und

---

227 Vgl. Wing-tsit Chan, *A Source Book of Chinese Philosophy* (Princeton, 1963), S. 296. Ich habe Chans Übersetzung geringfügig verändert.
228 Ebd., S. 300.

Mensch – den Ordnungen der Natur, des Kosmos und den Ordnungen der Sitte und Gesellschaft. Diese zunehmende Bezugnahme auf Himmel-und-Erde deutet eher auf eine stärkere Betonung des Immanenten als auf eine Transzendenz hin, während der Glaube an eine personale Gottheit mehr und mehr in Vergessenheit geriet.

In weit höherem Maße als der hanzeitliche Konfuzianismus stimulierte buddhistische Religionsphilosophie den Aufstieg des Neo-Konfuzianismus und seiner metaphysischen Belange. Viele der Hauptvertreter des Neo-Konfuzianismus hatten sich gründlich mit dem Buddhismus befaßt, ehe sie ihre eigenen philosophischen Standpunkte einnahmen. Sie betrieben weiterhin Meditation – »Stillesitzen« –, auch nach ihrem Entschluß, die konfuzianische Interpretation von Leben und Welt zu bejahen und zu bestärken. Sie bedienten sich in ihrem Kampf gegen die buddhistische Neigung zu kosmischem Pessimismus und Verneinung menschlich sozialer Verantwortlichkeit buddhistischer Terminologie und buddhistischer metaphysischer Überlegungen.

Das Absolute in der neo-konfuzianischen Philosophie stellt deshalb eine Konvergenz von Konfuzianismus und Buddhismus dar – durch die Meditationsverfahren des religiösen Taoismus. Aber es dient dem Zweck des Verbundenbleibens mit allem, was »nicht absolut« ist. Es wird eher im Werden denn im Sein entdeckt, im Selbst – und im Universum in seiner Beziehung zum Selbst – eher als im »Anderen«. Es entfernt sich nicht von Leben und tatkräftigem Sein. Das bedeutet nicht, daß das neo-konfuzianische Absolute sich grundlegend von jedwedem christlichen Gottesverständnis unterscheidet, das in philosophischer Sprache ausgedrückt ist. Wir werden sehen, daß es große Ähnlichkeiten zwischen dem neo-konfuzianischen Absoluten und dem *mystischen* Gottesbegriff etwa des mittelalterlichen Meister Eckhart und des modernen Teilhard de Chardin gibt. Wir finden auch eine starke Ähnlichkeit mit dem philosophischen Denken solch großer Denker wie Schelling, Hegel und A.N. Whitehead. Das neo-konfuzianische Absolute ist nicht die Darstellung eines toten Gottes. Es ist sehr zeitgenössisch geworden.

Ich möchte das Problem des Absoluten in neo-konfuzianischer Philosophie durch eine Untersuchung der Frage nach dem als Werden verstandenen Absoluten – wie es sich bei Chou Tun-yi (1017–73) und Chu Hsi (1130–1200) in der Sung-Dynastie findet – und durch eine Untersuchung der Frage nach dem Absoluten als Geist, wie es sich besonders bei Wang Yang-ming im fünfzehnten Jahrhundert findet. Diese beiden Interpretationen stellen generell zwei verschiedene Ausgangspunkte dar: die Welt und das Selbst. Ich erwähne dies, um den Leser daran zu erinnern, daß die chinesische Tradition niemals eine strenge Trennung zwischen Welt und Selbst kannte, wie sie auch keine strenge Wissenstheorie, die auf dieser Trennung aufbaut, entwickelt hat. Ich bin auch der Meinung, daß die hier besprochenen konfuzianischen Denker zwar schon seit langem tot sind, die von ihnen vertretenen Philosophien sind dies jedoch keineswegs. Wiederum möchte ich die Gewalttätigkeit der kürzlichen Anti-Konfuzius-Kampagne (1973–74) in Erinnerung rufen, als Zeugnis des Weiterlebens oder der Lebenskraft mancher konfuzianischer Ideen, die deshalb so massiven Angriffen ausgesetzt wurden.

Das Absolute als Werden

Die chinesische Sprache hat kein Verb für *sein*. Verschiedene gebräuchliche Ersatzformen weisen eher auf eine breit angelegte Beziehung als auf strikte Identität oder Nicht-Widerspruch. Häufig wird auch mehr ein *Werden* als ein *Sein* angedeutet.

Dies muß man beachten, wenn man den neo-konfuzianischen Begriff des Absoluten untersucht; es ist gleichzeitig eine Quelle alles Guten und allen Seins, das, was die Welt zusammenhält, was ihre innere und äußere Bedeutung erklärt, und es ist das, wohin auf irgendeine Weise alle Dinge zurückkehren.

Die neo-konfuzianischen Philosophen haben dem Absoluten viele Namen gegeben. Sie haben es das Große Äußerste oder den Urgrund (*T'ai-ch'i*) genannt. Sie haben es himmlisches Prinzip genannt (*T'ien-li*) oder einfach Prinzip (*li*). Sie haben es auch *jen* genannt (Menschlichkeit, Güte oder Liebe), die ethische Tugend, die sie in eine kosmische Lebenskraft umwandelten.

Chu Hsi ist der große Neo-Konfuzianer, der eine philosophische Synthese der zwischen dem zehnten und dem elften Jahrhundert aufblühenden spekulativen Überlegungen erreicht hat. Er hat die Erhebung der Vier Bücher in den Stand des definitiven Hauptkorpus spekulativer konfuzianischer Weisheit erreicht und ihnen Kommentare beigefügt. Er hat buddhistische religiöse Metaphysik, mit ihrer Tendenz zu kosmischem Pessimismus und ethischer Teilnahmslosigkeit, heftig kritisiert. Dennoch hat er nicht gezögert, sich bei seiner Reinterpretation der konfuzianischen Lehre einiger ausgewählter buddhistischer Ideen und buddhistischen Vokabulars zu bedienen und brachte dabei eine gewandelte Welt- und Menschensicht hervor. Dabei hat er seine Aufmerksamkeit vor allem auf das metaphysische Erste Prinzip, das Absolute, gerichtet. In der organistischen Philosophie des Neo-Konfuzianismus erhielt es zentrale Bedeutung.

Chu Hsi hat das philosophische Erbe, das ihm von seinen Vorgängern Chou Tun-yi, Chang Tsai (1020–27), Ch'eng Hao (1032–85) und Ch'eng Yi (1033–1107) zufiel, sowohl aufgenommen wie auch umgeformt. Sein Werk ist vergleichbar dem des Thomas von Aquin, der die Philosophien seiner Vorgänger, der großen Scholastiker, mit Hilfe des neuentdeckten Aristoteles umgeschmolzen hat.

Von Chou Tun-yi erwarb Chu Hsi sein Verständnis des Urgrunds, Quelle aller Dinge und allen Werdens. Der chinesische Originalbegriff ist *T'ai-chi*, das Große und Höchste – ein Begriff aus dem Anhang zum *Buch der Wandlungen*, eines konfuzianischen Klassikers. Es wird auch als *wu-chi* beschrieben, was man entweder als »Grenzenloses« oder als »Ungrund« übersetzen kann; die Undeutlichkeit ergibt sich aus den vielfältigen Bedeutungen des Wortes *chi* (Letztes, Grenze usw.) und der Mehrdeutigkeit des Negationswortes (*wu*). Die von Chu Hsi zitierte Passage aus Chou Tun-yi ist im wesentlichen eine Erläuterung des berühmten »Diagramms des Urgrunds«, eines angeblich taoistischen Werkes.

Der Vorgang von Wandlung und Werden wird durch kreisförmige Darstellungen des *T'ai-chi* illustriert, das auch *wu-chi* ist und die Erzeugung zweier Wandlungsebenen aus dem Urgrund, *yin* und *yang*, durch den natürlichen Wechsel von Bewegung und Ruhe.

> Der Ungrund wie auch der Urgrund: Der Urgrund erzeugt yang durch Bewegung. Wenn diese Bewegung ihren Höhepunkt (ihre Grenze) erreicht, wird sie zur Ruhe. Durch Ruhe erzeugt der Urgrund yin... Bewegung und Ruhe wechseln einander ab und werden sich gegenseitig zum Ursprung...[229]

Diese Passage bietet nun viele Probleme der Interpretation. Zuerst wäre da der Ungrund zu nennen, der auch der Urgrund ist. Die Schwierigkeit würde sich verringern, wenn man die Bedeutung von *wu-chi* als »das Grenzenlose« festlegen könnte, ein negativer Ausdruck für Reichtum an Vollkommenheit. Doch hält das chinesische Wort die alternative Übersetzung als »Nicht-Urgrund« offen. Es wird so zu einem Beispiel paradoxer Identität, wie es sich in chinesischer Philosophie so häufig findet. Man hat es auch als Kraft interpretiert, die das ganze Universum – das selbst ein einziger Organismus ist – durchzieht, überall darin vorhanden ist und sich eigentlich nicht an einem Hauptpunkt konzentriert. Man wird an Pascals Bemerkung über das Universum erinnert, das seinen Mittelpunkt überall hat und seinen Umfang nirgendwo.

Chou Tun-yi äußert sich nicht klar darüber, ob der Urgrund nur die Quelle alles Werdens ist oder ob er selbst auch dem Wechsel unterworfen ist. Er fährt nur fort zu sagen, daß dieser Wechsel von *yin* und *yang* die fünf Elemente Wasser, Feuer, Holz, Metall und Erde hervorbrachte, die selbst auch wiederum eher Aspekte des Wandels als materielle Substanzen sind. Eine weitere umwandelnde Einheit dieser Fünf mit *yin* und *yang* bringt die maskulinen (*ch'ien*) und die femininen (*k'un*) Kräfte hervor, die ihrerseits dann die »zehntausend Dinge« des Universums erzeugen, unter denen der Mensch das vollkommenste ist. Chou Tun-yi erwähnt keinen Grund, weshalb es einen Urgrund geben müßte und postuliert auch nicht deutlich, daß dies das *Absolute* ist. Er wiederholt nur, daß der Urgrund auch der »Nicht-Urgrund«, d.h. der Ungrund, ist.

Chu Hsi selbst hat uns einiger dieser Probleme aufgeklärt. Indem er Negatio-

---

[229] Ebd., S. 463.

nen benutzt, also eine für die chinesische Metaphysik ganz typische Verfahrensweise, interpretiert er Chou Tun-yis Vorschläge folgendermaßen:

> Der Urgrund hat weder räumliche Begrenzung noch körperliche Form. Man kann ihm keinen bestimmten Ort zuweisen. Bevor er sich in Bewegung setzt, verharrt er im Zustand der Ruhe... Bewegung ist die Bewegung des Urgrunds und Ruhe ist seine Ruhe, obwohl Bewegung und Ruhe selbst nicht der Urgrund sind. Daher spricht Chou Tun-yi von ihm als Nicht-Urgrund (oder Grenzlosem).[230]

Mit anderen Worten, der Urgrund erhebt sich über alle Beschränkungen von Raum und Zeit und in gewisser Hinsicht auch über die von Bewegung und Ruhe. Und doch wird er paradoxerweise für die Quelle und das Prinzip allen Wandels und Werdens gehalten, auch der Ruhe und Passivität. Es ist das Absolute – nicht abgesetzt von Relativität und Wechsel, sondern eben so, wie es sich in Relativität und Wechsel findet.[231] Denn Sein und Werden durchdringen sich gegenseitig, jedes ist Ursprung des anderen. Chu Hsis Bemühungen richten sich also auf die Erstellung einer Weltsicht, welche die zahllosen Erscheinungen des Seins alle auf eine einzige Ursprungsquelle zurückführt; sie ist rein und unterschiedslos und die Totalität der Wirklichkeit. Und wenn nun also das *T'ai-chi*, der Urgrund und das Urprinzip die Fülle der Vollkommenheit repräsentiert und damit die vollkommene Weise, in der Menschen sich das Göttliche vorstellen können, so stellt *wu-chi*, gleichzeitig Nicht-Urprinzipliches und Grenzloses, den Weg der Verneinung irdischer Vorstellung und Beschreibung dar. Wir finden also eine bipolare Beschreibung des Absoluten, es überwindet jeden Wandel und ist doch allem Wechsel immanent.

Nach Chu Hsi und Chou Tun-yi ist die Quelle und das Prinzip von Sein und Werden auch Quelle und Prinzip allen sittlichen Gutseins. Nach Chu Hsi ist dieses Prinzip ebenso immanent wie transzendent: Es findet sich in der Gänze des Universums und ist in jedweder Kreatur vorhanden:

> Der Urgrund ist einfach das Prinzip des höchsten Guten. Jedwedes Menschenwesen trägt in sich selbst den Urgrund: Jedwedes Ding trägt in sich selbst den Urgrund. Was Meister Chou Tun-yi den Urgrund nennt, ist ein Name, der alle Tugenden und das höchste Gut im Himmel und auf Erden darstellt, im Menschen und in Dingen.[232]

Obwohl vorhanden und allen Dingen immanent, wird der Urgrund »nicht in kleine Stückchen aufgeteilt«. Er bleibt das eine Prinzip, die eine Wirklichkeit, wie »der Mond sich in unzähligen Wasserläufen widerspiegelt«. Mit diesen Worten bezeugt Chu Hsi die philosophischen Einflüsse, die ihm vom Hua-

---

230 Ebd., S. 639.
231 Die Ähnlichkeiten mit der Philosophie der Prozesse und der Theologie sind ganz offensichtlich. Aus diesem Grunde benutze ich das Wort »Absolutes« nur mit Zurückhaltung. Vgl. Charles Hartshorne, *A Natural Theology for Our Time* (La Salle, 1967), S. 1–28.
232 Ebd., S. 638.

yen- und T'ien-t'ai-Buddhismus zukamen: die Lehren vom »Einen in Allem und Allem in Einem«, von der »Schatzkammer des Absoluten« in seiner Totalität, das in sich selbst die Natur aller Dinge bewahrt. Hier ergeben sich Anklänge an Nikolaus von Cues und seine Darstellung Gottes als *coincidentia oppositorum*. Nikolaus sprach von einem Gott, der gleichzeitig das Größte und Kleinste ist, in allen Dingen vorhanden, so wie auch alle Dinge in ihm sind. Für Nikolaus ist Gott die Quelle aller Weisheit und Güte, die höchste, allumfassende, schöpferische Einheit der Möglichkeiten der Dinge – wie auch Chu Hsis Urgrund. Und auch für Nikolaus hat die Welt weder Zentrum noch Umfang, es sei denn in Gott – so wie Chu Hsis Ungrund, das Grenzenlose. Für beide, Chu Hsi und Nikolaus, ist das Universum eine Widerspiegelung des Höchsten oder des unsichtbaren Gottes, von dem es ausgeht und von dem es vollkommen abhängt.[233]

In noch größerem Maße als Nikolaus Cusanus hat der moderne Philosoph A.N. Whitehead eine Beschreibung der Beziehung zwischen Gott und Welt gegeben; sie ist eine weitere Annäherung an Chu Hsis Philosophie. In Whiteheads eigenen Worten:

Man kann genausogut und richtig sagen, daß Gott permanent und die Welt im Fluß begriffen ist, wie man sagen kann, daß die Welt permanent ist und Gott im Fluß begriffen.
Man kann genausogut und richtig sagen, daß, im Vergleich zur Welt, Gott eines ist und die Welt viele, wie man sagen kann, daß die Welt eines ist und Gott viele.
Man kann genausogut und richtig sagen, daß, mit der Welt verglichen, Gott tatsächlich eminent ist, wie man sagen kann, daß, mit Gott verglichen, die Welt tatsächlich eminent ist.
Man kann genausogut und richtig sagen, daß die Welt in Gott immanent ist, wie man sagen kann, daß Gott in der Welt immanent ist.
Man kann genausogut und richtig sagen, daß Gott die Welt transzendiert, wie man sagen kann, daß die Welt Gott transzendiert.
Man kann genausogut und richtig sagen, daß Gott die Welt erschafft, wie man sagen kann, daß die Welt Gott erschafft...
Das kosmologische Thema, Grundlage aller Religionen, ist die Geschichte des dynamischen Bemühens der Welt in eine immerwährende Einheit überzugehen; und es ist die Geschichte der wechsellosen Majestät Gottes; ihr Ziel, Vollendung, erreicht sie durch ein Absorbieren der vielfältigen, in der Welt vorhandenen und hierauf gerichteten Bemühungen.[234]

Das Thema der Kosmologie, schon bei Chou Tun-yi und Chu Hsi in vorherrschender Stellung, hat sich bei dem konfuzianischen Philosophen Fung Yu-lan im 20. Jahrhundert fortgesetzt, wenigstens bis in die Tage vor der Anti-Konfuzius-Kampagne. Für Fung heißt das Absolute *Tao* oder Himmel – worin eines

---

233 Zu Nikolaus Cusanus vgl. *On Learned Ignorance*, Buch 1, Kap. 4.
234 Vgl. A.N. Whitehead, *Process and Reality: An Essay in Cosmology* (New York, 1969), S. 410f.

alles ist und alles eines, das transzendente Prinzip (*li*), dessen Fülle der Urgrund (*t'ai-chi*) und die Lebenskraft (*ch'i*) sind.
Fung Yu-lan benutzt auch noch einen anderen Begriff: *jen* (Menschlichkeit, Wohlwollen).[235] Er beschreibt das Leben des Weisen, des vollkommenen Menschen, als *jen*. *Jen* nennt er das, was des Menschen Einheit mit dem Universum ermöglicht. Wer *jen* besitzt, wird ein Bürger des Himmels, denn in ihm findet sich das, was Subjekt und Objekt, das Selbst mit dem Absoluten, vereinigt. Fung besteht darauf, daß seine Vorstellungen *philosophisch* und nicht etwa religiös sind, während er gleichzeitig ihre Verwandtschaft mit der Mystik nicht bestreitet – einer dem philosophischen Denken angemessenen Mystik, die er von Menzius, Chu Hsi und anderen großen Neo-Konfuzianern geerbt hat.
In unserer Zeit ist das Gotteskonzept Teilhard de Chardins, eines Paläontologen und Mystikers, der lange Jahre hindurch in China lebte, ohne die Sprache zu lernen noch sich mit der Philosophie zu beschäftigen, vergleichbar sowohl den Gedanken Cusanus' als auch Chu Hsis, während er aber stets jene historische Dimension wahrt, die die christliche Erlösungstheologie begleitet:

Gott zeigt sich überall... als ein allgegenwärtiges Sein, denn er ist der »höchste Punkt«, auf dem alle Wirklichkeiten sich zusammenfinden.
Wie immer weitläufig das göttliche Sein auch sein mag, es ist in Wahrheit ein »Zentrum«.
Der Schöpfer und besonders der Erlöser haben sich mit allen Dingen einbegriffen und alle Dinge durchdrungen.[236]

Wie steht es nun mit dem persönlichen Gottesbegriff, der im früheren Konfuzianismus so überaus deutlich war? Hat Chu Hsi ihn zurückgewiesen oder aus den Augen verloren?
Dieser Meinung waren offensichtlich einige der Jesuitenmissionare, die in China gearbeitet hatten. Sie lobten den frühen Konfuzianismus um seiner Bejahung eines persönlichen Gottes willen und kritisierten den späteren Konfuzianismus wegen angeblich »materialistischer« Philosophie.
Wenn wir nun Chu Hsi selbst lesen, dann bleibt uns nichts anderes übrig, als das genaue Gegenteil festzustellen. In Antwort auf eine Frage nach der Auslegung des Begriffs Himmel, wie er sich in den Klassikern findet, sagt Chu Hsi, daß das Wort im Zusammenhang seiner verschiedenen Kontexte betrachtet werden soll. In manchen Textstellen bezieht es sich auf den Azurhimmel, den Lichthimmel, in anderen Stellen auf den Obersten Herrscher oder Meister (*chu-tsai*), und in weiteren Passagen auf das Prinzip (*li*).[237]

235 Zu Fung Yu-lan vgl. Chan, *A Source Book*, S. 762. Zu Fungs intellektueller Entwicklung seit 1949 vgl. *Fung Yu-lan te tao-lu* (Der Weg Fung Yu-lans; Hongkong, 1974).
236 Zu Teilhard de Chardin vgl. *The Divine Milieu* (New York, 1969), S. 91.
237 Zu Chu Hsis Interpretation des Allerhöchsten und Himmels vgl. *Chu-tzu ch'üan-*

An anderer Stelle hat Chu Hsi den Azurhimmel als das bezeichnet, was – in einem präkopernikanischen Universum – sich in endlosem Kreislauf bewegt. Auch hat er die mehr anthropomorphen Darstellungen des Allerhöchsten (*Shang-ti*) der klassischen Schriften so kommentiert, daß er sowohl die Aussage, daß dort »ein Mensch im Himmel« sei, Herr und Regent der Welt, als auch die Aussage »solch ein Herrscher existiert nicht« für falsch erklärte. Er scheint den Lichthimmel als *locus* einer göttlichen Macht zu betrachten, und benutzt das gleiche Wort, wenn er sich auf den obersten Herrscher, den Allerhöchsten, bezieht:

Die Lieder und Urkunden sprechen so, als gäbe es ein menschliches Wesen dort oben, das alles geschehen läßt, etwa, wenn sie den Herrn (*Ti*) als zornerfüllt erwähnen, usw. Doch ist auch hier ihr Bezugspunkt das (Wirken des) Prinzip(s). Es gibt nichts unter dem Himmel (d. h. im Universum), was bedeutender ist als das Prinzip. Deshalb wird es Herrscher genannnt. »Der erhabene Allerhöchste hat sogar dem niederen Volk einen Sinn für Sittlichkeit zukommen lassen.« (Das Wort) »Zukommen lassen« weist auf die Idee eines Herrschers hin.[238]

Bei Chu Hsi beziehen sich die beiden Worte »Himmel« und »Allerhöchster« auf eine Art »Allerhöchsten Herrscher« (= Gott). Aber Chu Hsi hat versucht, die anthropomorphen Untertöne dieser Worte wegzulassen, und dabei doch die Existenz einer Art göttlicher, weltbeherrschender Kraft zu bejahen. Er hat auch das Wirken dieses Herrschers mit dem Wirken des Prinzips gleichgesetzt – des Prinzips, das sich herleitet und eins ist mit *T'ai-chi*, dem Urgrund, der Quelle und dem Prinzip aller Dinge. Und so bestand der Glaube an eine höchste Gottheit fort, obwohl Chu Hsi es vorzieht, die Gottheit als metaphysisches Absolutes zu betonen und nicht so sehr als persönliches Absolutes.

Das Absolute als Geist

Chou Tun-yi, Chu Hsi und sogar Fung Yu-lan entdecken das Absolute mit Vorliebe in der Welt und erkennen eine gegenseitige Durchdringung des Absoluten und der Welt; andere chinesische Philosophen hingegen zogen es vor, das Absolute in einer Erfahrung des Selbst zu finden. Das bedeutet nicht, daß die Chinesen eine klare Unterscheidung zwischen Selbst und Welt treffen.[239] Ganz

---

shu (Chu Hsi: Gesamtausgabe; 1714). Kap. 49. Vgl. auch J. Percy-Bruce, *Chu Hsi and His Masters* (London, 1923), S. 282. Bruce ist sehr darum bemüht, die theistische Dimension in Chu Hsis Philosophie herauszuarbeiten und stellt dabei manchmal mehr Parallelen mit der christlichen Auffassung einer persönlichen Gottheit fest, als es sich rechtfertigen läßt.

238 Vgl. Chu Hsi, Kap. 43. Bruce, a.a.O., S. 298. Das Zitat innerhalb der Textstelle stammt aus dem *Buch der Urkunden*: Legge, Bd. 3, S. 185.

239 Vgl. John E. Smith, »Self and World as Starting Points in Theology«, in *International Journal for Philosophy of Religion* 1970, S. 97–111.

im Gegenteil fehlt der chinesischen philosophischen Tradition eine solche klare Unterscheidung. Besonders die konfuzianische Philosophie hat keinerlei starke Wissenstheorie entwickelt, die auf der logischen Trennung von Subjekt und Objekt aufbaut. Aber konfuzianische Philosophen besaßen ein allgemeines Bewußtsein vom Vorhandensein eines gewissen Dualismus zwischen Mensch und Natur. Eben die Betonung, die man auf die »Einheit von Himmel und Mensch« gelegt hat, setzt einen solchen Dualismus voraus. Dadurch wird die Subjekt/Objekt-Dichotomie harmonisiert und in Form einer philosophischen Transzendierung überwunden. Dies trifft sowohl auf Chu Hsis Schule als auch auf die Schulen seiner Rivalen zu. Doch Chu Hsi beginnt mit der Welt und spricht dann erst vom Urgrund, der in Welt und Selbst vorhanden sei; Lu Chiu-yüan (1139–93) und andere beginnen mit dem Selbst und sprechen dann von letzter Wirklichkeit als einer alle Objektivität durchströmenden Subjektivität. Solche Philosophien hat man als Schule des Geistes beschrieben, im Gegensatz zu Chu Hsis Philosophie, die zur Schule des Prinzips gehört.
Das chinesische Wort für Geist (*hsin*) ist etymologisch von einem Flammensymbol abgeleitet. Als philosophischer Begriff findet es sich besonders im *Buch Menzius* und in den späteren Übersetzungen buddhistischer Mahayana-Sutras, in denen es sich auf die letzte Wirklichkeit bezieht. In buddhistischem Gebrauch wird dies manchmal in negativen Begriffen – als Nicht-Geist (*wu-hsin*) – oder als eine Grundsubstanz – als Ursprungsgeist – dargestellt.
Die neo-konfuzianischen Philosophen gaben dem Wort seine ursprüngliche Bedeutung, nämlich als seelisches Prinzip des Menschen, zurück, während sie gleichzeitig die buddhistische metaphysische Konnotation bewahrten. Lu Chiu-yüan beispielsweise setzt Geist mit Chu Hsis Prinzip (*li*) gleich. Er nennt es den Geist der Weisen, die am *Tao* (dem Absoluten) und dem Geist des *Tao* teilhatten:

Vor zehntausenden von Generationen gab es zuerst Weise. Sie teilten diesen Geist; sie teilten dieses Prinzip. Weise werden auch in den kommenden zehntausend Generationen erscheinen. Sie werden dieses Geistes teilhaftig sein; sie werden dieses Prinzips teilhaftig sein. Weise erscheinen über den Vier Meeren. Sie teilen diesen Geist; sie teilen dieses Prinzip.[240]

Lus philosophischer Erbe, Wang Yang-ming, hat das metaphysische Prinzip weiter verinnerlicht. Auch er spricht vom Geist als der Bedeutungserklärung für Universum und Mensch und setzt ihn nicht nur mit dem Prinzip (*li*) gleich, sondern auch mit Natur (*hsing*, d.h. menschliche Natur wie auch die Natur der Dinge). Aber Wang Yang-ming geht noch einen Schritt weiter, er entdeckt im Geist Tiefen der Bedeutung des Daseins. Er identifiziert Geist mit Original-

---

240 *Hsiang-shan ch'üan-chi* (Lu Chiu-yüans Sämtliche Werke) 22, Übersetzung nach Wing-tsit Chan, *A Source Book of Chinese Philosophy*, S. 580.

substanz (*pen-t'i*) und spricht damit von der Originalsubstanz des Geistes; diese wiederum setzt er gleich mit dem Himmlischen Prinzip (*T'ien-li*) und mit letzter Wirklichkeit (*Tao*).

Die Originalsubstanz des Geistes ist nichts anderes als das Himmlische Prinzip. Ursprünglich klingt es stets zusammen mit dem Prinzip. Dies ist dein Wahres Selbst. Dieses Wahre Selbst ist Herr deines leiblichen Körpers. Darinnen lebt man; draußen stirbt man.[241]

Um des leiblichen Körpers willen sollte man sich also um das Wahre Selbst sorgen und dessen Originalsubstanz stets unversehrt bewahren. Wenn man den Überbau entfernt, den das »falsche Selbst« (das Ego) als Barrikade, als Versteck und zur Selbstbegrenzung errichtet hat, wenn man so die Selbstigkeit, Scheuklappen der inneren Schau, entfernt, dann wird man das Innerste seines eigenen Seins entdecken. Man wird dann umgeformt sein, treu sich selbst und dem Universum, das einen behaust und dem ungehinderten Ablauf seines Wirkens folgt, das den Menschen zur Verwirklichung vollkommenen Gutseins führen wird, zur höchsten Offenbarung des Absoluten in ihm selbst.
Auch hier gibt Wang Yang-ming uns sein Verständnis des Absoluten, das sich im Relativen und Subjektiven findet – im Geist des Menschen. Mit mystischem Eifer spricht er von einem Ablauf spiritueller Kultivierung, der sich zu einem Erlebnis der Erleuchtung erhöhen kann – und dies ist die Entdeckung des Wahren Selbst. Die Ausdrucksweise läßt an die christlichen Mystiker denken, Meister Eckhart vor allen, für den »der Seelenfunken eine Widerspiegelung von Gottes Licht ist, die immer zurückschaut auf Gott.«[242]
Eckharts Unterscheidung zwischen Gott und dem Göttlichen bietet wohl die beste Analogie zum Verständnis des neo-konfuzianischen subjektiven Absoluten, als zunehmende Immanenz, die sich gleichermaßen auf Gott und die Welt bezieht. Worte wie Originalgeist (*pen-hsin*), Ursprungssubstanz (*pen-t'i*) und sogar *jen* beziehen sich nach dieser Analogie alle auf das konfuzianische »Göttliche«, in seinem Unterschied zum konfuzianischen »Gott«. Das Göttliche ist Wirklichkeit und liegt im Herzen der Dinge verborgen, vor allem im Herz des Menschen; Gott hingegen ist seine Manifestation als menschliches Bewußtsein.
Eckhart und Wang Yang-ming legen die gleiche Betonung auf das Einssein aller

---

241 *Ch'uan-hsi lu*, Teil 1. Übersetzung nach Wing-tsit Chan, *Instructions for Practical Living* (New York, 1963), S. 80–81. Vgl. auch Julia Ching, *To Acquire Wisdom: The Way of Wang Yang-ming* (New York, 1976), Kap. 5, 6.

242 Vgl. Meister Eckhart, *Tractate* 8. Die deutschen idealistischen Philosophen wie Schelling und Hegel sollten später eine metaphysische Ausarbeitung von Eckharts Mystik geben. Vgl. Wilhelm Weischedel, *Der Gott der Philosophen* (Darmstadt, 1971), Bd. 1, Kap. 8.

Dinge. Für Eckhart ist es das Einssein von Gott und Mensch; für Wang ist es das Einssein von »Himmel und Erde und allen Dingen«; für beide wird dies Einssein erfahren und widergespiegelt im Herzen des Menschen und in seinem Geist, dem *locus* dieser Einheit. Eckhart spricht von des Menschen »Blutsverwandtschaft mit Gott«. Yang-ming spricht vom Geist als dem »Blutstropfen«, der unsere Verwandtschaft mit den Weisen des Altertums, den besten Wanderern auf den Wegen des Himmels, beweist.[243]

In kraftvoller Sprache hat Eckhart die Einheit der Seele mit Gott als Vergöttlichung des Menschen beschrieben. Er spricht von der Seele, die sich aus sich selber hinausstiehlt und in Reines Sein übergeht:

Das »Ich« wird zu völliger Nichtigkeit reduziert, und nichts ist mehr da als nur Gott. Und doch überstrahlt sie Gott so wie die Sonne stärker leuchtet als der Mond, und mit der Alldurchdringung Gottes strömt sie ins ewig Göttliche ein, worin Gott in einem nicht endenden Strome einfließt zu Gott.[244]

Wang Yang-mings Philosophie ist auch Widerhall deutscher idealistischer Philosophie, vor allem Schellings und Hegels, deren Gedankensysteme metaphysischer Ausdruck mittelalterlicher mystischer Lehren sind. Für Schelling ist Gott das Absolute Selbst, es steht hoch über aller Wirklichkeit und schließt doch alle Wirklichkeiten ein. Für Hegel ist Gott das Absolute. Er ist auch nicht endendes Leben, grenzenlose Wahrheit, Idee und Geist. Er betrachtet diese Begriffe als dialektischen Prozeß, der das Endliche der Erfahrungswelt ins Unendliche integriert.

Wang Yang-mings Philosophie des Absoluten Geistes spiegelt sich auch in seinem eigenen philosophischen Erben, Hsiung Shih-li (geboren 1885) wider, der letzte Wirklichkeit (*pen-t'i* oder Grundsubstanz) mit dem Ursprungsgeist (*pen-hsin*) gleichsetzt, auch mit dem metaphysischen *jen*, der ethischen Tugend der Liebe und des Wohlwollens, die ontologischen Status erworben hat. *Jen* ist allumfassende Tugend; es ist auch Wirklichkeit, Schöpfertum und absolutes Werden.

Jen ist der Ursprungsgeist. Es ist die ursprüngliche Wirklichkeit, die wir mit Himmel, Erde und allen Dingen teilen. Menzius nennt die Vier Anfänge (der Tugend) gesondert, vom Gesichtspunkt der Manifestation des Ursprungsgeistes... *Jen*-an-sich ist Quelle aller Umwandlung und Grundlage aller Dinge.[245]

Nun wird allerdings *jen* in der chinesischen Schrift mit einem aus zwei Teilen bestehenden Schriftzeichen orthographiert: der Komponente »Mensch« und

---

243 Vgl. Julia Ching, *To Acquire Wisdom*, Kap. 5, Anm. 107.
244 Meister Eckhart, *Tractate* 11.
245 Hsiung Shih-li, *Hsin wei-shih lun* (Über ein neues Bewußtsein) (1946), S. 79 f. Eine Beschreibung seiner Philosophie findet sich bei Wing-tsit Chan, *Religious Trends in Modern China* (New York, 1953), S. 32–43. Dt. *Religiöses Leben im heutigen China* (München, 1953).

der Komponente »zwei«. Es handelt sich um einen Ausdruck von Beziehung, von Intersubjektivität. Es ist verabsolutiert worden, ohne dabei gewisse relative Eigenschaften verloren zu haben. Und hier trifft Hsiung Shih-li den heutigen Erben Chu Hsis: Fung Yu-lan, der seine Philosophie einsetzt mit der Welt, dann die Unterscheidung zwischen Objekt und Subjekt überwindet und das absolute *jen* in der Welt wie auch im Selbst entdeckt.

Das Absolute als Beziehung

Unter den vielfältigen Bezeichnungen der Konfuzianer für das Absolute verdient das Wort *jen* nähere Betrachtung. Ursprünglich bezeichnete es die Tugend der Freundlichkeit vom Höhergestellten zum Niedrigerstehenden; bei Konfuzius und seinen Anhängern nahm das Wort die Bedeutung einer allumfassenden Tugend an, und man hat es wahlweise als Menschlichkeit, Wohlwollen, Liebe übersetzt. In der nachfolgenden Entwicklung konfuzianischer Metaphysik erwarb das Wort eine vitalistische Dimension und bezog sich auf Leben und Schöpfertum, indes verlor es nicht seine eigentliche Bedeutung als allumfassende Tugend, welche die zwischenmenschlichen Beziehungen regiert. In den Systemen von Chu Hsi, Wang Yang-ming, Fung Yu-lan und Hsiung Shih-li nimmt *jen* eine zentrale Stellung ein; es stellt die Integration verschiedener ethischer, metaphysischer und kosmologischer Wirklichkeitsebenen dar.[246] *Jen* bezieht sich auf das Band uneigennütziger Liebe zwischen Menschen. *Jen* bezieht sich auch auf das Band zwischen Mensch und Universum. Und *jen* bezieht sich auch noch auf das Leben des Universums selbst, und die Totalität der Wirklichkeit, die das Universum zu dem macht, was es ist. *Jen* ist Prinzip (*li*) und Urgrund der Dinge (*T'ai-chi*). *Jen* ist auch Geist und Wahres Selbst. Und *jen* bleibt stets die Tugend, die die Essenz des wahren Menschen definiert.

Die offensichtliche Parallele zur christlichen Tradition findet sich in den Begriffen *agape*, Barmherzigkeit oder Liebe. Aber der Ausgangspunkt dieser Bedeutungsänderung unterscheidet sich von der christlichen Tugend der Barmherzigkeit. Die christliche Tugend beginnt mit der biblischen Offenbarung, daß Gott Liebe ist (1 Joh 4,39). Christliche Barmherzigkeit wird verstanden als menschliches Bemühen um Nachfolge der Liebe Gottes. Aber es hat seine Bedeutung erweitert und erstreckt sich auch auf Gnade, Leben und des Menschen Teilnahme an Gottes gelebter Liebe. Jedenfalls umschließt es die gleichen Auffassungen wie das konfuzianische *jen*: Liebe als Leben und als Tugend. Und im Denken Teilhard de Chardins scheint sogar die christliche Barmherzigkeit mit der Doktrin des Kosmischen Christus, Mittelpunkt des

---

246 Wing-tsit Chan, »The Evolution of the Confucian Concept *Jen*«, in *Philosophy East and West* 4 (1955), S. 295–319.

Universums, umgeformt zu werden. Liebe wird die verborgene Energie und dynamische Bedeutung aller Wirklichkeit. Teilhard spricht von der Unterscheidung zwischen dem »Darinnen« und »Daraußen« der Dinge – eine sehr östliche Art, Dinge zu sehen – und deutet dabei eine starke revolutionäre Stoßrichtung an:

> Von den Kräften der Liebe getrieben, suchen die Teile der Welt einander, damit die Welt ins Sein kommen kann. Dies ist keine Metapher; und es ist viel mehr als Lyrik… Um kosmische Energie »am Quellort« zu verstehen, müssen wir, wenn es denn ein *Darinnen* der Dinge gibt, in die innere oder äußere Zone geistiger Anziehung hinabsteigen.
> Liebe in all ihren Feinheiten ist nicht mehr und nicht weniger als die mehr oder weniger direkte Herzspur des Elements, zurückgelassen von der körperlichen Konvergenz des Universums.[247]

Leben und Vermenschlichung. Liebe und ihre Energie. Das persönliche und verpersönlichende Universum. Erinnert diese Sprache nicht an die der Neo-Konfuzianer, vor allem an Hsiung Shih-lis Kennzeichnung des konfuzianischen *jen*, das gleichzeitig Rationales und doch Affektives, Immanentes und Transzendentes, Konstantes und doch Dynamisches darstellt? Besitzt nicht das chinesische Wort, mit seinen zahlreichen, durch die Jahrhunderte hindurch entwickelten Konnotationen, wie Liebe, Wohlwollen, Leben und Schöpfertum, ein großes Potential für Hilfestellung und Einsicht beim Versuch, den christlichen Gott der Liebe besser zu verstehen? *Jen* setzt, wie oben erwähnt, als Tugend horizontaler Beziehungen ein. Es nahm an Weite und Tiefe zu, gewann eine vertikale Dimension und diente als *raison d'être* des Einsseins von Himmel und Mensch.

In dieser Weise hat der konfuzianische Philosoph und Weise in der menschlichen Beziehung gefunden, was Tugend heißt und was Moralität, und vor allem Liebe. Von dort ausgehend, vom Mikrokosmos zum Makrokosmos, hat er die gleiche Macht der Liebe im Universum entdeckt, den Grund des Schöpfertums des Universums, eine lebendige Liebe, die sich im Menschen findet wie auch in der Welt. So wurde er zur Entdeckung des Absoluten hingeführt, dem er den Namen Himmel gibt. Aber auch dort hat er nicht seinen Ausgangspunkt vergessen, den Bereich menschlicher Beziehungen. Wieder und wieder kehrt er zu dieser Beziehung zurück um Liebe, Leben und das Absolute wiederzuentdecken.

Jen ist der Inbegriff der Bedeutung und Größe des Menschen. Im Menschen deutet es auf das Dasein dessen, was größer ist als er selbst, was sich auch im Universum findet, aber größer ist als das Universum. *Jen* bezieht sich auf die Begegnung von Himmel und Mensch – in menschlichen Beziehungen.

---

247 Pierre Teilhard de Chardin, *Der Mensch im Kosmos* (München 1959).

Die heutige Situation

Unsere Diskussion des Gottesproblems im Konfuzianismus würde von nur historischem Interesse sein, wenn die Situation heute ganz anders als zur Zeit der Klassiker und Philosophen wäre. Ehe wir weitergehen, müssen wir auf folgende Frage eine Antwort finden: Welche Bedeutung hat der konfuzianische Glaube an Gott im zeitgenössischen Asien noch? Ist der frühere Glaube an eine persönliche Gottheit vollkommen durch die spätere philosophische Absolutheitsauffassung ersetzt worden? Und hat das philosophische Absolute moderner Säkularisierung Platz gemacht, sei das nun marxistische Ideologie oder nicht –?

Diese Frage nach der Relevanz unserer Diskussion ist gewiß mit der Frage nach der Lebensfähigkeit des Konfuzianismus selbst untrennbar verwoben. Dabei dürfen wir die geopolitische Seite der augenblicklichen religiösen Situation in Südostasien nicht vergessen. Die früheren konfuzianischen Welten Chinas, Koreas, Japans und Vietnams werden von sehr unterschiedlichen politischen Systemen, marxistischen wie nicht-marxistischen, regiert. Im Jahre 1973–74 fegte die Anti-Konfuzius-Kampagne über die Volksrepublik China hinweg. Andererseits bieten die Regierungen Südkoreas und Taiwans den konfuzianischen Werten offizielle Unterstützung und erhalten den Konfuziuskult als solchen. Ob nun die Kritiker in China tatsächlich konfuzianischen Einfluß zerstört haben, oder ob die offizielle Unterstützung in Südkorea und Taiwan zu einer Vermehrung solchen Einflusses beigetragen hat, das sind im Augenblick noch offene Fragen.

Diese Frage der Lebensfähigkeit ist um so schwieriger, weil der Konfuzianismus seiner Natur nach eine eher »verbreitete« als strikt organisierte Religion ist. Das erklärt auch seine Schwerfaßbarkeit, wenn er angegriffen wird und seine unerschütterliche Stärke nach dem Verlust seiner Position als Staatsideologie. Es erklärt auch die Beharrlichkeit, mit der frühere Begriffe in spätere Perioden übertragen wurden. Eine organisierte Religion bedarf unter anderem der Unterstützung durch eine institutionalisierte Priesterschaft, um überleben zu können, eine »verbreitete« Religion kennt weder solche Unterstützung noch bedarf sie ihrer. Als verbreitete Religion ist der Konfuzianismus auch fast untrennbar von der traditionellen moralischen Ordnung geworden, die zwar große Wandlungen erfahren hat, aber eine bemerkenswerte Flexibilität beweist.

Der Begriff einer persönlichen Gottheit hat offensichtlich bis ins 20. Jahrhundert hinein überlebt, einerseits durch den offiziellen Himmelskult, andererseits durch den verbreiteten Glauben an einen Himmlischen Regenten, manchmal *T'ien-lao-yeh* (Himmlischer Meister) genannt. Weiterhin scheint das Absolute der Philosophen die Aufmerksamkeit jener chinesischen Gelehrten zu bewegen, die eine Reinterpretation der konfuzianischen Tradition als ihre

Aufgabe betrachten. Chinesische Gelehrte einer früheren Generation, unter ihnen auch Hu Shih, haben eher die säkulare Dimension des konfuzianischen Humanismus betont, während nun – mit wenigen Ausnahmen – eher eine positivere Würdigung seiner Religiosität bemerkt wird. Sie war denn auch das Thema des wohlbekannten »Manifestes für eine Neueinschätzung der Sinologie und den Wiederaufbau der chinesischen Kultur.«[248] Seine Unterzeichner wiesen auf die Identifikation des Wegs des Himmels (*T'ien-tao*) und des Wegs des Menschen (*jen-tao*) als Haupterbe des Konfuzianismus hin und mahnten die westlichen Sinologen zu größerer Aufmerksamkeit im Betrachten dieser konfuzianischen Spiritualität. Allerdings haben sich eben diese Gelehrten im allgemeinen zum Gottesproblem sehr zurückhaltend geäußert. Sie äußerten sich eigentlich nur dahingehend, daß die für den Gott des frühen Konfuzianismus charakteristische Persönlichkeit nach und nach dem transpersonalen Charakter wich, den die Bezeichnungen »Himmel« oder »Himmlischer Weg« an sich haben.

Andererseits haben chinesische marxistische Gelehrte in der Volksrepublik wiederholt auf das religiöse Element der konfuzianischen Tradition hingewiesen. Sie kritisierten es um seines »metaphysischen Idealismus« willen (*wei-hsin*). Wohl erkannten sie einige Unterschiede zwischen dem, was sie Chu Hsis »objektiven Idealismus« und Wang Yang-mings »subjektiven Idealismus« nannten, bezeichneten jedoch das gemeinsame Ziel beider als Ausarbeitung und Entwicklung der inneren, mystischen Dimension, die seit Menzius im Konfuzianismus vorhanden ist. Sie verwerfen auch die religiös-asketischen Aspekte der neo-konfuzianischen Doktrin der Selbstkultivierung als »Klerikalismus« oder »Monastizismus« und die neo-konfuzianische Metaphysik und Ethik als »Scholastizismus«. Zur Bezeichnung neokonfuzianischer Ansichten über den Himmel und den Weg benützen diese Kritiker sogar das Wort »Theologie« (*shen-hsüeh*), da Himmel und Weg ihnen in den Bereich religiösen Aberglaubens gehören.[249] Über Wang Yang-ming wird gesagt:

Wang betrachtet sich als Papst. Erweiterung von *liang-chih* (Kenntnis des Guten) ist schlicht und einfach eine religiöse Doktrin. Von den Phantasievorstellungen mystischer Religiosität her kann man erkennen, daß Idealismus letztendlich der Theologie verwandt ist.[250]

---

248 Das Manifest wurde in chinesischer Sprache in der Zeitschrift *Min-chu p'in-lun* (Demokratische Kritik; Taipei, Januar 1958) veröffentlicht. Eine englische Übersetzung wird in Carsun Chang, *The Development of Neo-Confucian Thought* (New York, 1962), Bd. 2, S. 455–84 gegeben. Vgl. auch Liu Shu-hsien, »The Religious Import of Confucian Philosophy: Its Traditional Outlook and Contemporary Significance«, in *Philosophy East and West* 21 (1971), S. 157–176.
249 Hou Wai-lu *et al.*, *Chung-kuo ssu-hsiang t'ung-shih* (Umriß der chinesischen Geistesgeschichte, Peking, 1960), Bd. 4, Teil 2, S. 905–912.
250 Ebd., S. 904 f.

In den Schriften Yang Jung-kuos, einem Erzkritikus des Konfuzianismus, wird derartige Kritik bis in die Vergangenheit ausgedehnt und dort gegen die Lehren von Konfuzius selbst angewendet, der – nach Yang Jung-kuo – ein *jen*-Konzept lehrte, das nichts anderes als die subjektive Umformung des früheren religiösen Begriffs vom Willen des Himmels war (*T'ien-ming*). Nach seiner Ansicht war die gesamte Geistesgeschichte der Frühling-Herbst-Periode sowie der Zeit der Streitenden Reiche (722–222 v.Chr.) durch einen Kampf zwischen Atheismus und religiösen Gedanken gekennzeichnet – polarisiert war dieser Kampf im Streit zwischen den Schulen der Legalisten und der Konfuzianer.[251]

Soll man solche Auslegungen nur als Ergebnis einer unterschiedslosen Attacke auf das konfuzianische Erbe ansehen, vorgenommen von Marxisten, die nur allzugut mit der Religionskritik Feuerbachs und Marx' vertraut sind? Sollten sie nicht auch als Ausdruck der Überlegungen von Denkern betrachtet werden, die in westlichen analytischen Methoden, marxistische einbegriffen, ausgebildet sind und deshalb eher imstande sind, in einer alten chinesischen Tradition Ideen des Absoluten, Gottes, der Religiosität überhaupt zu entdecken?

Haben wir denselben Gott?

Haben wir denselben Gott? Bislang haben wir angenommen, daß Yahwe der Gott Israels ist und auch der universale Gott, ebenso wie der Allerhöchste den Gott des Herrscherhauses der Shang darstellte und durch Erweiterung zum Gott der Allgemeinheit wurde. Yahwe ist ein persönlicher Gott, voller Macht und Gnade, ebenso wie der Allerhöchste Vater und Mutter des Volkes ist.

Gewiß bestehen einige Unterschiede. Das Wort »Yahwe« impliziert eine gewisse Autonomität, die in der chinesische Sprache nicht direkt ausgedrückt werden kann, weil es das Verb »sein« nicht gibt. Während sowohl Yahwe als auch der Allerhöchste als Schenker des Lebens und Herr der Geschichte dargestellt werden, hat die konfuzianische Tradition nie eine Schöpfungstheorie *ex nihilo* entwickelt. Der spätere Eintausch des Wortes Himmel für das Wort Allerhöchster hat auch die Immanenz und die Idee spontaner Schöpfung bestärkt. Außerdem fehlt dem Wort »Himmel« schon vom Wort her der Sinn der Persönlichkeit, und sein zunehmender Gebrauch wurde von einer Bedeutungsentwicklung des Wortes selbst begleitet – in einer mystischen, vielleicht »pantheistischen« Richtung. Gleichzeitig verschwand die Beziehung des Wortes zu einem höchsten Wesen, das die gleichen Charakteristika wie der Allerhöchste besaß, und daran hat sich bis heute nichts geändert.

---

251 Yang Jung-kuo, *Chien-ming ssu-hsiang t'ung-shih* (Kurzgefaßte Darstellung der Geistesgeschichte; Peking, 1973), S. 25–28.

Gewiß wurde der Himmel von den Klassikern als engverbunden mit den natürlichen Lebensvorgängen, den reproduktiven Vorgängen und der menschlichen Geschichte angesehen. Allein die Lehre vom Mandat des Himmels könnte man als wenigstens zum Teil dem Bund zwischen Yahwe und seinem Volk vergleichbar betrachten. Yahwe wurde im Neuen Testament zum Theos, nahm mehr und mehr Eigenschaften der Liebe und des Mitleids an, die sich in der historischen Offenbarung Christi manifestierten, während der konfuzianische Allerhöchste und Himmel solch deutliche Historizität vermissen lassen. Als Empfänger des Mandats des Himmels stellten die sagenhaften weisen Herrscher wie auch die historischen Kaiser eine Art göttlicher Inkarnation dar, wurden indes nicht persönlich vergöttlicht. Keiner von ihnen hat Einzigartigkeit seiner göttlichen Offenbarung beansprucht, wie es Jesus Christus tat.

Für den Konfuzianer ist die höchste Gottheit das im Wechsel Befindliche (*Buch der Wandlungen*), das Transzendente, das auch das Immanente ist (*Lieder, Urkunden, Menzius, Lehre der Mitte*) und der Begriff Gottes umschließt manches Paradox. Es ist eben diese Paradoxie der Grund für die vielfältigen Namen Gottes in den klassischen Schriften, die sich ausgedehnter Erörterungen seines Wesens und seiner Eigenschaften enthalten und nur von seiner Gegenwart und Macht sprechen. Gewiß hat unter anderem der Fortbestand des Himmelskultes, während dessen der Kaiser selbst jedes Jahr der höchsten Gottheit Opfer darbrachte, das Weiterleben des Himmels als höchste Gottheit gesichert – und nicht nur als Darstellung letzter Wirklichkeit, verborgen im Universum, und erst recht nicht als wesenhaft-körperlicher Lichthimmel. Man kann an dieser Stelle mit Interesse vermerken, daß die gotischen Kathedralen mit ihren zum Himmel strebenden Türmen ein Symbol des Strebens mittelalterlicher Christenheit zum transzendenten Gott waren, während der Himmelstempel in der Nähe Pekings ein weitläufiger Gebäudekomplex ist, der das »Allerheiligste« umgibt – dies ist ein unter freiem Himmel aufgestellter Marmoraltar, eine Hierophanie des Göttlichen. Die konfuzianische Weltsicht sieht ein größeres Kontinuum zwischen dem Göttlichen und dem Menschlichen – der Durchdringung des einen mit dem anderen –, wohingegen die Christen auf einem größeren Unterschied bestehen, auf dem »Anderssein« Gottes.

Trotzdem bedeutete die Tatsache, daß der konfuzianische Himmelskult ein Vorzugsrecht des Kaisers war, daß die Menge der Bevölkerung nicht direkt an der alljährlichen liturgischen Feier der höchsten Gottheit teilnahm. Sie mußten sich mit *geringeren* Kulten zufriedengeben, vor allem der Verehrung örtlicher Geistwesen und der Ahnengeister. Zwar war, philosophisch gesehen, der Himmel dem Volke näher, *kultisch* betrachtet aber war er weiter entfernt. Persönliches Gebet zum Himmel war natürlich nicht untersagt. Aber es wurde institutionalisiert, und wir haben nur wenige Beispiele dafür.

Die Historizität Gottes

Mit der Historizität Gottes beziehe ich mich auf den historischen Charakter der Selbstoffenbarung Gottes, wie sie im Christentum verstanden wird.[252] Ich bin nicht der Meinung, daß dies einen wichtigen Unterschied zwischen der christlichen und konfuzianischen Auffassung Gottes darstellt.

Man kann nicht einfach sagen, daß es in der konfuzianischen Tradition keine historische »Offenbarung« gegeben hat. Der wahre Sachverhalt liegt etwas komplizierter. Während das Wissen von Gott als Allerhöchstem und Himmel dem chinesischen Volk durch »natürliche Hierophanien«[253] zugekommen ist, scheinen dabei hauptsächlich die weisen Herrscher und andere charismatische, fast prophetische Einzelpersonen eine Vermittlerrolle gespielt zu haben. Sogar die späten neo-konfuzianischen Philosophen wiesen gern auf eine Passage im Buch der Urkunden hin, angeblich in der alten, vorch'inzeitlichen Schriftart übermittelt: die »Ratschläge des Großen Yü«. Die Echtheit des Kapitels steht in Zweifel – darauf hat der große Philosoph Chu Hsi selbst hingewiesen. Die kryptische Ausdrucksweise ist von zahlreichen konfuzianischen Denkern, nebst Chu Hsi und anderen, wie auch ihren Kollegen in Japan und Korea stets hochgeschätzt worden. Ich beziehe mich hier auf die sechzehn Schriftzeichen, die wie folgt übersetzt werden könnten:

> Des Menschen Herz-und-Verstand (*jen-hsin*) ist dem Irrtum verhaftet,
> Während Herz und Verstand des Wegs (*Tao-hsin*) fein gestimmt sind.
> Bleibt wachsam, zielbewußt:
> Haltet fest zur Mitte hin (*chung*).[254]

Nach allgemeiner Auffassung stellt diese »zentrale Botschaft« – die Geheimüberlieferung der Weisen – eine Warnung und Mahnung dar. Sie bezeugt eine Dualität zwischen menschlicher Fehlbarkeit und der Feinabgestimmtheit und Unfaßbarkeit des Wegs (*Tao*) und ermutigt zu gleichbleibender Wachheit und seelischem Gleichgewicht. Impliziert ist dabei die Schau einer Einheit von Himmel und Mensch – Himmel verstanden als das, was das Universum zusammenhält, die Fülle des Seins und Gutseins.

---

252 Zum Historizitätsproblem Gottes vgl. Hans Küng, *Menschwerdung Gottes* (Freiburg, 1970), S. 543–550.
253 Vgl. Joseph Shih, »The Ancient Chinese Cosmogony« in *Studia Missionalia* 13 (1969), S. 129f. Shih bezieht sich hier vor allem auf den Taoismus. Aber eine vergleichbare »natürliche Hierophanie« bildet die Grundlage der konfuzianischen religiösen Anschauung. Vgl. auch seinen weiteren Aufsatz »Revelation in Chinese Religion«, in *Studia Missionalia* 20 (1971), S. 237–266.
254 Vgl. Julia Ching, »The Confucian Way *Tao* and its Transmission *Tao-t'ung*«, in *Journal of the History of Ideas* 35 (1974), S. 385. Ich spreche hier mehr über die historische Dimension der konfuzianischen »Offenbarung« als über ihre Gottesidee.

Die Historizität dieser Offenbarung ist natürlich fraglich. Daß Chu Hsi selbst die Echtheit dieser Textstelle bezweifelt und sie dennoch in seiner eigenen philosophischen Hermeneutik benutzt haben soll, weist auf die Priorität, die er der *Idealisierung* der Offenbarung zumaß. Nicht etwa, daß er oder andere bewußt die historische Existenz der Weisen an sich in Frage gestellt hätten. Doch weder Chu Hsi noch andere betrachteten die Historizität dieser angeblich offenbarten Lehren als hauptsächlich wichtig. Das wirklich Wichtige war die »Bedeutung« der Lehre selbst.

Wenn man die christliche mit der konfuzianischen Tradition vergleicht, wird die primäre Bedeutung der Historizität von Gottes Offenbarung deutlich: zuerst den Juden auf dem Berge Sinai und dann, in der Person Christi, an alle. Die frühere Offenbarung auf dem Berge Sinai kann in mancher Hinsicht mit dem heiligen Vermächtnis der konfuzianischen weisen Herrscher verglichen werden. In seinem Kern enthält es Gott selbst – Yahwe – und seine Beziehung zu seinem erwählten Volk. Es ruft nach Glauben und Gehorsamkeit. Aber die Berufung auf Historizität des Ereignisses ist nicht leicht zu untermauern.

Mit Jesus Christus aber begegnen wir einer authentischen historischen Person. Seine vorgeblichen Behauptungen mag man annehmen oder ablehnen. Doch kann man sich dem Eindruck, den die Historizität dieser Offenbarung macht, so wie ihre Interpreten sie verstanden haben, schlecht entziehen. Das ganze Leben Christi, Geburt, Laufbahn, Tod und Auferstehung – stellt diese historische Offenbarung dar. Findet diese Offenbarung irgendwelche Parallelen im Konfuzianismus? Gibt es in der konfuzianischen Lehre vom Weisesein nicht eine soteriologische Dimension, wodurch der Weise als Person mit einem Auftrag verstanden wird, mit einem Bewußtsein seiner Sendung, die Welt vor soziopolitischer und moralischer Entartung zu bewahren? Und ist sie nicht auch der buddhistischen Lehre von den *Boddhisattvas* verwandt, die ihr eigenes *Nirvāna* aufgeben, um anderen auf dem Wege zur Erlösung beizustehen?

Diese soteriologische Dimension gibt es sowohl im Konfuzianismus wie im Buddhismus, wenn auch in unterschiedlicher Weise. Aber die *Einzigartigkeit* der historischen Dimension fehlt.

Diese historische Dimension kann eher in der Lehre vom Reinen Land des Buddha Amitābha und seines Boddhisattva Avalokiteśvara gesehen werden – Kuan-yin im Chinesischen, die weibliche Form der in Indien ursprünglich männlichen Persönlichkeit.[255] Aber die buddhistische Tradition hat niemals die »Einzigartigkeit« des betreffenden Erlösers behauptet. Und nirgendwo findet sich eine solche Behauptung im Konfuzianismus. Hier wird, wie Menzius bemerkt, das Auftauchen von Weisen in regelmäßigen historischen Ab-

---

255 Vgl. Henri de Lubac, *Aspects of Buddhism* (New York, 1954), xi, S. 24–34; Heinrich Dumoulin, *Christianity Meets Buddhism* (La Salle, 1974), S. 103 f; Kenneth Ch'en, *Buddhism in China* (Princeton, 1964), S. 339–342.

ständen erwartet.[256] Daß sie es nicht getan haben, kann nun nicht als Stützung irgendeiner Einzigartigkeit beanspruchenden Offenbarung dienen.

Der *Unterschied* zwischen dem christlichen und dem konfuzianischen Gottesverständnis liegt hauptsächlich in der Person Jesu Christi selbst – und seiner Bedeutung für die Menschheit. Die konfuzianische Tradition spricht von vielen Weisen – wenn sie auch meist legendär sind. Die christliche Tradition kennt zahlreiche heilige Männer und Frauen, weist aber auf Jesus Christus als einzigartige Offenbarung Gottes hin. Das Christentum trägt den Stempel der Historizität des Christusgeschehens in einer Art, die sich sehr von dem historischen Eindruck, den Konfuzius auf den Konfuzianismus gemacht hat, unterscheidet.

Im Zentrum des Konfuzianismus steht die Lehre der Einheit von Himmel und Mensch. Im Zentrum des Christentums steht Jesus Christus als der Erlöser, in dem Gott sich selbst in einzigartiger Weise dem Menschen offenbart hat.

---

256 *Buch Menzius* 7B:37; Legge, *The Chinese Classics* Bd. 2, S. 500.

Fünftes Kapitel

DAS PROBLEM DER SELBSTTRANSZENDENZ

Einführung

Gewissenhaftes Leben hat verschiedene Ebenen der Tiefe. Es gibt die Ebene der Ethik, auf der moralische Entscheidungen und die Ausübung von Tugend vor sich gehen – eben das, was die Person selbst angeht sowie ihre Beziehungen zu anderen. Es existiert auch ein mehr innerliches Leben des Gewissens; in diesem erlebt das Herz oder Gewissen sein eigenes Dasein, wendet sich in Bitte und Gebet an Gott oder erfreut sich mit dem Bedenken von Worten der heiligen Schriften. Im Christentum wird dies gemeinhin als spirituelle Theologie oder als Bereich des Spirituellen betrachtet. Dieser Bereich bezieht sich auf religiöse Erfahrungen und das Leben des Geistes – auf das Wirken des Heiligen Geistes in der Seele. Es wird jetzt mehr und mehr erkannt, daß dieser Bereich ein gemeinsamer Begegnungsort für die unterschiedlichen Religionstraditionen von Ost und West sein kann, während er früher nur für den Spezialisten der vergleichenden Religionswissenschaft interessant war. Auf diese Weise wird die christliche spirituelle Theologie sowohl erweitert als auch vertieft, wenn sie sich mit Bewußtsein und Kenntnis anderer Religionen bereichert. Diese werden nicht mehr *a priori* als niedriger stehend betrachtet, als das »Natürliche« gegenüber dem »Übernatürlichen.«
Ich möchte hier einen Umriß konfuzianischer »Spiritualität« geben; damit meine ich nicht nur geistige Übungen wie Gebet und Meditation, sondern auch einen Umriß der Meditation, die zur Mystik führt, und eine umrißhafte Beschreibung des Gebets und seiner Formen in öffentlichem Kult und Ritualen. Der Konfuzianismus ist allgemein als System praktischer Moral bekannt. Nur wenige kennen die konfuzianische Metaphysik, und kaum jemand seine mystische Atmosphäre. Zu diesem Thema möchte ich einige Informationen übermitteln und einige der Hauptprobleme darstellen. Ich glaube, daß ein tieferes Verständnis der Position, die das Gebet im Konfuzianismus einnimmt, uns auch zu einem Verständnis seines Gottes verhelfen kann. Ich glaube auch, daß die konfuzianische Meditation mit ihrer klaren ethischen Ausrichtung dem Christen eher dienlich sein kann als das Gegenstück des Ch'an- oder Zen-Buddhismus, der häufig nur allzusehr und ausschließlich nach mystischer Erfahrung strebt. Und ich glaube auch, daß die Ähnlichkeiten und die Unterschiede zwischen konfuzianischem Kult, Ritual und dem christlichen liturgischen und sakramentalen System hilfreich sein werden, um die tieferen philosophischen und theologischen Ähnlichkeiten und Unterschiede zu erklären,

die im Verlauf getrennter und voneinander unabhängiger Entwicklungen des Konfuzianismus und des Christentums entstanden sind.

Friedrich Heilers monumentale Arbeit *Das Gebet* bietet zwei klare Modelle für den Vergleich zwischen Religionen: die Prophetie und die Mystik. Mit prophetischen Religionen bezieht Heiler sich auf jene, deren Glauben auf eine göttliche Offenbarung gegründet ist, die der Transzendenz Gottes starke Bedeutung beimessen und ethischen Werten und Vorschriften in hohem Maße Bedeutung zumessen, wie wir dies im Judaismus, Christentum und im Islam vorfinden. Mit Mystik meint Heiler die Flucht vor der Welt und vor sich selbst, um über das Unendliche und Absolute zu meditieren. Im wesentlichen ist dies die Verfahrensweise von Hinduismus, Buddhismus und Taoismus, von Religionen also, die Selbsttranszendenz als Selbstvergessenheit betrachten, um so das Göttliche im Menschen zu finden.[257]

Man hat Heiler des so strikten Gegeneinanderstellens der beiden Prototypen wegen kritisiert und ihm vorgeworfen, daß er die prophetischen Religionen den mystischen vorziehe.[258] Aber er vernachlässigt die Existenz mystischer Tendenzen in prophetischen Religionen – und umgekehrt – keineswegs. Und normalerweise – wenn auch nicht immer – vermeidet er theologische Voreingenommenheit, welche die eine Religion der anderen vorziehen würde. Außerdem bringt die Verwendung dieser beiden Modelle die Charakteristika verschiedener Religionstraditionen und die spezifischen Ausformungen ihrer Frömmigkeit klarer ans Licht. Der beste Kontrast findet sich beispielsweise bei Christentum und Ch'an- oder Zen-Buddhismus. Christliche Spiritualität

---

257 Friedrich Heiler, *Das Gebet*, S. 248–63, *passim*. Es ist hier nicht der Ort, um die Möglichkeit der Verwendung von Heilers Kategorien in einer Konfuzianismus-Studie zu erörtern. Ich möchte betonen, daß ich nur *bestimmte Merkmale* des frühen Konfuzianismus meine, wenn ich diesen als »prophetische Religion« bezeichne und mich sogar hierbei strikt an Heilers Kategorien halte. Ich werde darin bestärkt von H.H. Rowley, der, ohne Heiler zu erwähnen, in seiner Arbeit *Prophecy and Religion in Ancient China* (London, 1956) ebenso verfahren ist. Vgl. vor allem S. 120. Rowley erwähnt insbesondere die Arbeit von E.R. Hughes and K. Hughes, *Religion in China* (1950), worin die Autoren Konfuzius als Propheten betrachten, »wie wir ihn auch im Alten Testament finden«. Vgl. Rowley, S. 2. Es sei nur noch vermerkt, daß ich mit Max Webers Behauptung, »es hat nie eine ethische Prophetik eines überweltlichen Gottes gegeben, der ethische Forderungen erhob« nicht übereinstimme. Siehe *The Religion of China* (New York, 1964) S. 229f. Ich würde eher sagen, daß es sowohl ethische Prophetik wie auch den Glauben an einen überweltlichen Gott gegeben hat, daß nur die chinesischen Propheten nicht *ausdrücklich* im Namen eines solchen Gottes sprachen. Und sogar hier könnte man mit dem Philosophen Mo-tzu (5.-4. Jahrhundert v.Chr.) eine Ausnahme anführen.
258 Henri de Lubac, »Christliche Mystik in Begegnung mit den Weltreligionen«, in Josef Sudbrack (Hrg.), *Das Mysterium und die Mystik* (Würzburg, 1974), S. 86 ff. Das Zitat stammt aus de Lubacs Vorwort zu *La Mystique et les mystiques*, Hrg. von A. Ravier, S.J. (Paris, 1965).

gründet sich auf den Glauben an die Offenbarung Christi; christliches Gebet –
sogar das mystische Gebet – bleibt stets Ausdruck des Glaubens an einen transzendenten Gott und sein Gnadengeschenk. Andererseits nimmt die Zen-Meditation die primäre Wichtigkeit der eigenen Bemühung (japanisch *jiriki*) im
geistigen Leben für gegeben hin. Die Frage nach der Existenz Gottes hat nur
untergeordnete Bedeutung. Brennpunkt des Zen ist das Streben nach innerer
Erleuchtung in mystischer Erfahrung.
Können diese heuristischen Modelle dem Verständnis des Konfuzianismus
und seinem Vergleich mit dem Christentum dienlich sein? Auf den ersten Blick
hin mag man durchaus daran zweifeln. Die Fragen sind ganz eindeutig: Ist der
Konfuzianismus denn überhaupt eine Religion? Und, falls er es ist, ist er dann
nicht vielleicht eher »prophetisch« als »mystisch« – mit all seinen häufigen
Verweisen auf die Weisen, auf Konfuzius und Menzius und die weisen Herrscher des Altertums, mit seinem Himmelskult und seinen starken ethisch-sozialen Interessen? Sind Gebet und Mystik im Konfuzianismus nicht Randerscheinungen? Hat der Konfuzianismus echte Mystiker hervorgebracht?
Ist der Konfuzianismus überhaupt eine Religion? Hier ist kaum der rechte Ort
für eine erschöpfende Diskussion dieser Frage. Ich hoffe immerhin, in jedem
Kapitel dieses Buches einige Hinweise zur Beantwortung dieser Frage zu geben. Aber ich glaube, daß eine Überprüfung des Standpunktes, den Gebet,
Meditation, Mystik und Ritual im Konfuzianismus einnehmen, das Wesen der
konfuzianischen Religiosität verdeutlichen wird. Ist diese Religiosität eher
prophetisch als mystisch? Ich beabsichtige keine Beweisführung für die eine
oder die andere Behauptung, ausgenommen die Ausführungen der vorhergehenden Kapitel, etwa über das Vorhandensein von Glaube und Offenbarung
überhaupt im Konfuzianismus, wie auch zur Entwicklung der Idee eines metaphysischen Absoluten, das fast die Stelle einer persönlichen Gottheit einnahm.
Weiterhin sollte die Beantwortung einer solchen Frage mit der vorgeschlagenen Untersuchung parallel laufen. Wir werden sehen, daß Gebet im Konfuzianismus im allgemeinen mit kultischen Handlungen assoziiert ist – als Zeichen
seiner »prophetischen« Eigenschaften; Meditation und sogar mystische Erfahrung assoziieren den Konfuzianismus hingegen mit den »mystischen« Religionen. Wenn nun auch die Typologie mystisch *versus* prophetisch einer vergleichenden Studie von Konfuzianismus und Christentum nicht ganz angemessen
ist, so vermag sie doch die religiösen Dimensionen des Konfuzianismus klarer
zu beleuchten.

Gebet als Gespräch mit Gott

In keiner der großen Weltreligionen gibt es spirituellen Fortschritt ohne
irgendeine Form von Gebet und Meditation. Für den Christen bezieht sich das
Wort »Gebet« (griech. *dialechis*; lat. *homilia, conversatio*) gemeinhin auf die

Unterhaltung mit Gott, oder das Erheben des Herzens zu Gott.[259] In beiden Definitionen ist das Anerkennen einer Dualität einbegriffen, einer Beziehung zwischen Mensch und Gott, die man als Beziehung zwischen Höherem und Niedrigerem anerkennt. Dieses Merkmal ist im Alten wie auch im Neuen Testament wohlbezeugt, wo der niedrigere Partner im Dialog entweder eine einzelne Person oder aber eine Gruppe ist – das israelische Volk, die Jünger Jesu. Im Kontext der Schrift bezieht sich Gebet meistens auf Bitte, sei es um Gunst oder Vergebung (Ps 74,1 ff), aber auch auf Verehrung ohne besondere Nebenabsicht sowie Danksagung (1 Chr 29,1 f), und manchmal auf herzzerreißende Klage und sogar Anklage, wie bei Hiob (16,6–17;23,2–17) und dem gekreuzigten Jesus (Mt 27,45; Mk 15,34). Auch ist für den Christen das Beispiel Jesu im Neuen Testament die beste Unterrichtung im Gebet, wie in der Bergpredigt, in der Lehre des Vater Unser (Mt 6,9–15; Lk 11,1–4) und in Gethsemane (Mt 26,39 ff; Lk 22,41 ff). Einbegriffen in diesem Gebetsverständnis ist die grundsätzliche Haltung des Bittstellers oder Andächtigen: Vertrauen in die Güte Gottes und ebenso Ehrfurcht vor dem Heiligen.

Auch der Konfuzianismus besitzt eine Gebetstradition, vor allem assoziiert mit den Zeiten der weisen Herrscher, wie sie in den Klassikern beschrieben werden. Die Chinesen damals glaubten an eine höchste und persönliche Gottheit, die Allerhöchster oder Himmel oder beides genannt wurde. Diese Gottheit stand über einer Hierarchie der Geistwesen der Erde und der Feldfrüchte, der Berge und Flüsse und war höher als die Geister abgeschiedener Vorfahren.[260] Das Buch der Lieder bietet das wohl reichste Quellenmaterial für derartige persönliche Gebete und Anrufungen, die häufig liturgischen Zusammenhängen entstammen und einem Vergleich mit den Psalmen durchaus standhalten. Sei es, daß man sich an den Allerhöchsten wendet oder an den Himmel, stets wird die Größe und Alleinherrschaft Gottes gepriesen, in deren Angesicht der Mensch ehrfürchtig sein muß:

Unumschränkt herrscht der Allerhöchste,
Erhaben überschaut er die Welt...[261]

Wie weit ist der Allerhöchste,
Beherrscher der niederen Menschen!
Wie erhaben ist der Allerhöchste,
Unermeßlich sein Trachten dem menschlichen Geist![262]

---

259 Vgl. Josef Sudbrack, »Gebet,« in *Sacramentum Mundi*, hrg. Karl Rahner et al. (Freiburg, 1967–69), Bd. 2, 158–174; Louis Bouyer, *Introduction à la vie spirituelle* (Paris, 1960), Kap. 3; G.Ebeling, »Das Gebet«, in *Zeitschrift für Theologie und Kirche* 70 (1973), S. 206–25.
260 D. Howard Smith, *Chinese Religions* (New York, 1968), S. 14–21.
261 James Legge (Übers.). *The Chinese Classics* (Oxford, 1893), Bd. 4, S. 448.
262 Ebd., S. 50.

Lasset ehrfürchtig, ehrfürchtig mich sein.
Deutlich sind die Wege des Himmels,
Schwer lasten seine Gebote.
...
Erhebt sich über unsere Taten, steigt nieder auf sie;
Kein Ort ist noch Stunde, da nicht er uns sieht.[263]

Gottes Segen und Schutz werden entweder vom König für sich und sein Volk angerufen oder von den Untertanen für den König erfleht, wie im folgenden Gebet:

Der Himmel behüte und bewahre Euch,
Unversehrt und ohne Schaden.
Er schenke Euch gänzliche Tugend,
Auf daß Glück Euch zuteil werde.
Und Zuwachs sei Euch gewährt,
Auf daß Euch alles in Überfluß eigen.
Der Himmel behüte und bewahre Euch,
Und verleihe Euch Vorzug vor allen,
Auf daß alles Euch wohlgerichtet sein möge,
Auf daß Ihr hundertfach Gnaden des Himmels erfahret.
Möge (der Himmel) dauerndes Glück Euch bescheren,
Dem die Tage nicht reichen, sich all dessen zu freuen...[264]

Obwohl hoch oben stehend, allein herrschend und transzendent, ist Gott doch auch Vater und Mutter des Volkes. In Notzeiten nimmt Gebet die Dringlichkeit leidenschaftlicher Bitte und Anklage an und erhebt sich als Schrei aus der Tiefe des Herzens:

Oh Himmel weit und ferne,
Ihr (Du), den man Vater nennt und Mutter,
(Ich bin) ohne Vergehen noch Verbrechen,
(Und doch) Leide ich große Not!...[265]

Großer Himmel, unrecht
Ist das Geschick solch ermüdlicher Plage.
Großer Himmel, ungünstig gesonnen
Schickt er dies große Elend herab.
...
Oh Himmel, groß und ohne Erbarmen!
Kein End ist den Sorgen gesetzt...[266]

Auf schau ich zum großen Himmel –
Warum bin ich in so viele Nöte gestürzt?
...

263 Ebd., S. 599.
264 Ebd., S. 255 f.
265 Ebd., S. 340.
266 Ebd., S. 312.

> Auf schau ich zum großen Himmel –
> Wann werd ich mit Erlösung vom Übel gesegnet?...[267]

Was hat Konfuzius selbst zu dieser Gebetstradition beigetragen? Konfuzius hat seine Zurückhaltung in der Erörterung gewisser religiöser Fragen, wie des Lebens nach dem Tode sowie der Existenz von Geistwesen und Geistern, klar und deutlich zum Ausdruck gebracht (*Gespräche* 11:11). Aber er war kein religiöser Aufrührer.[268] Er teilte die religiösen Überzeugungen seiner gebildeten Zeitgenossen und befleißigte sich sorgfältiger Teilnahme am kultischen Leben, vor allem im Bereich des Ahnenkults. Sein Programm richtete sich auf eine »Wiederbelebung der Vorzeit« (*fu-ku*); es war ein Bemühen, das sich darauf richtete, die Vergangenheit und ihr Erbe bedeutungsvoll und in der Gegenwart anwendbar zu machen.

Der Überlieferung nach hat er persönlich die von den weisen Herrschern überkommenen Klassiker ediert. Zwar können wir diese Aussage nicht wörtlich nehmen, doch besteht aller Grund anzunehmen, daß Konfuzius sich mit diesen Schriften, die er so verehrte, durchaus identifiziert hat. Ihr Wert wurde durch seine Arbeit an ihnen gesteigert, wenn auch viele ihre endgültige Form erst nach seinem Tode erhielten.

Wir haben keine Berichte über längere Gebete aus Konfuzius' Mund. Nach dem von der konfuzianischen Schule akzeptierten offiziellen Kult ist die Anbetung der höchsten Gottheit, des Allerhöchsten oder Himmels, ausschließliches Vorrecht der Herrscher Chinas. Viele lange Gebete sind mit diesem Kult verbunden. Aber nur wenige Beispiele persönlichen Gebets zu Gott sind uns überliefert. Wie auch immer, wir haben Beweise, daß Konfuzius in seinem persönlichen Leben den Himmel angerufen hat, besonders in Notzeiten, wie zur Zeit des Todes seines Lieblingsschülers Yen Yüan. Die *Gespräche* berichten von Konfuzius' bitterer Klage und daß er seiner Verzweiflung Ausdruck verlieh: »Ach, der Himmel macht mich zunichte! Der Himmel macht mich zunichte!« (11:8).

Für den Christen ist ein gläubiges Leben in Gott, wie es sich im Einhalten der Gebote zeigt, der beste Ausdruck beständigen Gebets. Dies gilt auch für Konfuzius: das Leben des Gerechten an sich ist Gebet, Ausdruck des Glaubens an Gott und die Geistwesen. Und tatsächlich besitzt es höheren Wert als besondere Gebetshandlungen oder Sühneopfer. In diesem Licht können wir Konfu-

---

267 Ebd., S. 534. Solche Klageführung des Gerechten, in diesem Falle zweifellos der König, kann man mit Hiobs Klage an Gott vergleichen (Hiob 23–24). Siehe auch Kierkegaards Kommentar zu Hiobs Klagen, in *Wiederholung* (Düsseldorf, 1955), S. 68 f; Ernst Bloch, *Atheismus im Christentum* (Düsseldorf, 1968), S. 148–159.
268 D. Howard Smith, *Chinese Religions*, S. 37–40; H.G. Creel, *Confucius, the Man and the Myth* (London, 1951), S. 129 f; Herbert Fingarette, *Confucius – the Secular as Sacred* (New York, 1972). Vgl. auch Smiths Buch über *Confucius* (New York, 1973), S. 61.

zius' Antwort auf die Bitte seines Schülers Tzu-lu verstehen, der während der Krankheit des Meisters für ihn beten wollte. Konfuzius fragte zunächst in erstauntem Tone: »Ist denn so etwas möglich?« Der Schüler antwortete: »Es ist möglich. In den Lobreden heißt es: ›Man hat den Geistwesen der oberen und der unteren Welt um Euretwillen Gebete dargebracht.‹« Worauf Konfuzius voll Zuversicht zur Antwort gab: »Mein Gebet dauert schon lang« (*Gespräche* 7:34).
Gewiß ist dies eine Antwort, die man von einem Manne, der sein Leben dem Weisesein und der Vervollkommnung gewidmet hat, nur erwarten kann. Es ist die Antwort eines Mannes, der von sich selbst sagt, daß er sich im Alter von fünfzehn Jahren der Suche nach Weisheit gewidmet hat; der unerschütterlich war in dieser Suche, als er dreißig Jahre alt war; der mit Vierzig keinen Zweifel mehr hatte; der mit Fünfzig die *Gebote des Himmels kannte*. Mit Sechzig wurden seine Ohren dem Ruf zur Wahrheit völlig offen, und mit Siebzig sah er sich imstande, allem Begehren seines Herzens zu folgen, ohne dabei Unrechtes zu tun (*Gespräche* 2:4). So war das geistige Leben und die Entwicklung des Konfuzius.[269]

Mystik: Jesus und Konfuzius

Unterhaltung mit Gott, das Erheben von Herz und Sinn zu Gott, kann geistig wie auch stimmlich geschehen. In dieser Hinsicht hat man das Lesen der heiligen Schrift stets als große Hilfe betrachtet. Das Neue Testament zeigt uns Jesu Gewohnheit, die jüdischen Schriften zu lesen (Lk 4,16 ff) und gute Kenntnis von ihnen zu haben. Für den Christen sind die Schrift und die Sakramente immer als Hauptquelle geistigen Lebens betrachtet worden. Meditation bedeutete gewöhnlich überdenkende Lektüre der Schriften oder das Bedenken der Schrift im Gebet; eine Suche nach der inneren Bedeutung von Wort und dargestelltem Geschehen, in der Hoffnung, die eigene Bekehrung (*metanoia*) zu bewirken und Gott in Christo nahezukommen.
Im frühen Christentum gaben liturgische Gottesdienste oft den Kontext solcher Betrachtung sorgfältig ausgewählter Texte im Gebet, wie es auch die Gottesdienste in den Synagogen der Juden getan hatten. Dies erlaubte die schrittweise Entwicklung verschiedener Methoden geistigen Gebets, vor allem im klösterlichen Leben. Die Benediktiner entwickelten beispielsweise eine Methode der geistigen Lesung (*lectio divina*) und organisierten sie durch das ganze Kirchenjahr hindurch.[270]
Gebet neigt zur Vereinfachung und die Mystik respektiert diese Neigung. Das

---

269 Smith, *Confucius*, S. 44–59.
270 Louis Bouyer, »La Vie spirituelle et la parole de Dieu«, in *Introduction; à la vie spirituelle*, Kap. 2.

griechische Wort *mystikos* leitet sich von dem Verb *muein* her, das »schließen« bedeutet, und legt das Schließen der Augen nahe. Ursprünglich war es mit den Verfahrensweisen mystischer Kulte verbunden und nahm späterhin eine mystische, esoterische, mit rituellem Geheimnis verbundene Konnotation an.[271] Das Wort fand Eingang in christlich-theologisches Vokabular durch die Abhandlung über mystische Theologie des Pseudo-Dionysius aus dem fünften Jahrhundert. Es bezeichnet eine Art direkte, unvermittelte Kommunion mit Gott, eine höhere Ebene des geistigen Gebets, auf der der ganze Mensch, nicht nur sein Verstand, Gott begegnet in einem Erlebnis besonderer und ungewöhnlicher Art.[272]

Nach Heiler kann man die Mystik besser im Gegensatz zu prophetischer Frömmigkeit verstehen – nach dieser bleibt das Gebet stets der Dialog zweier ungleicher Gesprächspartner: Mensch und Gott. Mystik neigt zur Flucht vor dem Alltagsleben, in ihrer Sehnsucht nach dem Erlebnis einer höheren Bewußtheit, während prophetische Frömmigkeit das Leben mit Heiterkeit und Entschlossenheit bejaht und sich dabei auf den Glauben an Gott als Schenker des Lebens beruft. Mystik neigt zu ethischer Gleichgültigkeit, zieht Askese der Moral vor, während prophetische Frömmigkeit das sittliche Wirken als Erfüllung des Willens Gottes betrachtet. Mystik tendiert zum Individualistischen, Nichtsozialen, wohingegen die prophetische Religion großen Wert auf Gemeinschaft und die soziale Gruppe legt. Mystik besteht aus der Vereinigung und Vereinfachung aller seelischen Tätigkeit und erreicht dies, indem sie sich der Welt verschließt, Gefühle unterdrückt, bis die Grenzabscheidungen zwischen Gott und Mensch in ekstatischer Erfahrung aufgehoben werden. Prophetische Frömmigkeit offenbart andererseits einen fortbestehenden Dualismus in der Erfahrung von Furcht und Hoffnung, Trauer und Vertrauen, Zweifel und Glauben und in dem unablässigen Bewußtsein der Entfernung zwischen Mensch und Gott. Mystik sucht den schweigenden und sich selbst genügenden Gott, den *Deus absconditus*, während prophetische Religionen den Schöpfer lobpreisen, den *Deus revelatus*, der seinen Willen in der Natur und Geschichte bezeugt.[273]

Bevor wir weitergehen, ist die Frage nach der Aussage des Neuen Testaments über mystisches Gebet sinnvoll, und ob Jesus selbst Mystiker war oder anderen eine Art Mystik nahegebracht hat.

Diese Fragen sind schwer zu beantworten. Die synoptischen Evangelien haben uns mit Beispielen von Jesu Gebeten versehen, bieten aber keinen Hinweis auf ihre mögliche mystische Tendenz. Das Evangelium des heiligen Johannes bie-

---

271 Louis Bouyer, »Mystisch: Zur Geschichte eines Wortes«, in Josef Sudbrack (Hrg.) *Das Mysterium und die Mystik*, S. 57–60.
272 Cuthbert Butler, *Western Mysticism* (New York, 1966), Vorwort und S. 181–186.
273 Heiler, *Das Gebet*, S. 248–263.

tet eine lange Passage – die Abschiedsrede und Jesu hohepriesterliches Gebet (Kap. 13–17) am Vorabend seines Todes. Wir können darin Anklänge finden an das, was wir mystisch nennen könnten, etwa das Einssein von Vater und Sohn. Aber die Historizität der Stelle als solche ist Zweifeln durchaus offen; ihre jetzige Form stellt möglicherweise einen späteren Versuch der Theologisierung dar, aus einer hellenischen Welt stammend.

Im Neuen Testament gibt es andere Textstellen, die von Jesu Gebet berichten, ohne indes Art oder Inhalt des Gebets zu spezifizieren. Wie Matthäus und Lukas berichten, hat er vierzig Tage und Nächte in der Wüste verbracht (Mt 4,1ff; Lk 4,1ff). Es gibt auch Berichte, daß er nachts oft allein zu beten pflegte (Mt 14,23; Mk 6,46f), oder in Gesellschaft einiger weniger auserwählter Jünger (Lk 9,28–32). Solche Textstellen haben Christen zum privaten, geistigen Gebet ermutigt und zur Suche nach engstmöglicher Einheit mit Gott.[274] Mehr aber verzeichnen diese Textstellen nicht. Allgemeinhin wird die Sache so betrachtet, daß das Christentum zwar eine große Anzahl Mystiker hervorgebrcht hat, aber von seinem innersten Wesen her keine mystische Religion ist. Das Christentum gründet sich auf den Glauben an Jesus und seine Botschaft, und weniger auf irgendeine subjektive Gotteserfahrung, die man während mystischen Gebets erlangt. Die wie auch immer zu verstehenden Hinweise auf Mystik im Neuen Testament bleiben deshalb zweitrangig zur zentralen Lehre des Glaubens. Christentum ist eine »prophetische Religion«, die mit anderen offenbarten Religionen wie Judentum und Islam mehr gemein hat als mit den mystischen Religionen der Griechen, der Buddhisten und der Taoisten.

Wie nun steht es mit Konfuzius und dem Konfuzianismus? Hat Konfuzius selbst meditiert und sich in geistigem Gebet geübt? Besitzt der Konfuzianismus eine mystische Traditon?

Konfuzius ist als eifriger Student und sogar Übermittler der klassischen Schriften bekannt. Zweifellos hat er über den Sinn der Worte und Texte meditiert, hat versucht, sie nicht nur für sich selbst, sondern auch für seine Zeitgenossen und die Gesellschaft seiner Zeit relevant zu machen (*Gespräche* 2:11 und 15, 7:17). Allerdings erlaubten ihm Lektüre und Studium dieser Art eine Kommunion mit den Geistern der alten Weisen, und weniger mit Gott in der Höhe (*Gespräche* 7:5, 8:19–21, 9–5). Es gibt wenig Grund, Konfuzius selbst als Mystiker zu betrachten, wenn auch das taoistische Buch *Chuang-tzu* – nicht ohne Ironie – ihn einen solchen nennt. Die *Gespräche* geben uns eine Beschreibung Konfuzius' in einem Augenblick der Betrachtung, als er erklärte:

---

274 Klemens Tilmann, *Die Führung zur Meditation* (Einsiedeln, 1972), S. 55.

»Ich würde die Wortlosigkeit vorziehen.« Tzu-kung sagte: »Wenn Ihr nicht redet, Meister, was hätten wir, Eure Schüler, dann aufzuschreiben?« Der Meister sprach: »Spricht denn der Himmel? Die Vier Jahreszeiten gehen ihren Gang und fortwährend entstehen alle Dinge, aber sagt der Himmel auch nur *ein Wort*?« (17–29).

Diese Stelle der Klassiker kommt dem, was wir Konfuzius *mystische* Neigung nennen könnten, am nächsten. Die Historizität der Passage ist aber schwer zu untermauern.

Jedenfalls hat die konfuzianische Schule durchaus ihre eigene Tradition tiefer Geistigkeit und sogar der Mystik. Das *Buch der Lieder* und das *Buch der Urkunden* zeigen uns die weisen Herrscher des Altertums als Partner im Gespräch mit dem Allerhöchsten oder Himmel, sie empfangen von ihm Aufträge und Gebote und bitten ihn um Segnung und Schutz. Doch scheint dies der Tradition der jüdischen Könige und Propheten näherzustehen als den in Betrachtung des Göttlichen verlorenen Mystikern. Die konfuzianische mystische Tradition kann man besser im *Buch Menzius* entdecken und in jenen Kapiteln der Ritualtexte, die weniger von den Riten selbst als mehr von der inneren Ordnung von Herz und Sinn sprechen.

Der konfuzianische Mystiker

Wenn Konfuzius als Prophet gilt, so erscheint Menzius mehr als Meditationslehrer, als Lehrer sittlicher Verjüngung und politischer Reform. Menzius spielt auf die Existenz dessen im Herzen an, das größer ist als das Herz. Nach seinem Zeugnis führen Wissen und Erfüllung des eigenen Geistes und Herzens zu Kenntnis und Erfüllung der eigenen Natur wie auch der Natur des Himmels:

Wer sich ganz der Verwirklichung seines Herzens anheimgibt, versteht auch seine eigene Natur, und ein Mensch, der seine eigene Natur versteht, wird auch den Himmel kennen. Indem er sein Herz bewahrt und seine Natur nährt, dient er dem Himmel. Ob er in jungen Jahren scheiden muß oder bis zur Reife hohen Alters lebt, das macht der Stetigkeit seines Ziels keinen Unterschied. Er erwartet, was immer ihm widerfahren soll, mit einem vervollkommneten Charakter, und so weicht er nicht von dem ihm zugemessenen Geschick (7A:1).[275]

Das *Buch Menzius* weist auf eine Dimension von Innerlichkeit und Mystik, ohne dabei das Thema Meditation näher zu berühren; die konfuzianischen Ritualtexte bieten eine generelle Orientierung für Meditation, nennen jedoch weder Methoden noch besondere Techniken. Wir finden hier ein ganz anderes Bild konfuzianischer Spiritualität als in den früher zitierten Beispielen aus dem *Buch der Lieder*. Die Ritualtexte, so nehmen einige Forscher an, zeigen das

---

275 Nach D.C. Lau, *Mencius* (Baltimore, 1970), S. 182.

Eindringen des Taoismus in die konfuzianische Schule. Die Tradition aber hat sie als wesentlichen Bestandteil des konfuzianischen Erbes angenommen. Einige dieser Texte, besonders *die Lehre der Mitte*, haben späterhin auch zur Entwicklung einer Sonderform neo-konfuzianischer Meditation beigetragen, die unter dem Namen »Stillesitzen« (*ching-tso*) bekanntgeworden ist. Wir werden noch darauf zurückkommen, sobald wir die Belege der Ritualtexte überprüft haben.

Gefühlseinklang und Stillesitzen

Riten und Musik sind stets als die beiden Grundpfeiler konfuzianischer Moral und sozialer Ordnung betrachtet worden. Sie dienen auch als hauptsächliche Stütze der geistigen Existenz einer Person. Obwohl nun das klassische *Buch der Musik* verschollen ist, enthält doch das *Buch der Riten* noch ein Kapitel über Musik und lobt sie als hilfreich zum Erreichen innerer Ruhe und inneren Gleichgewichts – eine Widerspiegelung jenes Zusammenklangs, den wir auch in feingestimmter Musik vernehmen. Nach dem Zeugnis diesen Kapitels gehört es »zum himmelsbestimmten Wesen des Menschen, bei seiner Geburt stille zu sein«. Mit fortschreitendem Wachstum gerät der Mensch unter den Einfluß äußerer Umstände und reagiert darauf, indem er »Vorlieben und Abneigungen« entwickelt. Wenn die Vorlieben und Abneigungen sich nun nicht nach einer inneren Richtschnur ordnen, dann läuft der Mensch Gefahr, ein Opfer von Selbst-Entfremdung zu werden, er stellt sich seinem ursprünglichen, tieferen Selbst entgegen und verliert damit sein »himmlisches Prinzip«. Aufgabe der Musik ist es, vereint mit Riten und Zeremonien, den inneren Zusammenklang des Menschen zu erhalten oder wiederherzustellen; den Zusammenklang, der ein Spiegelbild der Harmonie zwischen Himmel und Erde ist – oder sein sollte – und Quell jedweden tugendhaften Denkens und Verhaltens.

Zusammenklang ist das, worauf es bei der Musik ankommt: darin folgt sie dem Himmel und beweist seinen weitreichenden geistigen Einfluß. Wohlverstandene Trennung ist das, worauf es bei den Riten ankommt: darin folgen sie der Erde und beweisen den begrenzenden geistigen Einfluß, der ihr Merkmal ist. Deshalb betrieben die Weisen Musik als Erwiderung auf den Himmel und vollzogen Zeremonien entsprechend der Erde. In der Weisheit und Vollständigkeit ihrer Zeremonien und ihrer Musik sehen wir die richtende Kraft von Himmel und Erde.[276]

Gefühlseinklang und seelisches Gleichgewicht – das heißt, eine Harmonie maßvoller Proportionen eher denn das Fehlen von Leidenschaften – wurden die Eckpfeiler konfuzianischer Spiritualität und grundlegend wichtig für konfuzianische Meditation. Ist nun solche Meditation auch »Gebet« – bringt sie

---

276 Vgl. das Kapitel über Musik im *Buch der Riten*. Legge, *Li Ki* (Oxford, 1885), S. 103.

den Ausübenden in Kontakt mit dem Göttlichen, mit Gott? Diese Frage wird umso gewichtiger, wenn wir uns erinnern, daß die Ritualtexte viele ihrer Anregungen dem Philosophen Hsün-tzu verdanken, dem geschworenen Atheisten, der dem Wort »Himmel« eine naturalistische Bedeutung gab. Gewiß, eine solche Meditation könnte man nur dann als Gebet bezeichnen, wenn sie dem Transzendenten offensteht. An dieser Stelle ist *die Lehre der Mitte* hilfreich. Sie spricht von zwei verschiedenen Seelenzuständen, dem Zustand »vor der Bewegung« und dem Zustand »nach der Bewegung«. Nach dieser Lehre steht *Mitte* für die Harmonie der entstandenen Gefühle, die dem Gleichgewicht des früheren Zustands ähnlich sind. Weiterhin wird gesagt, daß dieser Zusammenklang den Menschen mit den Lebensvorgängen und dem Schöpfertum des Universums in Berührung bringt.

Wo nun weder Lust, Unmut, Jammer noch Freude sich regen, da ist der Geist im Gleichgewicht. Wenn diese Gefühle aufgekommen sind und je nach Gradmesser ihrer eigenen Stärke wirken, so entsteht der Zustand des Zusammenklangs. Dieses Gleichgewicht ist der große Wurzelgrund all dessen, was unter dem Himmel ist, und dieser Zusammenklang ist der allumgreifende Pfad all dessen, was unter dem Himmel ist.

Wenn die Zustände des Gleichgewichts und des Zusammenklangs vollkommen sind, so wird glückbeschenkte Ordnung vorherrschen in Himmel und Erde, und alle Dinge werden genährt sein und blühen.[277]

In diesem Text finden wir keine Erwähnung Gottes, und die Bedeutung des Wortes Himmel ist mehrdeutig. Immerhin verleiht er der Überzeugung klaren Ausdruck, daß Gefühlszusammenklang den Menschen zu etwas hin öffnet, das größer ist als er selbst. Was dies nun ist, und auf welche Weise Gefühlsharmonie erworben werden kann – diese Bereiche bleiben unklar. Außerdem erhebt sich eine weitere Frage: Was hat solche Gefühlsharmonie mit dem Studium und der Lektüre der klassischen Schriften zu tun? Ist konfuzianische Meditation so vollständig abhängig von den Texten, so ausschließlich subjektiv, während christliche Meditation die bedenkende und andachtsvolle Lektüre der Schrift so betont hat? Eine Antwort auf diese Fragen würde uns weiteren Aufschluß über das Wesen konfuzianischer Meditation geben und ihre spätere Entwicklung und ihren eigenen Beitrag zum Thema Gebet und Mystik verdeutlichen.

Gewiß haben die Schüler der Weisen und auch Konfuzius selbst die Klassiker mit Aufmerksamkeit und Ehrfurcht gelesen. Lektüre und Studium dieser Art blieb ein wichtiger Bestandteil konfuzianischer Selbstkultivierung. Chu Hsis aufgezeichnete Unterhaltungen beispielsweise quellen über von Anweisungen, wie eine solche Lektüre vor sich gehen soll. Aber konfuzianische Meditation hat sich, streng genommen, nicht aus der Klassikerlektüre entwickelt, so

---

277 *Lehre der Mitte*, nach Legge, *The Chinese Classics*, B. 1, S. 384 f.

wie die Schriftlektüre eines Christen. Der konfuzianische Ausdruck für Meditation, »Stillesitzen« (*ching-tso*), legt starken taoistischen und buddhistischen Einfluß nahe, etwa von Chuang-tzus *tso-wang* (Sitzen und Vergessen) oder des ch'an-buddhistischen *dhyāna* (Meditation).[278] Wir wissen, daß viele Neo-Konfuzianer der Sung- und Ming-Zeit, des Yi-zeitlichen Korea und Japans zur Tokugawazeit einige Unterrichtung und Erfahrung im Ch'an-Buddhismus besaßen. Auch nach ihrem ideologischen Bruch mit der buddhistischen Religion praktizierten sie weiterhin eine vereinfachte Meditationsform, mit bedenkenloser Aufnahme von Elementen des Ch'an: »das Sitzen und Meditieren« (*tso-ch'an*; jap. *zazen*), »das Nachgrübeln über Rätsel« (*kung-an*; jap. *koan*) sowie »das Warten auf Erleuchtung« (*wu*; jap. *satori*). Indirekte Vorbereitung für diese Übung war und ist ein moralisch aufrechtes Leben; die mehr direkte Vorbereitug bleibt eine Haltung der Stille. Allgemein wird aufrechte Sitzposition empfohlen, sei es auf einem Stuhl, oder, wie bei den Buddhisten, auf einer Binsenmatte und im Lotussitz. Die Aufmerksamkeit richtet sich auf Kontrolle und Ordnung des Atems.[279] Chu Hsi selbst hat eine berühmte Anweisung für Atemübungen verfaßt, in der er empfiehlt, »das Weiße auf der Nase zu beobachten« – ursprünglich eine taoistische Technik. Auch über die Empfindungen sollte Kontrolle ausgeübt werden, um äußerliche Reize fernzuhalten. Der Geist soll sich auf sich selbst konzentrieren, dabei alle ablenkenden Gedanken ausschließen, um Einheit und Zuammenklang zwischen Bewußtsein und dem Gegenstand des Bewußtseins, das heißt dem innersten eigenen Selbst, zu erreichen.

Im Verlaufe seiner Entwicklung unterschied sich konfuzianisches Stillesitzen bald von taoistischer und buddhistischer Meditation. Konfuzianer legten größeren Wert auf Kenntnis des moralischen Selbst – der eigenen Stärken und Schwächen –, um Selbstverbesserung zu erlangen, um sich in der Ausübung der Tugenden zu vervollkommnen und Untugenden zu eliminieren. Konfuzianer sprechen von der Entwicklung oder Verwirklichung des himmlischen Prinzips (*T'ien-li*) im Inneren und vom Loslassen der Leidenschaften oder »menschlichen Begierden« (*jen-yü*), manchmal sogar vom Ziel der »Wunschlosigkeit« im Stillesein. Aber konfuzianische Meditation ist nicht nur eine Überprüfung des Bewußtseins. Sie ist eindeutig auf ein höheres Bewußtsein hin ausgerichtet, indem sie das Selbst und seine Begierden leer macht. Ihrem Wesen nach ist sie mehr Gefühlsharmonie als Dialog. Als Form innerer Kon-

---

278 Weitere Information über buddhistisches Gebet und Spiritualität gibt Heinrich Dumoulin, *Christianity meets Buddhism* (La Salle, Ill., 1974), Kap. 4–5; H.M. Enomiya-Lassalle, *Zen-Meditation für Christen* (Weilheim, ²1971).
279 Vgl. Takehiko Okada, *Zazen to seiza* (Nagasaki, 1965), S. 19f. Zen-buddhistische und konfuzianische Meditation sind hier in einzigartiger Weise abgehandelt. Das Werk ist unübersetzt.

zentration steht konfuzianische Meditation zwischen zwei anderen Formen: der intellektuellen Konzentration auf diskursives Denken und der moralischen Konzentration, die das Nichtvorhandensein von Gedanken versichert. Konfuzianische Meditation sucht Frieden, ohne der menschlichen Natur Gewalt anzutun. Erreichung eines Zustands intellektueller und gefühlsmäßiger Passivität wird nicht gefordert. Die Gedanken können kommen und gehen, wie sie wollen; sie müssen nicht unbedingt Ablenkung sein, es sei denn, man schenkt ihnen Aufmerksamkeit.

Konfuzianische Meditation hat sich in einer religiösen Tradition entwickelt, die kein monastisches Leben kannte. Sie stellt generell eine Laienspiritualität dar. Konfuzianische Mystik wendet sich an den Teil des Menschen, der weiß, wie Tat und Betrachtung, Äußeres und Inneres zu vereinen sind. Der Konfuzianer sieht sein äußeres Wirken als echten Ausdruck seiner inneren Haltung an, als Quelle seiner Absichten. Der Konfuzianer sucht nicht Erleuchtung um ihrer selbst willen. Er ist ein Mystiker *für andere*. Konfuzianische Mystik ermöglicht es dem Ausübenden, das zutiefst dynamische Wesen des himmlischen Prinzips im Innersten zu erkennen – das, warum die Vögel fliegen, Fische schwimmen und Menschenwesen die Tugend lieben. Dies ist der wahre Sinn der Einheit von Mensch und Himmel, Erde und allen Dingen. Gleichzeitig ist es ein Quell tiefempfundener Freude. Denn wenn man sich selbst an den Quellen des eigenen Lebens nährt, dann kann man wahrhaft Selbst werden und seine innere Lebenskraft und Energie ausstrahlen. In Menzius' Worten: »Alle Dinge sind da und vollkommen in mir. Es gibt keine größere Freude für mich als bei einer Prüfung meiner selbst zu merken, daß ich mir selbst treu bin. Wer sein Bestes tut darin, andere so zu behandeln, wie er selbst behandelt werden möchte, der wird (sein Ziel der) vollkommenen Tugend (*jen*) nahe finden« (7A:4).

Konfuzianische Mystik ist zum Mitmenschen hin offen, wohingegen buddhistische Mystik dazu neigt, immer wieder auf sich selbst zurückzufallen.[280] Konfuzianische Mystik unterstützt ethische Werte, wohingegen die ch'an-buddhistische Mystik eher zu moralischer Vieldeutigkeit neigt. Die Aussage der Einheit von Mensch und allen Dingen ist verschiedentlich interpretiert worden – beispielsweise im Sinne einer ethischen Gleichgültigkeit, die sich aus der mystischen Transzendierung von Gut und Böse, Recht und Unrecht ergibt.[281] Im Konfuzianismus aber hat diese Aussage zur Bezeichnung eines Gei-

---

[280] Fung Yu-lan spricht von konfuzianischer Mystik als die »Werke der Liebe« anregend, wohingegen buddhistische Mystik sich zum Introvertierten neigt. Vgl. *A History of Chinese Philosophy* (Princeton, 1952), Bd. 2, S. 492.

[281] Zu diesem Punkt vgl. R.C.Zaehner, *Our Savage God* (London, 1974), Einleitung und Kap. 3, 4. Den Konfuzianismus erwähnt er besonders auf Seite 197 als sich Gott in »sowohl menschlicher wie auch humaner Weise« nähernd.

steszustandes, der gleichzeitg mystisch und ethisch ist, gedient. Der Konfuzianer erreicht diese Transzendenz der Unterschiede zwischen Selbst und anderen durch Ausübung seines *jen*, seiner Liebe – von sich und denen, die ihm nahestehen, zu allen anderen im Universum. Konfuzianische Mystik meint die krönende Errungenschaft von Tugend und Liebe, die den Ausübenden in Verbindung mit Leben und Schöpfertum des Universums setzt. Es besteht eine gewisse Verwandtschaft zur buddhistischen Sekte des Reinen Landes und ihrer Lehre allumfassenden Mitleids sowie zur christlichen Mystik, welche die ethischen Verantwortungen des Menschen nicht aus den Augen verliert.

Der Konfuzianismus feiert die Beziehung des Menschen zum Menschen und zum Universum als Manifestation eines Größeren. Konfuzianische Philosophie strebt durch das Immanente dem Transzendenten zu, dem Göttlichen durch das Menschliche. Aus diesen Gründen ist der Begriff *jen* so bedeutungsreich, er bezeichnet Tugend, Leben und Schöpfertum, ja sogar das Absolute. Denn in und durch menschliche Beziehungen hat der Konfuzianer die eine Wirklichkeit des Lebens entdeckt, die Liebe, die Triebkraft allen Lebens ist und die einzige Erklärung des vielfältigen Seins. Und weiterhin führt konfuzianische Mystik den Ausübenden zurück in menschliche Beziehungen und die tägliche Anwendung von *jen*, denn durch sie kann man, wieder und wieder, das nahe Sein des Absoluten entdecken.

Aktivität und Passivität in der konfuzianischen Geistigkeit

Worte wie »Kultivierung« (*hsiu*) und »Erleuchtung« (*wu*) geben dem mit konfuzianischer Überlieferung und dem umformenden Einfluß des Buddhismus nicht vertrauten Leser einen fremdartigen Eindruck. Mit »Kultivierung« beziehe ich mich auf chinesische Verfahrensweisen etwa des »Lernens«, das heißt, auf einen Prozeß intellektuellen und sittlichen Strebens, wie er in den *Gesprächen*, dem *Buch Menzius* und in der *Großen Lehre* häufig beschrieben wird. Weiterhin ist es ein »charakterbildender« Prozeß, und als solcher ein wichtiger Bestandteil der *Großen Lehre* und der *Lehre der Mitte*. Andererseits bezieht sich »Erleuchtung« in diesem Zusammenhang nicht auf parallele Entwicklungen der europäischen intellektuellen Strömungen des achtzehnten Jahrhunderts, die mit dieser Bezeichnung vom frühen Mittelalter abgesetzt werden. Vielmehr bezieht sich »Erleuchtung« auf innere Erhellung (*ming*, wie erwähnt in der *Großen Lehre*, der *Lehre der Mitte*, *Hsün-tzu* und *Chuang-tzu*), auf Erwachen (*chüeh*; wie sich der Begriff bei Menzius und im *Chuang-tzu* findet) und drittens auf Passagen buddhistischer Texte, in denen der Ausdruck mit dem Sanskritwort *vidya* (Kenntnis, Buddha-Weisheit) und *bodhi*, dem Erwachen des Geistes in die Bedeutung der Wahrheit, gleichgesetzt wird. Der Gegensatz von »Kultivierung« und »Erleuchtung« entstammt zunächst

dem Erfahrungsbereich buddhistischer Spiritualität und spiegelte sich erst später in der neo-konfuzianischen Erfahrung wider.[282]
Zum großen Teil stellt Kultivierung eine aktive oder »willensmäßige« Übereinstimmung dar, während Erleuchtung mehr eine passive und mystische Beziehung bezeichnet. Oberflächlich betrachtet scheint die zwischen beiden bestehende Spannung der Beziehung zwischen Asketentum und Mystik ähnlich, von Selbständigkeit *versus* Unterwerfung zur Gnade. Aber der Gegensatz von Kultivierung und Erleuchtung impliziert zuzeiten eine Grundhaltung von Glauben und Zuversicht, Bereitschaft zum Warten auf das Licht und sogar das Finden von Licht in der Dunkelheit und im Zustand des Wartens; das heißt, eine Art unterbewußter Abhängigkeit von einer höheren Macht (jap. *tariki*). Der Weg der »Erleuchtung« mag andererseits auch das Erzeugen einer plötzlichen, seelisch-geistigen Erfahrung erfordern, hervorgebracht durch eigene Bemühung (jap. *jiriki*).[283] Außerdem kann Glaube in beiden Richtungen vorhanden sein – bei Kultivierung und Erleuchtung: Glaube an die Möglichkeit der Erleuchtung und an ihre transzendente Bedeutung. Hierin liegt die grundlegende Wichtigkeit derartiger geistiger Erfahrungen – es eröffnen sich weite Horizonte der Transzendenz.
Die Spannung zwischen Kultivierung und Erleuchtung in konfuzianischer Meditation und Mystik, ebenso wie die christliche Kontroverse um »quietistische« Passivität und willensmäßige Aktivität, stellt ein Grundproblem in den Vordergrund, das sich jedem stellt, der nach einer höheren Vollkommenheit seiner Selbsttranszendenz sucht. Es ist das Problem von Abhängigsein und Unabhängigsein, d. h. von der Anhänglichkeit zu Gott und der inneren Freiheit vom eigenen Selbst, oder umgekehrt, um es altertümelnd auszudrücken.[284] Die Schwierigkeit betrifft die Feinheit der geistigen Erfahrung, die man in den Tiefen seines Selbst macht. Der Christ mag sich fragen, ob die Abhängigkeit wirklich zu Gott besteht – oder ist es eher eine Abhängigkeit zur Vollkommenheit an sich oder zu einer *Erfahrung* Gottes? Wenn Vollkommenheit selbst zum Ziel wird, so wird die Seele erneut mit dem Gewicht der Eigensucht belastet. Wenn man die Erfahrung an sich sucht, so könnte sie jeden wirklichen

---

282 Vgl. hierzu Julia Ching, *To Acquire Wisdom* (New York, 1976), Kap. 7; vgl. auch W.T. de Bary (Hrg.), *The Unfolding of Neo-Confucianism* (New York, 1975), S. 141–184. An dieser Stelle möchte ich vermerken, daß J.A. Cuttat gesagt hat: Äußerste Innerlichkeit ruft nach Transzendenz, ebenso wie das Fundament eines Bauwerks seinem höchsten Punkt geweiht ist, und dient der Vorbereitung einer Begegnung mit Gott. Vgl. *Begegnung der Religionen* (Einsiedeln 1956).
283 Die Konzepte *jiriki* und *tariki* entstammen dem japanischen Buddhismus, vgl. Heinrich Dumoulin, »Grace and Freedom in the Way of Salvation in Japanese Buddhism«, in R.J. Zwi Werblowski und C.J. Bleeker (Hrg.), *Types of Redemption* (Leiden, 1970), S. 98–104.
284 Zu Abhängigkeit und innerer Freiheit im Bereich buddhistischer Kultivierung vgl. Fung Yu-lan, *A History of Chinese Philosophy*, Bd. 2, S. 393–406.

Inhalts leer werden. Der Konfuzianer – und noch mehr der Ch'an-Buddhist – mag sich fragen, ob ihm nun der Erwerb von Erleuchtung wichtiger ist oder die *Selbstvergessenheit*. Ein Abhängen von der Erleuchtung kann die Seele in Fesseln schlagen und ihre Bemühungen zur Transzendenz behindern, bis schließlich die allzustarke Beschäftigung mit sich selbst jede Selbstvergessenheit unmöglich macht. Aus diesem Grunde haben die großen buddhistischen und konfuzianischen Meister alle wahre Selbstkultivierung als verwandt zur »Nicht-Kultivierung« beschrieben – das heißt, sie haben die Notwendigkeit innerer Entfernung vom eigenen tiefsten Streben deutlich gemacht. Schließlich regiert das himmlische Prinzip (*T'ien-li*) innerhalb der Seele. Es ist aktiv und dynamisch. Die Schüler der Weisen brauchten sich nur seinem Dasein zuzuwenden, das schließlich ihr Leben umformen würde, von innen nach außen, und sich von ihrem Herzen bis hin zu ihrem äußeren Verhalten und ihren instinkiven Reaktionen erstrecken würde. In diese Richtung gingen die Erfahrungen der großen Konfuzianer. Und ebenso die Lehren christlicher Mystiker.

Gemeinsam ist den großen Mystikern aller Religionen eine Erfahrung der mystischen Suche an sich – Warten, Enttäuschung, Freude. Sie finden auch Gemeinsamkeiten im mystischen Erlebnis selbst, wenn sie auch manchmal über die genaue theologische Deutung nicht einig sind. Manche christlichen Mystiker, als Erben der christlichen prophetischen Religion und neuplatonischer mystischer Philosophie, haben als Interpreten dieser gemeinsamen mystischen Erfahrung und den ihr innewohnenden Dimensionen von Immanenz und Transzendenz gedient. In seinem Buch über westliche Mystik verweist Dom Butler auf Augustinus' Beschreibung mystischen Gebets: In der schnellen Kürze eines zitternden Augenblicks kam mein Geist zu dem, was ist (*Mens mea pervenit ad id quod est in ictu trepidantis aspectus*).[285] Er leitet aus dieser Aussage die erlebte Schau transzendentaler Wirklichkeit ab, das Absolute, das für den Christen Gott heißt. Er deutet gewisse Nebenwirkungen solcher Erfahrung an, besonders ein überwältigendes Glücksgefühl und geht auf die Beschreibung solcher Erfahrungen in der Heiligen Schrift, bei Augustinus, Gregorius und Bernhard ein, die ihren Gefühlen der Bejahung und Fülle Ausdruck verliehen, während spätere Generationen – vermutlich vom Pseudo-Dionysius beeinflußt – eine negative Sprache bevorzugten und Worte wie Dunkelheit, Leere und Nichts benutzten, mit denen sie sowohl die Erfahrung wie auch das Absolute bezeichneten. In diesem Sinne erinnert mystische Erfahrung einerseits an Gottes Immanenz, d. h. das Innewohnen des Göttlichen, andererseits vermittelt sie das Gefühl von Gottes Transzendenz und Anderssein, wie wir es in den Schriften Meister Eckharts, Ruysbroecks und bei Juan de la Cruz finden.

Weiterhin beziehen sich alle Mystiker auf einen Punkt zentrifugaler Sammlung

---

285 Nach den *Bekenntnissen* Augustins, VIII, S. 23; zitiert bei Butler, *Western Mysticism*, S. 47.

und Konzentration, wo Immanenz erfahren und Transzendenz erkannt wird. Man hat dies Geist oder Herz genannt: *mens*. Hier begegnet der Mensch dem, was größer ist als er selbst, was größer als sein Herz und doch in seinem Herzen ist. Hier findet er den geistigen Spiegel des Absoluten, den Tempel Gottes und sein Abbild. Karl Rahner hat den Mystiker als Mann des Herzens bezeichnet:

Die deutsche Mystik nannte oft als ihr Ideal den »innigen«, »gesammelten« Menschen, den Menschen also, bei dem sein ganzes Tun restlos Ausdruck der innersten Mitte des Menschen und seiner innersten Lebensentscheidung ist und der darum auch in dieser innersten Mitte ohne Zerstreuung in ein dieser Entscheidung Fremdes »gesammelt« bleibt.[286]

Das Ritualproblem

Öffentliche Rituale sind eine wesentliche Dimension religiösen Lebens. Sie verleihen gemeinschaftlichem Glauben Ausdruck. Sie stehen dem Gebet, der Meditation und sogar der Mystik nahe, sei es im Christentum oder im Konfuzianismus. Die meisten Gebete der konfuzianischen weisen Herrscher, wie sie in dieser Studie an früherer Stelle zitiert wurden, stammen vermutlich aus einem rituellen Kontext. Schriftlektüre und Meditation über Gottes Wort waren stets mit öffentlichem Gottesdienst verbunden – als integraler Teil dieses Gottesdienstes oder als Erweiterung der dabei eingenommenen geistigen Haltung. Was nun die Mystik angeht, so stammt das Wort ebenfalls aus einem rituellen Kontext, wenn auch die bezeichnete Erfahrung mehr und mehr etwas ausgesprochen Persönliches und Individuelles wurde. Jedenfalls ist besonders im Christentum häufig die Meinung vorgetragen worden, daß mystische Erfahrung aus dem Glauben an die »Mysterien« – an das *Geheimnis* – entstanden ist, das heißt, aus dem Anteil des Glaubens der Gemeinde, der sich im Vollzug von Ritualen bezeugt, wie es das an erster Stelle zu nennende Abendmahl ist.[287]

In vielen christlichen Kirchen findet man die Bezeichnung »Sakramente« für einige dieser Rituale. Das Wort rührt nicht aus dem griechischen Text des Neuen Testaments her, sondern von einem lateinischen Wort, das den Schwureid eines Soldaten oder eine Initiation bezeichnet. Es mag möglich sein, daß dies etwas mit den »Sakramenten« zu tun hatte: die Taufe, das Sakrament der Initiation ins christliche Leben. Jedenfalls dient das Wort nach heutigem theologischem Gebrauch zur Bezeichnung bestimmter offiziell anerkannter For-

---

286 Karl Rahner, »Zum theologischen Begriff der Konkupiszenz«, in *Schriften zur Theologie* (Einsiedeln, 1962), Bd.1, S. 405.
287 Josef Sudbrack (Hrg.), *Das Mysterium und die Mystik*, Vorwort von Otto Knoch und Friedrich Wulf S.J., S. 6.

men des gemeinschaftlichen Gottesdienstes. Man nimmt an, daß das Sakramentensystem dasjenige Mittel ist, das noch die profansten Handlungen des Menschen dem Schöpfer allen Lebens und des Universums weiht, bis hin zu Handlungen, die seine vollständige Abhängigkeit von der materiellen Welt bezeugen.[288] Zum Vergleich mit dem konfuzianischen Vorgehen werde ich nur diejenigen Sakramente erwähnen, für die sich eine äquivalente Zeremonie im Konfuzianismus finden läßt. Das sind das Abendmahl, die Taufe – zusammen mit der Konfirmation – und die Eheschließung. Ich werde auch einige Worte zu Begräbnisfeiern und Totengedenken sagen, da diese beiden im Konfuzianismus große Bedeutung haben, wenn sie auch im Christentum nicht als »Sakramente« betrachtet werden, sondern nur als »Sakramentalien« – im Katholizismus –, kultische Gebete also und Handlungen, die in gewisser Beziehung zum Sakramentensystem stehen.

Etymologisch gesehen bezeichnet das chinesische Wort für »Ritual« (*li*) eine kultische Handlung oder das Darbringen von Opfern. Die abgeleiteten Bedeutungen sind: Rituale und Zeremonien wie auch die Regeln und Vorschriften für die Ausführung dieser Zeremonien.[289] Durch Ausweitung des Begriffs bezieht er sich auch auf all jene Regeln und Vorschriften, die das menschliche Verhalten ordnen, besonders sittliche Beziehungen, und weiterhin die innere geistige Haltung, die von demjenigen verlangt wird, der diese Gebote und Vorschriften einhält. Konfuzius selbst hat der Wichtigkeit des Rituals besondere Bedeutung zugemessen, ebenso der Tugend der Würde und des Anstands, die der Beachtung von Ritualen als verwandt empfunden wird. Sogar der Philosoph Hsün-tzu, der die Existenz eines höchsten Wesens ausdrücklich verneint hat, sprach in beredter Weise von den Riten als wichtigem Bestandteil vornehmer Erziehung und vornehmen Lebens. Unter den konfuzianischen Klassischen Schriften finden sich drei Ritualtexte: die Einrichtungen von Chou (*Chou-li*), ein idealisierter Bericht über politische Institutionen der Vorzeit; die ebenfalls aus der Chouzeit stammenden Zeremonien (*Yi-li*), Verhaltensregeln für Prinzen und ihre Minister; und schließlich das *Buch der Riten* (*Li-chi*) mit einem weiten Katalog ritueller Vorschriften, die jeden Lebensbereich betrafen, zusammen mit einigen philosophischen Betrachtungen.[290]

Dem Christen ergeben sich bei der Untersuchung chinesischer, genauer konfuzianischer Riten zwei Schwierigkeiten. Die erste betrifft die Riten als kultischen Dienst. Der Christ wäre zufrieden, wenn der Chinese nur einen einzigen Kult hätte, den der allerhöchsten Gottheit, den Himmelskult. Und der

---

288 Vgl. J. Feiner, L. Vischer (Hrg.), *Neues Glaubensbuch: Der gemeinsame christliche Glaube* (Freiburg, 1973), S. 379 ff, 388 f.
289 Vgl. J. Shih, »I riti nella Religione Cinese«, in *Studia Missionalia* 23 (1974), S. 145.
290 Zu Hsün-tzu vgl. »A Discussion of Rites«, in Burton Watson, *Hsün Tzu: Basic Writings* (New York, 1963), S. 89–111.

Christ ist verständlicherweise verwundert über die Vielzahl von Kulten, nicht nur des Himmels, sondern auch einer ganzen Reihe anderer Geistwesen, Gottheiten und verstorbener Ahnen. Eine mögliche Reaktion auf solche Entdeckung wäre die historisch bezeugte Reaktion des römischen Papsttums, nämlich Abscheu und Widerwillen.

Tatsächlich entsteht ein Verständnis der sekundären Kulte der verschiedenen Geistwesen, einschließlich der eigenen Vorfahren, durch sorgfältiges Studium des Himmelskultes selbst. Hier lernt man, daß der Himmel als höchste Gottheit betrachtet wird. Er steht hoch über der Menge der Geister und Ahnen. Die kultischen Opfer an die niederen Geister dieser Art stellen deshalb eher Verehrung als Anbetung dar.

Der *Lehre der Mitte* (Kap. 19) legt Konfuzius die folgenden Worte in den Mund: »Der Kult des Himmels und der Erde ist dem Dienste des Allerhöchsten geweiht; der Ahnenkult ist dem Dienst der Verstorbenen geweiht.« Demzufolge sieht es so aus, als ob die konfuzianische Schule die Primär- wie auch die Sekundärkulte als Ausdrucks des Glaubens an einen höchsten Gott unterstützt.

Das zweite Problem betrifft mehr die »Zeremonie« als die kultischen Opfer. Ich spreche hier von den konfuzianischen *Übergangsriten*, der »Mützenverleihung« an die Heranwachsenden, der Heirat, dem Begräbnis und vergleichbaren Begebenheiten. Besitzen diese Rituale eine religiöse Bedeutung, oder sind sie nur sozial von Wichtigkeit? Diese Frage wird bedeutsamer, wenn wir uns erinnern, daß Hsün-tzu, der geschworene Atheist, auch Hauptautor des *Buches der Riten* war, das detaillierte Anweisungen für die Durchführung der Übergangszeremonien gibt.

In dieser Hinsicht gebe ich zu, daß die konfuzianischen Übergangsriten auch ganz säkular interpretiert werden können, als geordneter Ausdruck menschlichen Fühlens, wie es zu Zeiten einschneidender Veränderungen im Leben entsteht. Dies ist auch die Ansicht Fung Yu-lans.[291] Ich möchte aber auf ihre latente, manchmal auch manifeste, Religiosität hinweisen. Die konfuzianischen Übergangsriten werden normalerweise im Ahnentempel durchgeführt, der nicht nur auf Grund seiner Geltung als Gedächtnisort für die Toten als heilig gilt, sondern auch wegen der vorgestellten Gemeinschaft der Toten mit dem Allerhöchsten, in dessen Nähe sie den Lohn ihrer irdischen Verdienste genießen. Derart betrachtet, deuten die Zeremonien, wenn sie auch nur selten Gebete direkt an Gott richten, auf die Notwendigkeit göttlicher Segnung hin, die durch Vermittlung der Ahnen erteilt wird. So jedenfalls wurden die Zeremonien von denen verstanden, die sie durchführten; und die Mehrzahl dieser Menschen glaubte, wie auch Konfuzius selbst, an Gott.

---

291 Vgl. Fung Yu-lan, »Ju-chia tui-yü hun-shang chih-li chih i-lun« (Heirat, Begräbnis und Opferriten im Konfuzianismus) in *Yen-ching hsüeh-pao* 3 (1928), S. 356 ff.

Die konfuzianische Liturgie: der Himmelskult

Das Wort »Abendmahl« ist von dem griechischen Ausdruck für Danksagung abgeleitet. Die Abendmahlsfeier hat ihren Anfang und ihr Modell in der Danksagung Jesu während des Abendmahls (Mt 26,26–28; Mk 14,22f; Lk 22,19f; 1 Kor 11,24f). Man hat es als das »geheiligte Mahl der Kirche, gefeiert nach dem Beispiel und den Lehren Jesu« definiert, es stellt gleichzeitig das »Näherücken erlösender Wirklichkeit (Jesu)« dar, »durch die Dankesworte, über Brot und Wein hin gesprochen«.[292]

Wo immer in christlichen Kirchen das Abendmahl gefeiert wird, besteht es aus einer zentralen Liturgie, einer öffentlichen Bezeugung des Glaubens, an der jeder Gläubige teilnehmen kann. Beim Konfuzianismus finden wir ein anderes Bild. Der Himmelskult ist zweifellos der höchste gemeinsame Ausdruck für das konfuzianische China. Doch sieht er dem jüdischen Tempelopfer ähnlicher als dem christlichen Abendmahl, indem er nur einmal jährlich vollzogen wird. Weiterhin war die Teilnahme sehr begrenzt und der allgemeinen Bevölkerung untersagt. In einer Kultur ohne Unterscheidung zwischen *imperium* und *sacerdotium* wurde das Himmelsopfer als Pflicht und Privileg des Kaisers allein betrachtet – des Himmelssohns und Vikars, in Anbetracht seiner politischen und religiösen Funktion. Der jüdische Tempeldienst stellte, neben anderen Faktoren, die Einheit des Volkes dar, das sich als auserwähltes Volk Gottes und alleinigen Verehrer des wahren Gottes betrachtete. Der konfuzianische Himmelskult war vor allem eine Proklamation des Anspruches eines einzelnen auf Regierung eines Reiches, dessen Grenzen »alles unter dem Himmel« umschlossen. Es war ein Ausdruck politischer Legitimität wie auch religiöser Pflicht.

Schon in frühester Zeit hat sich das den Himmelskult umgebende Ritual entwickelt. Es bestand bereits zur Zeit des Konfuzius und ist in vieler Hinsicht bis zum Beginn des zwanzigsten Jahrhunderts ein Hauptmerkmal chinesischer Kultur gewesen.

Noch heute steht der Himmelstempel vor den Toren Pekings, ein Denkmal für über 600 Jahre jüngster Geschichte, an der Stelle, wo die zu Peking herrschenden Regenten das Himmelsopfer vollzogen. Innerhalb des Tempelbereichs hat das »Allerheiligste« weder Wand noch Decke. Es ist ein offener Altar aus weißem Marmor, frei unter dem Himmel stehend, die Hierophanie der *Himmel* genannten Gottheit. Jedes Jahr zur Wintersonnnenwende fanden hier die Opfer statt.

Der Kaiser bereitete sich in drei Tage und Nächte währenden Exerzitien durch Wachen und Fasten auf seine hohepriesterliche Aufgabe vor; auch Prinzen und Beamte nahmen als Gehilfen teil. Der Kaiser näherte sich dem freistehenden Altar, der sich in drei kreisförmigen Terrassen von beeindruckender Schlicht-

---

[292] Vgl. Johann. B. Metz, »Eucharistie,« *Sacramentum Mundi*, Bd. *1*, 1215–1216.

heit erhob, und betete für sich und sein Volk. Bei dem Opfer selbst handelte es sich um die Darbietung eines einfarbigen und makellosen Jungbullen, der als Brandopfer dargebracht wurde. Das Ritual wurde von weiteren Opfergaben, Bittgebeten und feierlicher Musik begleitet. »Der ganze Gottesdienst war eine *Danksagung* an den Allerhöchsten (*Shang-ti*) und an die ruhmreichen Vorfahren des Kaisers, der himmlischen Heerschar, für die im vergangenen Jahr empfangenen Wohltaten.«[293]

Wir wollen hier besonders erwähnen, daß der Grundton des Kultes auf dem *eucharistein*, dem Danksagen, lag. Die Opferhandlung wurde um der Danksagung willen und nicht als Sühneopfer durchgeführt. Tatsächlich ist die ganze Vorstellung sühnenden Opfers dem konfuzianischen Kult fremd. Diese Tatsache hat viele Missionare beeindruckt, darunter den großen Übermittler James Legge, der Sühneopfer als wesentlichen Bestandteil christlicher Kultur betrachtete.

Der Himmelskult war Versicherung des Glaubens an *einen* Gott. Eine Vielzahl himmlischer und irdischer Geistwesen – der Sonne und des Mondes, von Flüssen und Bergen – war zwar mit dem Himmel verbunden, doch stets als seine Untergebenen, seine eingesetzten Beamten. Auch die kaiserlichen Ahnen waren mit dem Kult verbunden – als Zeugen und Teilnehmer, nicht als vergöttlichte Gestalten. Die kaiserlichen Ahnen hatten sich durch ihre Verdienste einen eigenen Kult erworben, der am Jahresende und zum Wechsel der Jahreszeiten stattfand. Ihnen erstattete der Kaiser Bericht über Erfolg und Mißerfolg seiner Herrschaft, demütig und im Bewußtsein, solch erlauchter Vorfahren unwürdig zu sein. Dies war eine Familienzeremonie und unterschied sich nur durch ihre grandiose Durchführung vom Ahnenkult der Durchschnittsfamilie.[294]

Der Himmelskult erforderte ein Brandopfer; der Ahnenkult hingegen war ein Gedächtnisdienst, der in Ahnentempeln oder, häufiger noch, an den Gräbern der Vorfahren oder allenfalls im Hause stattfand, vor den mit den Namen der Verstorbenen beschrifteten Ahnentafeln. Diese Gedächtnistafeln wurden und werden vielerorts auch heute noch auf dem Hausaltar aufbewahrt. Wein- und Speiseopfer wurden dargeboten, und schließlich verbeugte man sich schweigend vor den Ahnentafeln. Danach nahm die ganze Familie am Mahle teil, von dem nach traditionellem Glauben die Ahnen inzwischen bereits gekostet hatten. Deshalb stellt der Ahnenkult ebenso wie das Abendmahl die religiöse Feier eines gemeinsamen Mahles dar – Tote und Lebende nehmen gleicherma-

---

293 W.E. Soothill, *The Three Religions of China* (Oxford, 1923), S. 232. Vgl. auch das Kapitel über die Bedeutung der Opfer, *Buch der Riten*, Kap. 21, Legge Bd. 2, S. 210–220.
294 D. Howard Smith, *Chinese Religions*, S. 140–45; James Legge, *The Religions of China*, S. 44–51.

ßen teil, die Familienbande und der Klanzusammenhang werden erneuert und gestärkt.[295]

Der Himmelskult endete mit der Ausrufung der Republik im Jahre 1912. Der Ahnenkult hält sich noch, allerdings nur mit Schwierigkeiten. Die Volksrepublik hat sich von der Vergangenheit und der Verehrung ihrer Ahnen abgewendet. Viele, die das Festland verlassen und sich in Taiwan, Hongkong und Südostasien angesiedelt haben, konnten ihre Ahnentafeln, die zur Weiterführung des Kults nötig sind, nicht mitnehmen. Bewußtsein des Kultes aber und seiner Bedeutung sind im Gedächtnis des Volkes lebendig geblieben; sie erhalten und stärken auch weiterhin den Familienzusammenhalt. Auf diese Weise ist der Konfuzianismus in noch weit geringerem Maße als früher eine organisierte Religion, und weit mehr als vordem eine Verbreitung religiösen Gefühls, das sich in der Familie abspielt.

Die Übergangsriten

Die konfuzianischen *Übergangsriten* betonen die Wichtigkeit des Familienbewußtseins und des familiären Zusammenhalts im Leben des einzelnen. Sie demonstrieren die *familiäre* Ausrichtung konfuzianischer religiöser Betätigung, deren Mittelpunkt für die überwiegende Mehrzahl der Bevölkerung im Ahnenkult liegt. Der Philosoph Chu Hsi hat sich diesen besonderen Riten in einer Abhandlung unter dem Titel »Familienrituale« gewidmet. Zu ihnen gehören jene Zeremonien, die Aufwachsen und Reife eines Menschen, Bezeugung des Familienprinzips durch den Akt der Eheschließung – die ja auch die Verbindung von Familien, nicht nur Einzelpersonen, darstellt – sowie Trauer und Begräbnisriten einschließen.

Die Geburt eines Kindes ist für jede Familie ein wichtiges Ereignis. Zwar betonen konfuzianische Lehren die Wichtigkeit der Vorbereitung, »Embryo-Erziehung« genannt, auf dieses Ereignis, und es gibt eine Anzahl von Feierlichkeiten, zu denen auch ein rituelles Bad drei Tage nach der Geburt zählt, aber ein rechtes Äquivalent zur christlichen Taufe besteht nicht.[296] Die Namensgebung wird am Ende des dritten Monats nach der Geburt vorgenom-

---

295 Zu den Ahnenopfern vgl. *Buch der Riten*, Kap. 21–22, bei Legge, Bd. 2, S. 226–235, 236–54. Vgl. auch Chu Hsis Familienritual, bei Charles de Harlez, *Kia-li* (Paris, 1889), S. 18–27, 145ff. Siehe Martin Buber, »China and Us«, in *A Believing Humanism* (New York, 1967), S. 188. Buber sagt, daß der chinesische Ahnenkult »ein empfangendes Prinzip bezeichnet; das heißt, die nachfolgende Generation empfängt von den Toten. Dieser Ahnenkult ist deshalb nur in einer Kultur möglich, in der die Toten nicht Fremdgewordenes sind.« Buber sagt weiterhin, daß diese geistige Haltung der westlichen Mentalität fremd ist.
296 Zum rituellen Bad vgl. P.H. Doré S.J., *Manuel des superstitions chinoises* (Paris-Hongkong, 1970), S. 8. Zur »Tonsur« der Kinder vgl. *Li-Ki*, Bd. 1, S. 473.

men; dann wird dem Kind auch eine »Tonsur« geschnitten und sein Name in einem Register vermerkt. Höhere Bedeutung aber messen die konfuzianischen Riten dem Erreichen der Volljährigkeit zu. Je nach örtlicher Berechnung finden diese Feierlichkeiten zwischen dem fünfzehnten und dem zwanzigsten Lebensjahr statt und werden, bei einem männlichen Kinde, als »Mützenverleihung« bezeichnet. Nach einem beeindruckenden und mit zeremoniellem Pomp vollzogenen Kleiderwechsel, der Überreichung der »Mannesmütze«, einem Weinopfer und der Verleihung eines formellen Namens wird der junge Mann in die Gesellschaft der Erwachsenen aufgenommen und seinen Ahnen vorgestellt.[297] Diese Feierlichkeit sieht der christlichen Taufe – der Namensgebung – und der Konfirmation ähnlich; sie feiert den Entschluß des jungen Mannes, Gott zu dienen oder dem Weg der Weisen zu folgen.

Für den Konfuzianer diente »die Heiratszeremonie zur Knüpfung eines Liebesbandes zwischen zwei Familien, zur Sicherung der Nachkommenschaft, des Fortbestands des Ahnenkultes und der Familie.«[298] Es wird also das Wohl der Familie stets vor das Wohl des einzelnen gestellt. Heirat wird also nicht nur als natürlich, sondern als notwendiger Bestandteil des Lebens betrachtet. Und die Hochzeit dient zur Sichtbarmachung dieser Anschauungen. Sie beginnt mit einem Weinopfer; im Ahnentempel wird den Vorfahren das Vorhaben angekündigt. Der junge Mann holt seine Braut ab, beide knien voreinander nieder und teilen ein gemeinsames Mahl; die Trinkschalen sind aus ein und derselben Melone gefertigt und dienen zu symbolhafter Darstellung von Einigkeit und Zuneigung der Versprochenen.[299] Doch die dabei gesprochenen Worte bezeugen mehr ihre Gehorsamkeit den Eltern gegenüber – die die Brautwahl getroffen haben – als den Wunsch zum Durchsetzen eigener Vorstellungen. Nach dem *Buch der Riten* heißt es:

Der Respekt, die Vorsicht, die Wichtigkeit und die Aufmerksamkeit, die auch noch der kleinsten Einzelheit gewidmet wird, danach die Versicherung gegenseitiger Zuneigung – dies waren die Hauptpunkte der Feier; sie dienten zur Verdeutlichung der zu befolgenden Richtlinien und der Rechtlichkeit, die zwischen Mann und Frau herrschen muß... Aus dieser Rechtlichkeit leitet sich die Zuneigung zwischen Vater und Sohn her, und aus ihr die Rechtlichkeit, die zwischen Herrscher und Staatsdiener besteht. Und darum heißt es: ›Die Hochzeit ist die Grundlage aller anderen Feierlichkeiten.‹[300]

Konfuzianische Feierlichkeiten beginnen mit der Mützenverleihung, die sich von der Heirat herleitet und finden die Höhe ihrer Bedeutung in Begräbnis- und Opferfeierlichkeiten. Ein beträchtlicher Teil des *Buches der Riten* behan-

---

297 Zur Mützenverleihung vgl. Chu Hsi, *Kia-li*, Kap. 4, und *Li Ki*, Bd. 1, S. 437f. Für Mädchen gab es eine Zeremonie, bei der sie ihre Erwachsenenhaarnadel erhielten. Dies fand bei der Verlobung statt. Vgl. *Kia-li*, Kap. 5.
298 *Buch der Riten*, 41, in *Li Ki*, Bd. 2, S. 428–434.
299 *Kia-li*, Kap. 7; *Buch der Riten*, 41 (*Li Ki*, Bd. 2, S. 428–434).
300 *Li Ki*, Bd. 2, S. 434.

delt Begräbnisfeiern und Trauervorschriften, zeitliche Abgrenzung der Trauerzeit für die verschiedenen Verwandtschaftsgrade sowie zum Ahnenkult gehörende Rituale. Chinesen und Koreaner haben es in der Vergangenheit den Toten gegenüber gewiß nicht an Verehrung und Achtsamkeit fehlen lassen. Die Trauer betrifft das Hinscheiden eines Verwandten, doch ist in der Totenverehrung ein Glauben an ein Leben nach dem Tode einbegriffen, wie auch die fortdauernde gegenseitige Abhängigkeit von Lebenden und Verstorbenen. Dies ist ein entscheidendes Merkmal des Konfuzianismus und geht viel weiter als vergleichbare christliche Gedächtnisgottesdienste. Es ist interessant zu beobachten, wie die konfuzianische Ethik so fest der Welt verhaftet ist und wie doch der Konfuzianer einen großen Teil seines Lebens in Trauer verbringt, sich seine Wohnung nahe dem Grabe seiner Eltern sucht und sich von allen gesellschaftlichen und politischen Tätigkeiten fernhält. In dieser Hinsicht zeigt das christliche Gewissen, obwohl eher zum »Jenseits« hin orientiert, viel weniger Skrupel.

Das Problem der Rituale – beide mit kultischen Opfern, Sakramenten und Zeremonien – ist, daß sie zunehmend als Ritual selbst genügen, statt zu einem Mittel der Selbsttranszendenz zu werden, als wahrer Ausdruck des Glaubens den Weg zu Gott auszudeuten. Dies liegt den ständigen Versuchen zu liturgischer Erneuerung zugrunde, den Versuchen zur Vereinfachung des Rituals und zur Bereicherung des symbolischen Gehalts. Alle diese Versuche sollen kultisches und rituelles Tun vor verflachendem Formalismus und bloßer gedankenloser Ausübung bewahren, bei der das Herz nicht länger dabei ist. Dies gilt und ist wichtig für alle Religionen der Welt. Konfuzius hat gefragt: »Haben Feierlichkeiten nur und bloß mit Schmuck und schönen Stoffen zu tun...? Ist Musik nur das, was wir von Glocke und Trommeln hören?« (*Gespräche* 17:11). Und »wenn einem die Tugend der Menschlichkeit fehlt, wie kann die Befolgung zeremonieller Vorschriften ihm dann überhaupt noch dienlich sein?« (*Gespräche* 3:3).

Zusammenfassung

Wir haben eine vergleichende Studie von konfuzianischem und christlichem Gebet, der Meditation, der Mystik und des Rituals vorgelegt, und man muß sich eigentlich beeindruckt zeigen von den Unterschieden zwischen frühem Konfuzianismus – mit dem betonten Glauben an eine allerhöchste, persönliche Gottheit – und späterem Konfuzianismus, wo eine starke Tendenz zur Mystik die transzendente Dimension verhüllt und gleichzeitig die Einheit von Selbst und Universum betont. Dieser gleiche Unterschied findet sich auch im konfuzianischen Kult – besonders dem Himmelskult als Erbe des frühen Konfuzianismus – und konfuzianischer Meditation, dem »Stillesitzen«. Wie schon erwähnt, sind die Gebete der weisen Herrscher des Altertums an den Allerhöchsten oder Himmel mit großer Wahrscheinlichkeit aus einem kultischen Kontext heraus entstanden. Es ist nicht uninteressant, festzustellen, wie das fortwährende rituelle Festhalten am Glauben an den einen Gott, der über alle Geistwesen gesetzt, Schöpfer und Wohltäter in einer Person ist, vom Glauben divergiert zu einer persönlichen, religiösen Frömmigkeit. Gewiß verneinen konfuzianische Meditation und Mystik nicht ausdrücklich die Persönlichkeit Gottes und seine Transzendenz. Aber sie messen diesem Glauben keine große Bedeutung bei.

Man muß nach dem Warum fragen. Warum die Divergenz, und warum die fortwährende Dichotomie zwischen Kult und Meditation – oder Philosophie? Trat diese Wandlung mit Konfuzius auf oder später, und auf welche Weise?

Man hat Konfuzius verschiedene Bezeichnungen zugewiesen: Man hat ihn sowohl einen Gläubigen als auch einen Agnostiker genannt. Die uns vorliegenden Aufzeichnungen seiner Dialoge, die Gespräche, geben nicht viel Aufschluß über persönliches Gebet. Jeglicher Glauben an den einen Gott, als persönliche Gottheit und transzendente Kraft, ist mehr implizit als deutlich ausgesprochen. Die Bedeutung aber liegt darin, *daß* er implizit ist. Sogar der zeitgenössische konfuzianische Philosoph Fung Yu-lan, Advokat des Konfuzianismus als Philosophie eher denn als Religion – wenigstens in den Tagen vor der Anti-Konfuzius-Kampagne –, hat Konfuzius' Glauben an diesen persönlichen Gott anerkannt.

Jedenfalls aber hat Konfuzius einen Orientierungswechsel im chinesischen Denken ins Werk gesetzt – weniger in die Richtung formaler Religion als in die Richtung eines auf der sittlichen Natur des Menschen beruhenden Humanismus. Seine Anhänger haben diese humanistische Ausrichtung weiterhin bestärkt: Menzius führte ebenfalls eine mystische Dimension ein und betonte die Einheit von Selbst und Universum; Hsün-tzu hat die Möglichkeit eines wirklichen Agnostizismus und sogar des Atheismus eingeführt, den Himmel »entmythologisiert« – ihn auf den physikalischen Lichthimmel zurückgeführt – und sogar er gab weiterhin den rituellen Belangen Bedeutung, als da sind Erziehung, sittliche Zurückhaltung und Würde.

Es ist nicht unwichtig, Wirkung und Folgen der alten wie auch der fortbestehenden Assoziation von Herrscher und Himmel aufzuzeigen, und ebenso die Einengung des Himmelskultes auf den Herrscher selbst. Die konfuzianischen Klassiker überliefern uns eine Reihe von Gebeten und Gesprächen mit Gott – aber die menschlichen Gesprächspartner dieses heiligen Dialogs sind gewöhnlich die Herrscher. Konfuzius nun war kein Herrscher; noch waren es die ihm nachfolgenden Philosophen. Dergestalt führte auch die »Demokratisierung« konfuzianischer Religion und Philosophie (die Tatsache, daß auch der gemeine Mann, nicht nur ein weiser Herrscher, als Interpret dieser alten Religionsphilosophie dienen konnte), die im Westen unter dem Namen »Konfuzianismus«

bekanntgeworden sind, zu einer immer stärker werdenden Säkularisierung, wenn auch die religiöse Dimension immer im Blick gehalten wurde.
Weiterhin können wir die synkretistischen Einflüsse von Taoismus und Buddhismus nicht verneinen; von ihnen hat der Konfuzianismus eine tiefere mystische Ausrichtung erhalten, besonders mit dem Aufstieg der großen neokonfuzianischen Denker vom neunten Jahrhundert an. Das konfuzianische »Stillesitzen« im Sinne einer Methode und als Mittel zum Zweck des Selbstvergessens in Selbsttranszendenz und Einheit mit allem, bezeugt deutlichen ch'an-buddhistischen Einfluß. Diese Entwicklung hat sich durch einige Jahrhunderte hindurch fortgesetzt, ohne dabei die grundlegende Ausrichtung des konfuzianischen Kultes zu beeinflussen – geschützt durch eben seine Ausschließlichkeit und eben durch diejenigen Rituale, die den formalen Vollzug von Gebet und heiliger Handlung umgaben.
Ich komme hiermit zu einem Schluß, der den Folgerungen Jesuitenmissionare des sechzehnten und siebzehnten Jahrhunderts, Matteo Riccis und seiner Anhänger, sehr ähnlich ist. Ich bin überzeugt, daß der frühe Konfuzianismus, also die chinesische Religion *vor* Konfuzius, eine echte Ähnlichkeit mit dem Christentum aufweist, in Gebet, kultischer Handlung wie auch in seiner Theologie. Um noch einmal einen von Friedrich Heiler benutzten Ausdruck zu verwenden – er kam der »prophetischen Religion« sehr nahe, als eine schlichte Offenbarung Gottes an die weisen Herrscher – eine Offenbarung, die Ethik mit Politik und Andacht mit Herrschaft vereinte, eine Offenbarung, in der Gott als allerhöchste, persönliche Gottheit herausragt, als Quelle allen Lebens und aller Kraft. Durch buddhistischen und taoistischen Einfluß aber nahm der spätere Konfuzianismus mehr und mehr die Wesensmerkmale der »Mystik« an und hätte sich wohl in eine mystische Religion umformen können; dem stand aber das Fortbestehen des Himmelskultes im Wege, alljährlich neu beschworenes Zeugnis für die Transzendenz Gottes.
Ich stimme zwar den Ansichten Matteo Riccis und anderer Jesuiten bezüglich der stärkeren Ähnlichkeit zwischen frühem Konfuzianismus und Christentum zu, nicht hingegen teile ich ihr aus religiös-apologetischem Eifer heraus entstandenes Bedauern über die spätere Entwicklung des Konfuzianismus. Ich betrachte diese Entwicklung an sich als durchaus bemerkenswerte Erscheinung und als deutlichen Hinweis auf manche *Unterschiedlichkeiten* zwischen Konfuzianismus und Christentum. Sogar in seiner frühen Form war der Konfuzianismus einer prophetischen Religion eben nur *vergleichbar*. Die einfache »Offenbarung«, derer sich die weisen Herrscher rühmten, ist bezüglich ihrer Wichtigkeit kein Gegenstück der Offenbarung Christi in der christlichen Religion und führte nicht zur Entwicklung einer Glaubens- oder Offenbarungslehre. Die Vorstellung Gottes als allerhöchste und persönliche Gottheit stand in der konfuzianischen Tradition nie im Mittelpunkt. Konfuzius selbst, *der* große Prophet jener Tradition, die er sowohl übernommen als auch weiter-

entwickelt hat, hat einem ethischen Humanismus mehr und mehr Raum gegeben. Ohne Gott dabei völlig auszuschließen, hielt er die Vorstellung Gottes in sicherer und respektvoller – sogar ehrerbietiger – Distanz, zumindest intellektuell. Die späteren Einflüsse von Taoismus und Buddhismus vertieften seine Geistigkeit und Mystik und verdunkelten gleichzeitig den früheren Glauben an Gott.

Ich gebe diese Analyse als Erklärung für verschiedene Divergenzen zwischen dem konfuzianischen Kult und seiner Philosophie und Geistigkeit. Mir erscheint die einzigartige Weise, in der prophetische und mystische Faktoren sich in der konfuzianischen Tradition verflochten haben, durchaus bedeutungsvoll. Sie zeigt uns, wieviel die prophetische von der mystischen Religion lernen kann – und umgekehrt, immer jedoch im Rahmen eines gegebenen kulturellen Zusammenhangs und innerhalb einer besonderen kulturellen und religiösen Gemeinschaft. Konfuzianismus und Christentum geben verschiedene Beispiele für die Art, in der ein solcher Lernprozeß vor sich ging und noch immer vor sich geht. Konfuzianismus und Christentum können auch voneinander lernen, von ihren Gemeinsamkeiten wie von ihren Unterschieden.

Sechstes Kapitel

DIE FRAGE DER POLITISCHEN RELEVANZ

Einführung

Politik und politisches Trachten haben sich christlichem Denken stets als Problem dargestellt. In mancher Hinsicht waren diese Schwierigkeiten größer als, in vergleichbaren Zusammenhängen, für den Konfuzianismus. Vor allem ist die genaue Feststellung des politischen Gehalts in den authentischen Lehren Christi bis auf den heutigen Tag nicht abgeschlossen und viele Fragen bleiben offen. Bei Konfuzius und seinen Lehren ist das Problem anders gelagert, und dies infolge seiner öffentlichen und durchgehenden Beschäftigung mit politischer *Praxis* in der Gesellschaft seiner Zeit. Er reiste von einem Staat zum anderen, stets auf der Suche nach einem Herrscher, der geneigt gewesen wäre, Konfuzius' politische Vorstellungen in die Tat umzusetzen. Er sorgte sich um die Einrichtung einer gerechten Gesellschaft – vielmehr, um die Wiederherstellung einer verlorengegangenen Ordnung –; sie sollte auf den Stützen sittlich gefestigter Führung und Überzeugung ruhen. Im Falle Christi geben uns die erreichbaren historischen Tatsachen ein ganz anderes Bild. Einerseits war er nicht ein Mitglied des soziopolitischen und erst recht nicht des religiösen Establishments. In einer römischen Kolonie als Jude geboren und erzogen, lag sein einziger aristokratischer Anspruch in der davidischen Linie, die ihren Thron schon längst verloren hatte. Er unterwarf sich nicht kriecherisch den römischen Behörden, wie es die Parteigänger des Herodes oder die Sadduzäer zu tun pflegten. Er war weder Mitglied der priesterlichen Rangordnung noch konnte man ihn den Schriftgelehrten und Älteren zurechnen. Andererseits hielt er sich von der patriotischen Zelotenbewegung fern, und die Ungerechtigkeit seines Todes lag vor allem in einer politisch begründeten juristischen Fehlentscheidung – falsche Anklagen und übereilter Urteilsspruch. Er war kein soziopolitischer Revolutionär. Das soll nicht bedeuten, daß es seinen Lehren an sozialer und politischer Dimension fehlt. Es ist vielmehr so, daß Jesus, wie auch die frühen jüdischen Propheten und stärker noch als sie, nicht allein gegen kultische Formenstarre predigte, sondern gegen alles Unrecht, alle Vorrechte, alle Unterdrückung und allen engherzigen Nationalismus.[301]

---

301 Zum politischen Hintergrund Jesu Christi vgl. Hans Küng, *Christ sein* (München, 1974), S. 169–180; Gustavo Gutiérrez, *Theologie der Befreiung* (Mainz–München ⁹1986), S. 215 ff.

Es verhält sich so, daß positive, deutlich ausgeschriebene politische Lehren aus den Evangelien nur schwierig abzuleiten sind. Jesus Christus lehrte ein »Reich, das nicht von dieser Welt ist«. Er hat die Koexistenz zweier Obrigkeiten ausdrücklich anerkannt: die des Kaisers und die Gottes (Mt 22,16–22), und damit die Notwendigkeit bürgerlichen Gehorsams betont – in seinem Falle des Gehorsams gegen eine fremdländische Staatsmacht, die in Palästina Herrschaftsrechte ausübte.

Der heilige Paulus ist diesem Beispiel gefolgt, indem er Gehorsam gegenüber menschlicher Obrigkeit predigte, und gleichzeitig betonte, daß christliche Hoffnung in Gott ruht, denn »unsere Stadt ist im Himmel« (Phil 3,20). Und im ersten Brief des Petrus (2,17) finden wir eine ausdrückliche Aussage über zeitliche Herrschaft – »ehret den König«. Denn alle Macht geht aus von Gott, und so steht auch ihr Respekt zu.

Dieses Vertrauen in Gott als Quelle aller Macht und Obrigkeit führte zur Entwicklung eines Dualismus der Macht im Zusammenhang westeuropäischer Geschichte. Zahlreiche frühe Auseinandersetzungen behandelten Fragen religiöser *versus* ziviler Autorität und stellten somit die Scheidung in *sacerdotium* und *imperium* dar. Zuständigkeitsstrittigkeiten führten zu Ansprüchen und Gegenansprüchen, zur Entwicklung der Jurisprudenz und zu einer sorgfältigen Kodizierung des Gesetzes. Und aus diesem Grunde wird zuzeiten festgestellt, daß der Machtdualismus zum Wachsen politischer Freiheit – unter dem Fittich des Gesetzes – beigetragen hat.

Die Kirche ist nicht das *regnum* Christi, sondern das äußere Abbild dieses *regnum*... Gleichermaßen besteht für den Herrscher keine Souveränität im vollen Bedeutungsumfang des Wortes, es sei denn diejenige Gottes. Auf jeder Seite wird Macht so verstanden, daß sie von denen ausgeübt wird, die im Namen und mit Billigung Gottes handeln; aber sie sind Stellvertreter, Abgeordnete, Substituten, Repräsentanten.[302]

Auch Konfuzius war Abkömmling eines einst vornehmen Geschlechts und einer entthronten Dynastie verbunden. Aber er identifizierte sich unmißverständlich mit der Sache der herrschenden Dynastie seiner Tage, ohne sich dabei als Verräter zu fühlen, vielmehr auf Grund seiner Teilhabe an einer Gesellschaft, die bereits einen hohen Grad kultureller und ethischer Harmonie erreicht hatte. Konfuzius ist nie ein Mann des Establishments gewesen, wenn er auch vermutlich eine kurze Zeit lang als Justizminister seines Heimatstaates gedient hat. Aber sein Ehrgeiz richtet sich ganz offensichtlich auf Zugang zum politischen Establishment, und zum gleichzeitigen Versuch, seine moralischen Prinzipien unbeschadet beizubehalten und eben diese Grundsätze zur Grundlage einer Reform der sozialen Ordnung zu machen. Somit beweist er eine

---

302 Vgl. J.M. Cameron, *Images of Authority: A Consideration of the Concepts of Regnum and Sacerdotium* (New Haven, 1949), S. 2.

offene und stetige Beschäftigung mit politischer *Praxis* in der Gesellschaft seiner Zeit.[303]

Konfuzius hat nicht über das Leben nach dem Tode spekuliert. Vielmehr hat er seinen Blick fest auf dieses Leben und auf diese Welt gerichtet, und dies besonders in sozialem und politischem Sinn. Aktiver politischer Dienst war nach seiner Ansicht eine inhärente menschliche Verantwortung; ein Abweichen von dieser Norm konnte nur dann geduldet werden, wenn es sich um eine Form sozialen Protests handelte – so, wie es bei den weisen Herrschern des Altertums der Fall gewesen war. Konfuzianisches Mitwirken in der Gesellschaft war als Mission der Selbsttranszendenz gedacht, sowohl für den betreffenden Menschen wie auch für die »Erlösung« der sozialen Ordnung. Aber eben die politische Bestrebung der konfuzianischen Philosophie führte in eine mögliche Abhängigkeit von politischer Macht und geriet damit in Gefahr, zu einer politischen Ideologie umgeformt zu werden. Diese Unterwerfung und Umformung war nie vollständig. Sogar nach Konfuzius und Menzius brachte die konfuzianische Tradition weiterhin Denker hervor, die dem sozialen und politischen *status quo* kritisch gegenüberstanden und im Namen der Rückkehr zu der alten moralischen Ordnung nach Reform verlangten. Ein solcher Prozeß aber hat stattgefunden, vor allem in einer Kultur und Gesellschaft, die keine zweifältige Machtstruktur – die von Kirche und Staat – kannte. Besonders in der Han-Dynastie wurde der Konfuzianismus zur Staatsphilosophie erhoben – manchmal auch Staatsreligion genannt –, und dies auf Kosten der Aufnahme fremder Ideen in das konfuzianische System. Diese Ideen stammten aus einer korrelativen Metaphysik, die sich auf der Philosophie von *yin* und *yang* aufbaute; eine andere Quelle war die legalistische Machtlehre. Dies verlieh der neuen monarchischen Ordnung und ihrer allumgreifenden Machtstellung Rechtfertigung. In gewissem Maße stellte dies eine parallele Entwicklung zu Gedanken und Wirken des Eusebius von Cäsarea dar, dem christlichen Bischof des vierten Jahrhunderts unter Kaiser Konstantin; er hatte eine »politische Theologie« mit einem Gott, einem Logos, einem Kaiser, einer Welt aufgestellt – das heißt, Anwendung des philosophischen Monotheismus auf eine monarchische Ordnung.[304] Im Falle konfuzianischer Philosophie allerdings wurde die Idee des Himmels als oberste Gottheit hintangesetzt zugunsten der Betonung der gleichwertigen Macht von Himmel-und-Erde. Doch die Anerkennung des Kaisers als Vermittler und Hoherpriester zwischen Himmel und Erde sicherte die aus der Vergangenheit übernommene Dimension der Transzen-

---

303 Zu Konfuzius' politischer Position vgl. H.G. Creel, *Confucius, the Man and the Myth* (New York, 1949), S. 25–55.
304 Vgl. Jürgen Moltmann, »The Cross and Civil Religion«, in Moltmann et al., *Religion and Political Society* (New York, 1974), S. 24 f. Moltmanns Zitat bezieht sich hier auf E. Petersons Abhandlung »Monotheism as a Political Problem« (1935).

denz im religiösen Denken und kultischen Vorgehen. Jedenfalls muß man feststellen, daß in mancher Hinsicht der Konfuzianismus unter das Joch des Staates geriet, in ähnlicher Weise, wie die byzantinische Kirche dem oströmischen Kaiser untertan wurde.

Das Autoritätsproblem wurde in der konfuzianischen Tradition in den Begriffen der Beziehung Herrscher zu Beherrschtem gefaßt. Die westliche Auffassung von Autorität ist in juristischen Begriffen definiert; im Fernen Osten hingegen wurde das Gesetz hauptsächlich hinsichtlich des Strafrechts betrachtet, während persönliche Beziehungen im Verständnis politischer Gesellschaft und gegenseitiger Verpflichtung von Herrscher und Beherrschtem dominierten. Dies galt auch für das chinesische Feudalsystem (*feng-chien*), worin sich die Beziehung Herr/Vasall mehr im Bereich verwandtschaftlicher Beziehung und anderer persönlicher Bindungen abspielte als im Gefüge von Vertrag und daraus abgeleiteter Lehnstreue.

Die lateinische Auffassung von *auctoritas* hat im Griechischen und Hebräischen der Schrift keine präzise Entsprechung. Für die Römer bezog es sich auf ihre Pflichten gegenüber Kaiser und Staat und auf die Schriften der als Lehrer der Wahrheit betrachteten Philosophen. Die fundamentale Frage nach Gottes Autorität wird als fremdartig empfunden; sie bezieht sich auf die *Freiheit* des Menschen in seiner Reaktion auf die Offenbarung. Allgemeinhin wird angenommen, daß die ganze Existenz des Menschen von Gottes Schöpferwort ins Sein gerufen worden ist und deshalb der Mensch mit seinem ganzen Leben diesem Ruf Folge leisten muß, in den Worten Samuels: »Sprich Herr, denn dein Knecht hört« (1 Sam 3,10). Im Neuen Testament wird Jesus Christus als Vorbild der Gehorsamkeit gegen Gottes Willen dargestellt (Joh 14,31), wodurch er zum Beweggrund der Erlösung des Menschen wird (Röm 5,19; Hebr 5,8f). In diesem Verständnis setzt christlicher Gehorsam den Glauben an Gott und Jesu Offenbarung ebenso voraus wie er eine Antwort darauf ist. Aber diese Partnerschaft von Gehorsam und Autorität, zwischen Mensch und Gott, läuft mancherlei Gefahr, wenn sie durch institutionalisierte Kanäle geleitet wird. Die Probleme betrafen sowohl die Echtheit solcher Behauptungen wie auch die Rechtfertigung für das Ausüben solcher Autorität. Gewiß, der Glaube an Herkunft aller Macht und Autorität von Gott bleibt bestehen. Menschliche Wesen können nur als Abgesandte Gottes dienen – sie üben *stellvertretende* Macht aus. So kann in christlichem Kontext keine Autorität, sei es Papst oder König, sich als völlig »absolut« bezeichnen. Und das Neue Testament betont, daß Autorität dem Dienst (*diakonia*) an der Gemeinde geweiht ist (Lk 22,24; 2 Kor 4,5).[305]

Jede vergleichende Studie politischer Relevanz in Konfuzianismus und Christentum trifft auf verschiedene Schwierigkeiten, die sich aus dem unterschied-

---

305 J.M. Cameron, a.a.O., Kap. 1.

lichen Wesen der beiden Traditionen herleiten. Schließlich ist der Konfuzianismus nicht eine Religion in eben jenem Sinn, in dem das Christentum als Religion verstanden wird. Der Konfuzianismus hatte stets eine starke säkulare Ausrichtung, wohingegen das Christentum die primäre Wichtigkeit einer »absoluten Zukunft« betont hat – Gottes und des Lebens nach dem Tode. Auf diesen grundlegenden Unterschieden aufbauend hat sich westliche politische Theorie in hohem Maße aus den Spannungen zwischen Kirche und Staat heraus entwickelt, die im Fernen Osten keine eindeutige Parallele finden. Sogar im Buddhismus und Taoismus hat ihre wesentlich ins Jenseits weisende Ausrichtung die Entwicklung einer echten politischen Philosophie verhindert, wenn es auch Perioden des Konflikts zwischen ihren »Kirchen« und dem Staate gab. Andererseits kann man den Konfuzianismus kaum eine Kirche nennen, es sei denn, man modifiziert das Verständnis des Begriffes. Der Konfuzianismus hatte seinen idealen Führer: den König, verstanden als beispielhaftes Wesen und Träger des Mandats des Himmels. Aber die Einrichtung dynastischen Königtums vergrößerte die Entfernung zwischen Ideal und Wirklichkeit und führte zu einer wachsenden Idealisierung der Rolle des Ministers: des konfuzianischen Gelehrten-Beamten, der dem König bei der Ausübung seiner Regierungsverantwortung zur Seite stand und behilflich war. Gemeinsam weihten sie sich dem Wirken zur Erfüllung einer politischen Vision; der Wiederherstellung einer Goldenen Vergangenheit. Schwere Irrtümer ihrerseits konnten den Untergang einer Dynastie beschleunigen, da die Theorie vom Mandat des Himmels auch Rechtfertigung für Rebellion gegen einen tyrannischen Herrscher einschloß, der den Titel Himmelssohn nicht länger verdiente.

Ich möchte das Problem politischer Relevanz erörtern, indem ich konfuzianische Ideen über Königtum und Regierung einer idealen Gesellschaft, über Rebellion und Revolution, mit einigen christlichen Vorstellungen zum Messianismus, zur Eschatologie und Befreiung vergleiche. Ich gehe dabei aus von einer klaren Sicht der Unterschiede zwischen beiden Traditionen und auch von einigen Punkten, zu denen gemeinsame Ansichten bestehen. Ich bin der Auffassung, daß das Christentum zwar eine bedeutsame politische Dimension aufweisen kann, man es aber keineswegs auf eine politische Religion reduzieren darf. Andererseits ist der Konfuzianismus stets viel enger mit Politik und Regierung assoziiert gewesen. Der konfuzianische Herrscher und sein Minister sind beide politische Personen. Und die kritische Distanz zwischen Minister und seinem Herrscher weist, funktionell betrachtet, Gemeinsamkeiten wie Unterschiede auf zu der Beziehung zwischen Priester und König, wie wir sie im Westen vorfinden.

DER KONFUZIANISCHE KÖNIG

Vordem habe ich erwähnt, daß jeder Konfuzianer als König betrachtet wurde – wirklich oder vorgestellt, denn die Idee des Königtums war verbunden mit Charisma und Verdienst. In der Wirklichkeit wurde das Ideal natürlich nie erreicht – abgesehen von den legendären weisen Herrschern des Altertums. Aber das Ideal übte einen beständigen und durchaus realen Einfluß aus; es ist schließlich nur eine logische Schlußfolgerung aus der Lehre von der Möglichkeit zur Vervollkommnung, daß jeder Mensch zum Königsein befähigt ist. Die Theorie diente daher dem Monarchen als stetiger Hinweis, dem Ideal nachzustreben und sich bewußt zu machen, daß die Regierung Verwaltung war und das Königreich eine Treuhandgesellschaft, nicht aber persönlicher Besitz.

Das konfuzianische China hat mit dem christlichen Europa die Idee stellvertretender Macht geteilt. China hat, anders als es im alten Ägypten oder auch in Japan war, niemals die Vorstellung eines Gott-Herrschers gehabt. Gleichzeitig hat China die Konfliktspannung zwischen *sacerdotium* und *imperium* nicht erfahren, die in Europa so bekannt war. Nach der konfuzianischen Auffassung wurde der politische Herrscher als Träger des Mandats des Himmels aufgefaßt, Sohn des Himmels, Vater und Lehrer des Volkes. Das Amt des Herrschers war von einer Aura des Heiligen umgeben, die allweisen und allmenschlichen Eigenschaften des Weisen – Vorzüge einer charismatischen Persönlichkeit – wurden in höfischer Rhetorik und Etikette allmählich dem herrschenden Souverän zugesprochen, auch dann, wenn seine moralische und intellektuelle Mittelmäßigkeit ihm selbst und allen anderen wohlbekannt war.[306]

Eine paradigmatische Persönlichkeit

Der ideale König, der Weise und sein Amt besaßen eine so starke charismatische Ausstrahlung, daß der König als paradigmatische Persönlichkeit betrachtet wurde, als *der Mensch* der konfuzianischen klassischen Schriften – als Ausdruck bekanntgemacht von Hegel, wenn er sich auch nicht auf den König als einzigen freien Menschen des ganzen Reiches bezog.[307] Nach den konfuzianischen Klassikern ist der König *der eine Mensch*, weil er der Sohn des Himmels ist, in einzigartiger Weise ein Vermittler zwischen den Mächten in der Höhe und dem Volk unten. Er regiert unter dem Mandat des Himmels; sein Wirken

---

306 Über die charismatischen Eigenschaften des Königtums im konfuzianischen China vgl. Max Weber, *Gesammelte Aufsätze zur Religionssoziologie* (Tübingen, 1920), Bd. 1, S. 309–311.
307 Vgl. Hegels *Vorlesungen über die Philosophie der Geschichte* (Werke, Bd. 12; Frankfurt, 1970), Einleitung, S. 31.

geht vonstatten nach dem Wunsch des Himmels. Einerseits machen seine erhöhte Stellung und seine ehrfurchtgebietende Verantwortung ihn zu einem *einsamen Menschen*, andererseits ist er allein schuldig, wenn sein Volk den Himmel erzürnt hat; er ist in mancher Hinsicht der *kollektive Mensch*. Wenn Naturkatastrophen auftraten, als Zeichen göttlichen Mißfallens geltend, so durfte einzig er allein dem Allerhöchsten Gebet und Sühneopfer darbieten.[308]

Die bekannte Theorie vom Mandat des Himmels ist von grundlegender Bedeutung für das Konzept charismatischen Königtums. Entwickelt wurde diese Theorie während der Chou-Dynastie (1122–221 v.Chr.) zur Rechtfertigung des erfolgreichen Sturzes des Shang-Herrscherhauses durch das Haus Chou. Berichte finden sich in verschiedenen konfuzianischen Klassikern, besonders im *Buch der Urkunden* und im *Buch der Lieder*. Nach dieser Theorie gründet sich die Autorität des Herrschers auf das ihm vom Himmel – dem Allerhöchsten – erteilte Mandat und ist zum Wohle seiner Untertanen auszuüben. Falls der Herrscher sich gegen den Himmel vergeht, sei es durch persönliche Übertretung oder Mißherrschaft, so geht er des Mandats verlustig, das dann einem anderen, mit geeigneten Vorzügen ausgestatteten Menschen übertragen wird. Der Gründer der Chou-Dynastie behauptete, er habe das Mandat erhalten, um einen gewalttätigen Tyrannen zu stürzen und sein Volk aus Unterdrückung zu befreien.

Wir sagen nicht und geben nicht vor zu wissen, daß die Herren von Yin (Shang) viele Jahre lang das Mandat des Himmels empfangen haben; wir sagen und wissen nicht, daß es nicht hätte verlängert werden können. Doch haben sie sich nicht andächtig ihrer Tugend gewidmet und auf diese Weise vorzeitig ihr Mandat fortgeworfen... Nun hat unser König ihre Nachfolge angetreten und das Mandat erhalten... Als König ist er Führer, was die Tugend angeht... Mögen die oben und die unten (der König und seine Diener) sich rühren und sorgfältig bemüht sein.[309]

Es ist hier interessant anzumerken, daß der chinesische Begriff für politischen Umsturz immer noch *pien-t'ien* (den Himmel wechseln) ist. In einer formelleren Ausdrucksweise: *ko-ming*, das Zurückziehen oder Wechseln des Mandats.

Die Lehre von der Richtigstellung der Namen, wie Konfuzius selbst sie betrieb, hat zum Verständnis der Theorie vom Mandat des Himmels beigetragen. Konfuzius besteht darauf, daß der »Herrscher ein Herrscher sei, der Minister (oder Subjekt) ein Minister (oder Subjekt), der Vater sei Vater, der Sohn sei Sohn« (*Gespräche* 12:11). Man hat es zuzeiten als Verteidigung des *status quo*

---

308 Nach dem *Buch der Urkunden*, vgl. J. Legge, *The Chinese Classics*, Bd. 3, S. 175, 185, 288, 292, 379.
309 *Buch der Urkunden* (Ankündigung des Herzogs von Shao), nach Legge, a.a.O., Bd. 3, S. 430.

verstanden, als Wendung gegen sozialen Wandel und Mobilität. Die Wahrheit ist eher umgekehrt. Konfuzius sieht die Notwendigkeit *guter* Regierung; der Herrscher muß ein *guter* Herrscher sein, der Minister ein guter Minister etc. – Bezeichnungen müssen den ethischen Idealen, die sie darstellen, entsprechen. Konfuzius' großer Anhänger Menzius hat die Lehre sicherlich in diesem Sinne verstanden. Als König Hsüan vom Lande Ch'i ihn fragte, ob ein Minister seinen Souverain ermorden dürfe, antwortete Menzius, indem er auf die erfolgreiche Absetzung des Shang-Herrscherhauses durch das Haus Chou Bezug nahm: »Ich habe wohl davon gehört, daß man irgendeinen Kerl umgebracht hat (den früheren König), aber ich habe nichts davon gehört, daß man einen König gemordet hat« (1B:8).

In der Han-Dynastie wurde die konfuzianische Weltsicht durch Einflüsse der *Yin-Yang*-Schule mehr und mehr immanent. Die Mächte des Himmels und der Erde ersetzten in zunehmendem Maße die Auffassung vom Himmel als höchstem Wesen. Der Mensch wurde vor allem als Bestandteil einer Trias mit Himmel und Erde betrachtet, dies wegen seiner besonderen Würde und seiner Ähnlichkeit zu diesen Mächten.

Wenn der Mensch mit Himmel und Erde eine Trias formt, dann besonders in der Person des Königs. In einem wichtigen Sinne bleibt er *der* Mann, der allein für alle Geschehnisse in den Ordnungen der Natur und des Menschengeschlechts verantwortlich ist. Tung Chung-shu gibt uns seine eigene Hermeneutik des Wortes »König«, indem er sagt:

Im Altertum zogen die Erfinder der Schrift drei Linien, verbanden sie in der Mitte und nannten das so entstandene Schriftzeichen »König« (*wang*). Die drei Linien stellen dar den Himmel, die Erde und den Menschen; und die senkrechte Mittellinie verbindet die Prinzipien dieser drei. Er wohnt in der Mitte des Himmels, der Erde und des Menschen, reicht durch sie hindurch und verbindet sie zugleich – wer könnte so tun wenn nicht ein König?[310]

Gleichzeitig ist der König Stellvertreter Gottes beim Volk – und Stellvertreter des Volkes bei Gott. Er ist Herrscher und Beispiel. Seine Stellung ist erhöht, aber nicht immer beneidenswert. Er ist König, aber nicht für sich selbst, sondern für das Volk. In den Worten von Menzius: »Höchste Bedeutung hat das Volk; die Altäre der Erde und der Feldfrüchte haben zweitrangige Bedeutung, an letzter Stelle steht der König« (7B:14). Es sollte nicht wundernehmen, wenn wir noch einmal daran erinnert werden, daß der König mit Recht zu den Weisen gehört: als Mann, der nicht für sich, sondern für andere lebte. Auch Menzius hat die Abwesenheit jeglichen weisen Herrschers nach mehr als siebenhundert Jahren Herrschaft des Hauses Chou schmerzlich empfunden. Und die

---

310 Vgl. Tung Chung-shu, *Ch'un-ch'iu fan-lu* (Schmucksteine aus den Frühling-Herbst Annalen), englisch bei W.T. de Bary (Hrg.), *Sources of Chinese Tradition* (New York, 1960), S. 163.

Gelehrten der Hanzeit verwunderten sich darüber, daß Konfuzius, der Weise par excellence, niemals König war. Um dem Glauben an den Weisen als Herrscher mehr Glaubwürdigkeit zu verleihen, sprachen sie Konfuzius den einzigartigen Ehrentitel eines »ungekrönten Königs« zu (su-wang) und erhoben ihn sogar zum Herrscher einer fiktiven Dynastie. Sie riefen ihn zum Herrscher der Welt aus und beriefen sich auf die Beurteilungen der Geschichte, wie sie in seinen Schriften vorliegen. Es war eine Ironie der Geschichte, daß kein König noch Kaiser der Hanzeit späterhin ein Weiser war, wenn auch jede Dynastie sich mit fiktiven Stammbäumen zu versorgen trachtete, um ihre Abstammung von einem weisen Herrscher des Altertums zu beweisen.[311]

Der konfuzianische Glaube an das periodische Auftreten weiser Herrscher weist eine gewisse Ähnlichkeit mit der jüdischen Erwartung eines politischen Messias auf, der eine Zeit des Friedens und der Gerechtigkeit einleiten würde. Dieser Glaube basiert nicht, wie bei den Juden, auf einem vorgeblichen göttlichen Versprechen, sondern bleibt Manifestation des Zutrauens in göttliche Leitung der Geschichte, wodurch zyklischer Wechsel von guter Herrschaft und Mißherrschaft erklärbar werden. Außerdem sichert die konfuzianische Lehre vom potentiellen Königstum jedes Menschen eine Dimension historischer Freiheit zu und ermutigt das Streben zum Weisesein. Der konfuzianische Messias ist ein Erwählter, nicht allein von Gott erwählt, sondern auch von den Menschen – das Volk bestätigt die göttliche Wahl. Und das Bewußtsein einer Goldenen Vergangenheit bleibt stets ein wesentlicher Bestandteil solchen Messianismus', wie es dem politischen Erlöser ziemt, einen Gnadenstand von ehedem wieder einzusetzen. Menzius hat diesem Glauben in dem folgenden Auszug Ausdruck verliehen:

Ein wahrer König sollte alle fünfhundert Jahre auftreten; während seiner Regierungszeit sollten auch andere hervorragende Männer erscheinen. Vom Beginn der Chou-Dynastie bis zum heutigen Tage sind siebenhundert Jahre verstrichen. Zahlenmäßig betrachtet ist der Termin also schon überzogen. Und von unserer Epoche her betrachtet sollten auch andere hervorragende Männer erscheinen. Es scheint nicht in der Absicht des Himmels zu liegen, der Welt Frieden und gute Regierung zu schenken. Und wenn das der Wunsch des Himmels ist, wer könnte, heutzutage, in dieser Welt, etwas daran ändern? (2B:13).[312]

Eine Lehre des Aufruhrs

Autorität ist bedeutungslos, es sei denn in der dialektischen Beziehung zu einer Form von Gehorsam und Treue. Der Autoritätsträger und das Maß seiner Autorität werden nach der gleichen Richtschnur bemessen wie Ort und Abgrenzung der Gehorsamkeit. Ist der Befehl gerecht und vernünftig, so daß Gehorsam Gott wohlgefällig sein kann oder nicht? Wird Autorität recht und

---

311 Fung Yu-lan, *A History of Chinese Philosophy* (Princeton, 1953), S. 71, 129f.
312 Nach D.C. Lau, *Mencius*, S. 94.

richtig ausgeübt, als Dienst an der Gemeinschaft? Die menschliche Person bleibt moralisch frei – sie mag Gehorsam oder Ungehorsam wählen, passiv oder aktiv gehorchen, sie kann gegen die Befehle einer gegebenen Autorität aufbegehren, mag diese nun persönlich oder gesetzlich sein.

Im christlichen Europa und im konfuzianischen China ist die Idee der gerechtfertigten Rebellion schon in der Auffassung bevollmächtigter Autorität inbegriffen. In Europa war die Lehre der Rebellion gegen Autorität mit verschiedenen religiös-apokalyptischen Überzeugungen verbunden. Karl Mannheim erwähnt vor allem Thomas Münzer, den Anführer des Bauernaufstandes gegen die lutherischen Prinzen.[313] In dieser Hinsicht könnte man sagen, daß die Auffassung von Rebellion sich von einer linearen Geschichtsauffassung herleitet – daß die Rebellen glaubten, zu einer Verwirklichung der historischen *Parusie* beizutragen.

Wie schon erwähnt, haben mit Taoismus und Buddhismus assoziierte religiös-apokalyptische Auffassungen in China verschiedene politische Aufstände in Gang gesetzt. Sie haben jedoch nicht zur klaren Formulierung einer Lehre vom Aufstand als solcher geführt. Man leitete diese eher ab aus der konfuzianischen Machttheorie – aus der Theorie vom Mandat des Himmels.

Menzius besteht auf der Gegenseitigkeit der Beziehung zwischen Herrscher und Beherrschtem. In seinen Worten: »Wenn ein König seine Minister als seine Hände und Füße betrachtet, so werden die Minister ihn als ihren Leib und ihr Herz betrachten. Wenn ein Herrscher seine Minister als Hunde und als Pferde ansieht, dann wird er seinen Ministern nichts anderes sein als jeder Mann. Wenn einem Herrscher seine Minister wie Staub und Gras sind, so werden seine Minister ihn als Strauchdieb und Feind betrachten« (4B:3).

Menzius sprach sich für den Tyrannenmord aus und nahm damit entscheidenden Einfluß auf die chinesische Geschichte. Generationen von Rebellen – und Dynastiebegründern – haben sich auf diese Lehre berufen. In dieser Hinsicht hat das konfuzianische China zahlreiche dynastische Wechsel erfahren, die seiner eigenen politischen Ethik nach gerechtfertigt waren. Andererseits hat Japan eine andere politische Entwicklung durchgemacht. Die Japaner nahmen zwar den Konfuzianismus an, interpretierten ihn aber anders und nahmen keinerlei Rebellion gegen ihren Gott-Herrscher hin.

Im christlichen Europa hat sich eine Theorie des Tyrannenmordes viel später entwickelt als im konfuzianischen China; im Westen war Tyrannenmord mit politischen Konflikten zwischen Kirche und Staat verbunden und mit protestantischer Reform. John von Salisbury schrieb davon, daß es dem Volke statthaft sei, als Gottes Werkzeug zu handeln, indem es einen Tyrannen vom Leben zum Tode brachte – in extremen Situationen. Das war im zwölften Jahrhun-

---

313 Karl Mannheim, *Ideologie und Utopie* (Bonn, 1929), S. 192. Mannheim zitiert vor allem Ernst Bloch, *Thomas Münzer als Theologe der Revolution* (München, 1921).

dert. Im späten sechzehnten Jahrhundert wurden diese Auffassungen deutlicher ausgesprochen von dem unbekannten hugenottischen Verfasser der *Vindiciae contra Tyrannos* (1579) und von dem spanischen Jesuiten Luis Mariana, Verfasser von *De Rege et regis institutione* (1598–99). Das vorgenannte Werk wurde in England öffentlich verbrannt und das letztgenannte vom Gallikanischen Parlament gebannt.[314]

Aber Tyrannenmord war nicht gleichbedeutend mit sozialer und politischer Rebellion, wenn auch eine Rechtfertigung des Tyrannenmordes den Weg bereitet für einige der Probleme, die mit der Notwendigkeit eines Umsturzes verbunden sind. Im heutigen Verständnis bezieht sich das Wort Revolution auf einen *vollständigen* Wechsel der politischen, sozialen, ökonomischen oder technologischen Ordnung, der für das ganze Leben der Betroffenen zu gewichtigen Konsequenzen führt. Im letzten Jahrzehnt (1967–1977) haben die Ereignisse in der Volksrepublik China den Begriff »Kulturrevolution« in Mode gebracht; er beinhaltet einen durchgreifenden Wandel auf vielen Ebenen des sozialen Lebens. Revolution wird gemeinhin als schnelles und plötzliches Ereignis verstanden; ihre politischen Modelle sind die französische Revolution von 1789, die russische Revolution von 1917 und die chinesische kommunistische Revolution von 1949, deren jede unter Gewaltanwendung und Blutvergießen vor sich ging. Revolution unterscheidet sich deshalb von Rebellion und Revolte, die eher anarchistisch sein können oder sich nur auf einen Wechsel der politischen Führerschaft richten, ohne einen weitreichenden Wechsel der sozialen Ordnung mit sich zu bringen. In diesem Sinne hat man die Behauptung aufgestellt, daß es bis zum zwanzigsten Jahrhundert in der chinesischen Geschichte keine Revolutionen gegeben habe, obwohl es zahllose Rebellionen und viele Dynastiewechsel gab.

Der konfuzianische Minister

Der konfuzianische König fand seine Vorbilder in den legendären Gestalten Yao und Shun, zwei Kaisern des entfernten Altertums.[315] Der konfuzianische Minister hingegen orientierte sich an eher historischen Vorläufern: entweder Yi-yin aus der Shang-Zeit oder dem Herzog von Chou, Konfuzius' bevorzugtem Weisen. Schon diese Tatsache allein ist aufschlußreich: daß nämlich Yao und Shun, die den Thron lieber einem würdigen Mann als ihren eigenen Söhnen überlassen hatten, weiser Minister weniger bedurften als die späteren Dynastiegründer, die das Mandat des Himmels für sich wie auch für ihre Familien

---

314 Touchard, a.a.O., Bd. 1, S. 283f.
315 Ich muß zugeben, daß Shun auch als Vorbild der Minister gilt, aus deren Reihen er zum Königsrang aufstieg. Vgl. *Menzius* 4A:2.

sichern wollten. Dem Beispiel des Herzogs von Chou folgend, hat Konfuzius nie persönlich einen Königsthron zu gewinnen gesucht, sondern allerorten nach einem Herrscher gesucht, der ihn in Dienst nehmen würde. Die Geschichte hat das Urteil gefällt, daß er in weit höherem Maße eines Thrones würdig war als alle anderen Zeitgenossen. Seine Erhebung in den Stand des »ungekrönten Königs« machte Konfuzius zu einem Modell sowohl des wahren Königs als auch seines wahren Ministers. Beide mußten ihm in seiner Tugend nachzueifern suchen. Jeder würde behaupten, auf diesem Gebiet sein Nachfolger zu sein. Der König ist Lehrer der ganzen Welt – der Minister hingegen nimmt an dieser Verantwortung in besonderer Weise teil: Er belehrt nicht allein die beherrschten Völker, sondern auch und in besonderer Hinsicht den König: er ist sein Mentor.
Die Pflicht des Ministers, als *kritischer* Berater des Königs zu dienen, wirft eine interessante Frage auf: das Problem politischer Loyalität (*chung*). Wie muß der Minister sich zu einem unwürdigen Monarchen verhalten, einem, der seinem Rat nur taube Ohren bietet, das Reich ins Chaos stürzt und sein Volk ins Unglück bringt? Sollte der Minister es als seine Pflicht ansehen, einen solchen König zu stürzen, indem er eine Rebellion in die Wege leitet, besonders wenn er sich selbst oder einen anderen des Thrones für würdiger hält? Sollte er sein Bestes geben, sogar dann, wenn er das Ende der Dynastie kommen sieht, und mit oder für seinen Herrscher sterben?
Ich schlage vor, die Idee des konfuzianischen Ministers an den Begriffen seiner Pflicht zur Herrschertreue und der folgenden Auffassung politischen Protests zu überprüfen. Ich möchte betonen, daß die konfuzianische Idee der Loyalität zuallererst Treue gegenüber dem eigenen Gewissen meint – das eigene Gewissen ist stellungsmäßig noch über den Herrscher gesetzt. Implizit inbegriffen in dieser Auffassung ist die gemeinsame Pflicht des Königs und seines Ministers, dem Himmel, der seine Befehle im Innenraum des Gewissens gibt, die Treue zu halten.
Wenn aber, theoretisch genommen, der konfuzianische Minister gegen einen Tyrannen aufbegehren darf, so zieht er es, praktisch betrachtet, doch meistens vor, einen Protest zu formulieren anstatt zu den Waffen zu greifen und eine gewalttätige Revolution zu wagen.

Die Bedeutung der Treue

Die konfuzianische Antwort auf das Problem politischer Autorität wird normalerweise als Treue formuliert. Sie ist aber nicht gleich der westlichen Auffassung von Gehorsamkeit. Denn Gehorsamkeit hat einen unpersönlichen Aspekt und kann ebenso innerlich auf das Gewissen wie auch äußerlich auf Gehorsam gegenüber den Gesetzen verstanden werden. Andererseits bleibt Loyalität ein zutiefst persönliches Konzept, sei es zur Förderung eines Vorhabens – im Namen moralischer Überzeugung – oder auf eine andere Person oder Gruppe von Personen bezogen.[316]

Die Auffassung von Loyalität als Tugend des Untergebenen oder Ministers, handlungsbestimmend im Umgang mit Herrscher oder Souverän, hat in den frühen konfuzianischen klassischen Schriften ein sehr viel breiteres Bedeutungsspektrum. In den *Annalen von Tso* wird Loyalität des Herrschers definiert als »dem Volke Wohltaten erweisen«. In den *Gesprächen* spricht Tsengtzu von einer auf sich selbst bezogenen Loyalität, »daß man seiner eigenen Natur treu sei« und bringt Loyalität mit Gegenseitigkeit (*shu*) zusammen – das, was die Beziehung zu anderen Menschen regiert. Er beschreibt Loyalität als hingebungsvolle Erfüllung der Pflicht, sowohl gegenüber Höherstehenden als auch gegenüber Gleichgestellten. Konfuzius beschreibt Loyalität meistens in Verbindung mit dem Begriff Treue (*hsin*), die in der Beziehung zu sich selbst oder anderen Menschen, ungeachtet ihres sozialen Rangs, herrscht. Er spricht von Treue zum Herrscher, der dem Volk unter seiner Herrschaft väterlich zugetan sein muß, damit es ihm seine Loyalität schenkt. Unter Konfuzius' bevorzugten Helden ist Kuan Chung (gest. 645 v.Chr.), der seinen ersten Herrn verließ, um einem Rivalen, dem Herzog von Ch'i, zu dienen. In der *Großen Lehre* und der *Lehre der Mitte* erscheint das Wort »Loyalität« gemeinhin zusammen mit dem Wort »Treue« und bezieht sich an einer Stelle auf die Hingabe eines Herrschers an seine Untertanen. Im *Buch des Menzius* bezieht sich das Wort fast immer auf die Treue zum eigenen Geist und zur eigenen Natur und auch darauf, andere über das Gutsein zu belehren. Sogar Hsü Shen (etwa 30–124 n.Chr.) definiert das Wort in seinem Lexikon als »seinen Geist (jemandem oder einer Sache) ganz hingeben«, und er begrenzt es nicht auf die Beziehung Herrscher-Beherrschter. Und Cheng Hsüan (127–200 n.Chr.) spricht in einem Kommentar zu den Riten von Chou von »Loyalität« als dem, was »Herz oder Verstand in einer Mittelstellung hält«, das heißt, hingegeben, unparteiisch und ausgeglichen in Urteil und Handlung.[317]

Im Verlauf der Geschichte wurde die Bedeutung von Loyalität durch die zunehmende Zentralisierung der politischen Macht verdreht und bedeutete nun nur noch passive Hingabe an einen Herrscher oder seine Dynastie. Dies wurde bestärkt durch das Auftreten eines gefälschten Klassikers, des sogenannten klassischen Buches von der Loyalität. Es ist eine kurze Abhandlung, nach dem Vorbild des klassischen *Buches vom Kindesgehorsam* geschrieben, das der Konfuziusschüler Tseng-tzu verfaßt hatte. Angeblich wurde die Fälschung

---

316 Vgl. Josiah Royce, *The Philosophy of Loyalty* (New York, 1909), S. 16f, 162, 357ff.
317 Vgl. *Tso-chuan* (*Annalen von Tso*), sechstes Jahr des Herzog Huan; *Gespräche* 4:15, 1:4, 9:24, 12:10, 15:5, 2:20, 3:19, 14:17–18; *Große Lehre* 10, 18; *Lehre der Mitte* 20; *Menzius* 1A:5, 3A:4, 4B:28, 31, 6A:16, 7A:32, und 7B:37. Vgl. auch *Shuo-wen chieh-tzu* (Taipei-Ausgabe, 1964), S. 507.

von Ma Jung (79–166) verfaßt, wird aber heutzutage allgemein als Fälschung anerkannt, die vermutlich während der Sung-Zeit zum ersten Male erschien. Das Buch lobt Loyalität als absolute Tugend, die sich auf Respekt und Hingabe an die Person des Herrschers richtet, dessen Pflicht es sei, » dem Himmel über uns, der Erde unter uns und dem Ahnentempel in der Mitte zu dienen, damit er sich dem Volk stellen (und regieren) kann.« Seine Minister mußten »ihre eigenen Pläne zugunsten des Dienstes am Herrscher vergessen, ihre Familien zugunsten des Dienstes am Reiche vergessen, aufrecht bleiben und sich ohne Umschweife äußern, in Notzeiten um der Herrschertreue willen sogar ihr Leben geben.«[318]

So entstand die Meinung, daß es die Pflicht des Herrschers sei, in erster Linie den geistigen Mächten des Universums zu dienen und seinen eigenen Ahnen, denen er immerhin seinen Thron verdankte. Pflicht des Ministers war absolute Treue zur Person des Herrschers und seiner Dynastie: Loyalität wurde dem Kindesgehorsam vorgezogen. Aber die Wohlfahrt des Volkes, das – nach Menzius – noch vor den Erdgöttern und den Göttern der Feldfrüchte stand und noch vor dem Herrscher selbst, wurde eine zweitrangige Stellung zugewiesen. Es war nur zum Beherrschtwerden da.

Die Philosophen des Neo-Konfuzianismus bewahrten das frühere Verständnis der politischen »Loyalität«, während sie sich gleichzeitig auch dem zentralisierten Staate geneigt zeigten.[319] In den Worten Ch'eng Yis bedeutet *chung* das »Zusammennehmen aller Kraft« und »Freiheit von Falschheit«. In gleicher Art äußert sich Chu Hsi und setzt *chung* mit *shu* (Gegenseitigkeit) gleich. Für ihn bedeutet *chung* ein Treusein zu den eigenen Überzeugungen, währendhin *shu* die Ausweitung dieser Treue auf das Verhalten im Umgang mit anderen Menschen bedeutet. Wo immer die Beziehung Herrscher/Beherrschter zum Tragen kam, fand sich auch gewöhnlich ein Bestreben der Philosophen, die Würde des Untertanen zu versichern und die Autorität des Herrschers einzuschränken. Sie vertraten den absoluten Wert ewiger Wahrheiten, die das Kontrollieren politischer Autorität transzendieren. Sie nahmen die Pflicht auf sich, die Menzius festgelegt hatte – Herz und Verstand des Herrschers ins rechte Lot zu bringen. Die Brüder Ch'eng und Chu-hsi verfaßten Throneingaben, die sich wie Moralpredigten lesen. Sie versuchten, ihrem Souverän die grundlegende Unterscheidung zwischen Königtum und Tyrannei zu verdeutlichen. Sie sprachen von der Notwendigkeit, daß der Herrscher seinen Geist ins Rechte bringe, seine Familie in Ordnung halte – den Harem und das Palastpersonal – und sorgfältig die Beamten auswähle, die ihm bei den Regierungsgeschäften zur Seite stünden. In Gegenwart seines Schülers, des kindlichen Kaisers Che-

---

318 Vgl. meinen Aufsatz »Neo-Confucian Utopian Theories and Political Ethics,« in *Monumenta Serica* 30 (1972–73), Teil 2, S. 46.
319 Ebd., S. 54.

tsung (Regierungszeit 1085–99) äußerte Ch'eng Yi sich folgendermaßen: »Der Souverän muß nicht um Erhaltung seiner Würde besorgt sein. Er soll sich eher sorgen, daß seine Untertanen ihren Kaiser allzuhoch preisen, und damit seinen Stolz noch verstärken.«[320]

Loyalität und Protest[321]

Wenn nun Loyalität im wesentlichen persönliche Integrität bezeichnet, Quelle und Prinzip aller Treue, sei es zu einer Person oder zu einer Sache, wie sollte dann ein loyaler Minister sich gegenüber einem unwürdigen Herrscher verhalten? Gibt es Hinweise in den Klassikern, die ihm in Zeiten der Not bei seinen moralischen Entscheidungen helfen können?
Schon Menzius ist diesen Fragen nachgegangen. Beispielsweise spricht er von drei Arten des Vornehmseins: Vornehmsein bezüglich des sozialen Rangs, bezüglich des Alters, bezüglich der Tugend. Zwar ist die soziale Rangstellung bei Hofe von höchster Bedeutung, jedoch hält Alter den ersten Platz in den Dörfern, während die Tugend in Bereichen politischer Regierung die beste Wirkung zeigt. Er, der eine der drei Arten von Tugend besitzt, sollte deshalb doch nicht diejenigen verachten, die eine andere der drei aufweisen können. Auf diese Weise argumentiert der Philosoph, daß sein eigenes Verhalten, nämlich dem Ruf eines feudalen Königs nicht Folge geleistet zu haben, korrekt gewesen sei (2B:2).
Menzius spricht auch von zwei Hauptarten von Ministern: jenen, die mit dem Herrscher verwandt sind, den gleichen Familiennamen haben wie er, und jenen, die einen anderen Familiennamen haben als er. Wenn der Herrscher im Unrecht ist, so müssen seine Verwandten ihn ermahnen, und sie sollten, falls er ihren Ermahnungen nicht Folge leistet, ihn absetzen. Die anderen sollten in ähnlichen Situationen eher den Staatsdienst aufgeben (5B:9).
Menzius' Lehre ist nicht ohne Kritik geblieben. Der sung-zeitliche Staatsmann Ssu-ma Kuang (1019–86) war wohl bester Exponent der Beamtenpflicht von Respekt und strikter Loyalität. Er kritisierte die »Revolutionsdoktrin«, die nur zur Gefahr von sich um den Thron streitenden kaiserlichen Verwandten führen würde:

Jeder Minister, ob er nun dem Kaiser verwandt ist oder einen anderen Familiennamen hat, ist auch Untertan. Die Pflicht eines Untertanen liegt darin, dem Herrscher guten Rat zu bieten. Wenn man ihm kein Gehör schenkt, so mag er die Hauptstadt verlassen oder

---

320 Vgl. Chu Hsis chronologische Biographie von Ch'eng Yi. Vgl. auch Hsiao Kung-ch'üan, *Chung-kuo cheng-chih ssu-hsiang shih* (Geschichte des politischen Denkens in China, Taipei, 1954), Bd. 4.
321 »Neo-Confucian Utopian Theories«, Teil 2, a.a.O. (Anm. 318).

(als Märtyrer) sterben. Aber wie kann er es allein auf Grund seiner Verwandtschaft mit dem Kaiser wagen, den Herrscher ersetzen zu wollen?[322]

Ssu-ma Kuang war selbst Minister, suchte die Wohlfahrt des einfachen Volkes zu sichern und war seinem Dienst ergeben. Er bestand aber stets darauf, die Würde des Herrschers nicht anzutasten. Er war auch Taoist und betrieb eine Politik der Nichteinmischung, die zu den Reformen Wang An-shis (1021–86) im Gegensatz stand. Es kann als ein Beispiel für die Ironie der Historie gelten, wenn man bedenkt, daß Ssu-ma Kuang, der Ultraloyalist, späterhin selbst die Folge der Kaprizen eines Herrschers erlitt: Im Jahre 1101 stiftete ein späterer Anhänger Wang An-shihs die Errichtung einer Steinstele an, auf der die Namen der Reformgegner von einst zur Schande der Genannten eingemeißelt wurden. An erster Stelle auf dieser schwarzen Liste erschien der Name Ssu-ma Kuangs.

Mit zunehmender Machtzentralisierung und Erhebung der Stellung des Herrschers versuchten die Minister noch mehr als vorher die Fehlausübung der Herrschermacht zu korrigieren, indem sie nicht den Herrscher, sondern *sich selbst* der jeweiligen Fehler für schuldig bezeichneten. Ein Beispiel aus der Ming-Dynastie: Wang Yang-ming reichte eine Denkschrift ein, weil seine Bemühungen, nach einer vorangegangenen kriegerischen Auseinandersetzung die Bevölkerung der Provinz Kiangsi zu rehabilitieren, von einem vergnügungssüchtigen Souverän durchkreuzt wurden. Wang bat um Enthebung von seinen Ämtern und zählte vier Vergehen auf, derer er sich schuldig betrachtete; mit aufgezählt war dabei auch das Versäumnis, den Kaiser nicht zur Besserung (!) bewegt zu haben. Er beschloß seine Denkschrift mit den Zeilen:

Jeder Beamte, der sich auch nur eines dieser Vergehen schuldig gemacht hat, würde damit hinreichend Schuld an der Entstehung von Notzeiten und Rebellion tragen. Und um so mehr ein Beamter, der der Gesamtheit dieser Vergehen schuldig wäre... Ich bitte Eure Majestät, allerhöchstes Mitgefühl mit der stattgefundenen Katastrophe zu beweisen, Euren Diener von seinem Platz zu entfernen und einen anderen werten Mann zu berufen, der diesen Platz einnehmen möge. Euer Diener würde sich selbst dann, wenn er zwecks Statuierung eines Exempels dem Tode verfallen sollte, noch glücklich preisen.[323]

Dieses Dokument ist nun zweifellos eben das, wonach es aussieht – ironischer Protest. Aber es stellt auch einen vergeblichen Versuch dar, einen Verzweiflungsakt, unternommen in der Hoffnung, das Herz des Regenten, des nämlich

---

322 *Ssu-ma Kuang wen-chi* (Ssu-ma Kuang: Gesammelte Werke), CH. 73.
323 *Wang Wen-ch'eng kung ch'üan-shu* (Wang Yang-ming: Sämtliche Werke), SPTK doppelseitige Lithographenausgabe 13:391. Vgl. die Übersetzung von Chang Yu-ch'üan in seinem Aufsatz »Wang Shou-jen as a Statesman«, *Chinese Social and Political Science Review* 23 (1939–40), S. 221 f. (Wang Shou-jen war der formal-offizielle Name Wang Yang-mings.)

wirklich Schuldigen, zu rühren. Wenn wir uns ins Gedächtnis zurückrufen, wie die Herrscher des Altertums es sich zur Gewohnheit gemacht hatten, sich selbst eben jener Vergehen für schuldig zu bezeichnen, die ihre Untertanen begangen hatten, so entdecken wir eine neue Bedeutung und Wichtigkeit; die Unverantwortlichkeit des Regenten hat einen moralischen Leerraum geschaffen, den der konfuzianische Minister auszufüllen und zu betreten sucht. Als treuer Schüler der Weisen ist er selbst zu einem paradigmatischen Menschen geworden.

Dies steht nun in direktem Gegensatz zu der konventionellen Auffassung, die man von neo-konfuzianischen Philosophen gewonnen hat: loyale Stützen der Würde des Herrschers, seiner absoluten Autorität und den Untertanen zelotische Prediger des Gebots absoluter Treue zu Regent und Herrscherhaus. Diese Denker aus den Sung- und Ming-Dynastien betrachteten sich selbst eher als Lehrer und Richter des Herrschers, sei es durch Wort oder durch Tat. Ihr tiefempfundenes Wissen um die Einheit, die zwischen Ethik und Politik bestehen sollte, erhob sie zu bewußten Trägern und Sprechern des konfuzianischen Gewissens, zu »Propheten«, die, ebenso wie Konfuzius und Menzius vor ihnen, ihren charismatischen Auftrag vom Himmel empfangen hatten: aufzustehen gegen die Könige, und ihnen wegen des Volkes, für das der Staat schließlich existierte, Rat und Kritik zu geben. Der Klarblick dieser Männer erkannte die Wichtigkeit der Stellung des Herrschers im absoluten System des Kaisertums. Zwar kritisierten sie nicht direkt das System – Huang Tsung-hsi (1610–95), direkter Nachfahr der ming-zeitlichen Denker, wäre nicht anders verfahren –, waren indes beharrlich in ihrem Lob der Goldenen Vergangenheit, als die Herrscher auch Weise waren und mehr durch sittliche Überzeugung herrschten als durch die Macht ihres kodizierten Willens. Sie zeigten sich als beständige und mutige Männer in ihrem Bemühen, den König zu einem wahren weisen Herrscher zu machen. Wenn die Beziehung Herrscher-Untertan eine gegenseitige Verpflichtung einbeschließt, so will es scheinen, daß die Philosophen die Verpflichtung des Herrschers zur Liebe zu seinem Volk als ungleich gewichtiger ansahen als die Pflicht des Untertanen zur Loyalität – eine Pflicht, die ohnehin durch Verdienst und Tugenden des Herrschers bedingt war.[324]

Die konfuzianische Gesellschaft

Man muß festhalten, daß jüdische sowohl als auch christliche Hoffnungen auf einen Idealzustand, sei dies das Gelobte Land der Juden oder die Erwartung des Messias und seines Reichs, die eine so bedeutsame Rolle bei der Ausbil-

---

324 »Neo-Confucian Utopian Theories«, Teil 2 (Anm. 318).

dung des christlichen Bewußtseins spielten und in besonderer Weise die Hoffnung auf ein kommendes *Millennium* (Offb 20) genährt haben, gemeinhin auf ein vorgebliches »Versprechen« Gottes gegründet sind.[325] Dies ist ein Wesensmerkmal offenbarter Religionen, die sich auf den Glauben an Gott den Schöpfer, die Vorsehung und den Herrn der Geschichte stützen. Für den Gläubigen hatten politische Wünsche stets religiöse Vorzeichen und Voraussetzungen und haben sich in biblischen Bildern ausgedrückt. Außerdem trägt die *eschatologische* Dimension des *christlichen Milleniarismus* eine unmißverständlich *lineare* Ausrichtung – linear im Sinne einer geraden Linie. Die ideale Gesellschaft wird als *endliche* Erfüllung von des Menschen Traum, seiner irdischen Heimat und seines weltlichen Daseins betrachtet, und wenn sich dieser Traum auch in historischer Zeit erfüllen mag, so ist er doch nur ein Vorspiel für den neuen Himmel und die neue Erde, die hinter den Grenzen von Zeit und Geschichte sind.

Das Werk des heiligen Augustinus trägt weiterhin zu dieser linearen Ausrichtung der christlichen Geschichtsphilosophie bei und zeigt sich deutlich in seinem *Gottesstaat* (427 n.Chr.).[326] Augustinus hat Kirche und Staat nicht mit seinen himmlischen und irdischen Städten identifiziert. Nach seiner Auffassung ist die irdische Stadt von jenen geschaffen, deren Verhalten von Liebe zu sich selbst regiert wird, während die himmlische Stadt die Gemeinschaft derjenigen ist, deren Herzen von der Liebe zu Gott beherrscht werden. Die »Gottesstadt« wird sich in ihrer Gänze erst am Ende der Zeiten zeigen. Dieser apokalyptische Impuls ist mit Absicht gesetzt, nicht als Flucht in eine Traumwelt, sondern als Thema für alle, die für ein neues Gelobtes Land zu kämpfen bereit sind, das sich auf Frieden und Gerechtigkeit aufbaut.

Betrachtungen über Frieden und Recht dominieren auch in Thomas Morus' Klassiker *Utopia* (1516)[327], dem am besten bekannten und für die abendländische Mentalität vielleicht normativsten Werk. More schrieb als Humanist und als Prophet; seine Kritik galt sozialen Ungleichheiten und religiöser Intoleranz seiner Zeit. Seine »glückliche Insel« ist eine nichtchristliche Gesellschaft. More kritisierte Eigensucht, Teilung und inneren Unfrieden eines christlichen Europa, das er gut kannte. Sein Buch ist auch Echo geographischer Entdeckung – die seinerzeit außerhalb Europas stattfand und sich oft mit der illusorischen Hoffnung verband, eine ideale Gesellschaft, ein »Gelobtes Land« zu finden. Es ist ein weiteres Beispiel für eine dynamische, lineare Deutung der Geschichte. Aber immerhin führte Mores christliche Anregung ihn zur Projizierung eines Paradieses auf Erden – einer Gesellschaft, die die Botschaft der Evangelien nicht kennt und in einem Zustand ursprünglicher menschlicher

---

325 Jean Servier, *Histoire de l'utopie* (1967), S. 47–60, 74–86.
326 Vgl. besonders Augustinus, *Civitas Dei*, Buch VI, Kap. 12.
327 Thomas More, *Utopia* (London und New York, 1955).

Unschuld verweilt. *Utopia* ist ein Beispiel auch der *zyklischen Dimension; sie ist nie ganz vom Horizont* christlicher Vorstellung verschwunden. Unabhängig voneinander sind die Vorstellungen einer »Goldenen Vergangenheit« Teil des Erbes im Christentum wie auch im Konfuzianismus.
So wenden wir uns der konfuzianischen Überlieferung zu, entdecken ihre ideale soziale Ordnung und die Ähnlichkeiten und Unterschiede dieser Ordnung im Vergleich mit dem christlichen Modell.[328]
Noch einmal sollten wir die Unterschiedlichkeit der Quellen hervorheben. Die chinesische philosophische Tradition hat die Trennung von Politik und Ethik nie gekannt. Die einzige Ausnahme von dieser Regel war die Entwicklung der Lehre von der angewandten Staatskunst, die der amoralischen Philosophie des Legalismus sehr nahestand und sich in Niederschriften findet, die man wohl als »Herrscherhandbücher« bezeichnen darf. Um ein solches Handbuch handelt es sich bei der Abhandlung von *Han Fei Tzu* (drittes Jahrhundert v. Chr.), die dem viel späteren *Il Principe* (1512–13) Machiavellis ähnlich sieht. Beide manifestieren eine kalte und berechnende Rationalität, die nur eine Sorge kennt: die Interessen des Machthabers. Chinesische Philosophie kann mit Platons *Republik* oder Mores Klassiker verglichen werden, mit ihrer klaren Analyse der Regierungsprinzipien in einer idealen Gesellschaft. Vormoderne chinesische Quellen bieten nur wenige, weitgestreute Kapitel und Passagen aus klassischen Texten, die »utopische« Gefühle zu wecken vermögen.

Ideale Politik

Die Utopias taoistischer Intellektueller weisen starke Ähnlichkeit mit dem von Thomas More Beschriebenen auf. Aufzuzählen sind hier Chuang-tzus phantasiebegabtes Chien-te (Bewiesene Tugend), das er in südlichen Bereichen Chinas ansiedelt (Nan-Yüeh), sowie Lieh-tzus Länder: Hua-hsü shih und Chung-pei. Alle diese sind in ganz naturalistischen Begriffen dargestellt. Die Bewohner haben ein einfaches und gesegnetes Dasein, weit entfernt von der Zivilisation und ihrer künstlichen Trennungen von sozialer und politischer Rangordnung, ihren Tugenden der Aufrichtigkeit und Schicklichkeit und ihrer Sorge um Leben und Tod. Solcherart waren die Tagträume eremitischer Philosophen, die mit der sozialen Ordnung ihrer Zeit unzufrieden waren und weder Neigung noch Absicht zu Rebellion oder Revolution hatten.[329]
Utopische Träume von mehr religiöser und apokalyptischer Natur fallen in eine andere Kategorie, weil sie häufig zu Versuchen führten, unter Gewaltan-

---

328 Vgl. Julia Ching, »Neo-Confucian Utopian Theories and Political Ethics«, in *Monumenta Serica* 30 (1972–73), Teil 1, S. 3.
329 Ebd., vgl. *Chuang-tzu* 20, *Lieh-tzu* 2 und 5.

wendung sozialen oder politischen Wechsel herbeizuführen. Es gab beispielsweise die Vision vom Großen Frieden, wie sie im *T'ai-p'ing ching* (*Buch vom Großen Frieden*) dargestellt ist, die zur Rebellion der Gelben Turbane im zweiten nachchristlichen Jahrhundert führte. Es gab auch messianische Träume von Maitreya, dem Buddha der Zukunft, im sechsten Jahrhundert und später, die in der erfolgreichen Revolution des Gründers der Ming-Dynastie, Chu Yüanchang (Regierungszeit 1368–98), kulminierten, der seine Laufbahn als Gefolgsmann von Han Lin-erh begonnen hatte, vorgeblicher Reinkarnation des Buddhas der Zukunft.[330]

Konfuzianische Utopien unterschieden sich sowohl von den friedvollen Träumen irdischer Paradiese, wie die naturalistischen Philosophen sie träumten als auch von den religiös-apokalyptischen Visionen der im Volke beliebten Rebellen. Konfuzianische Utopien tendierten eher auf Zeitliches als auf einen bestimmten Ort. Sie weisen starke moralische Konnotationen auf, stellen die Zustände dar, wie sie sein sollten und sein könnten, vorausgesetzt, die rechten Maßnahmen zum Einleiten einer solchen Wandlung werden ergriffen. Fast alle erfolgreichen Rebellen oder Dynastiebegründer haben auf irgendeine Weise versucht, ihr Tun zu rechtfertigen, indem sie sich die konfuzianische Vision einer idealen Gesellschaft aneigneten und diese als ihr Ziel ausgaben – worauf der Himmel dem jeweiligen Führer das Mandat verlieh. Konfuzianisches Ideengut hat auch teilweise im Japan des neunzehnten Jahrhunderts die Reformen der Meiji-Zeit mit beeinflußt, ebenso die republikanische Revolution im China von 1911.

Im Kapitel über die Entwicklung der Riten im Buch der Riten wird das konfuzianische Goldene Zeitalter zweifach beschrieben: Es umfasse sowohl das Zeitalter der Großen Einheit (*Ta-t'ung*) aus der ältesten Vergangenheit wie auch das nachfolgende Zeitalter der Kleinen Friedlichkeit (*Hsiao-k'ang*); letzteres wurde mit den Drei Dynastien (Hsia, Shang und Chou) gleichgesetzt. Dieses Kapitel stellt die Große Einheit als eine Zeit dar, in der »die Welt allen gehörte« und wird Konfuzius zugeschrieben:

Als der Große Weg geübt wurde, teilten sich alle gleichermaßen in die Welt. Wer immer würdig und fähig war, wurde befördert und es war allgemein so, daß man in einer Atmosphäre von Treu und Glauben lebte und einander wohlgesonnen war. Deshalb wurden in jener Zeit nicht nur die leiblichen Eltern als Eltern angesehen, und als Söhne nicht nur die eigenen Söhne. Den Betagten war ein angemessenes Ende beschieden und den Starken eine angemessene Beschäftigung; die jungen Leute erhielten eine Ausbildung, Witwen, Witwer, die Waisen und die Gebrechlichen wurden angemessen versorgt. Männer hatten

---

330 Das *T'ai-p'ing ching* entstammt angeblich dem zweiten nachchristlichen Jahrhundert und wird Yü Chi zugeschrieben. Vgl. auch *Hsin Yüan-shih* (Neue Dynastiegeschichte der Yüan-Zeit, Ausgabe K'ai-ming, 1935), 225:431 ff, zum Hintergrund des Gründers der Ming-Dynastie.

ihre Aufgaben und Frauen ihre Herde... So waren die Dinge zur Zeit der Großen Einheit (*Ta-t'ung*).[331]

Aber das Zeitalter der »Großen Einheit« währte nicht lange. Irgendwann im entfernten Altertum fand ein kollektiver Fall statt, starke Führer traten auf und sicherten die Ordnung, indem sie dem Volk rituelle Gesetze gaben, die sich nach der sozialen Natur des Menschen richteten. Die fünf moralischen Beziehungen wurden institutionalisiert. Die einst allen gehörige Welt wurde »Privatbesitz einiger Familien«. Jede der Drei Dynastien wurde von einem weisen Herrscher gegründet, doch zog es jeder von ihnen vor, seinen Thron lieber den eigenen Nachkommen zu überlassen statt Familienfremden, die auf der Grundlage ihrer Verdienste ausgewählt worden wären, wie es die legendären Kaiser Yao und Shun getan hatten. Außerdem ging die Blütezeit jeder Dynastie nach einer gewissen Zeit vorüber. Die Herausbildung von »Riten und Rechtlichkeit« war deshalb ein notwendiges Übel, um Egoismus und Intrigen zu verhüten bzw. unter Kontrolle zu halten.

Nun ist der Große Weg verborgen und die Welt im Besitz privater Familien. Jede Familie betrachtet als Eltern nur die eigenen leiblichen Eltern, als Söhne nur die eigenen leiblichen Söhne; Güter und Arbeit werden für selbstische Zwecke eingesetzt. Erbliches Amt und erblicher Titel werden vom rituellen Gesetz verbürgt, während Wälle und Graben die Sicherheit verbürgen müssen. Ritual und Rechtlichkeit dienen zur Regulierung der Beziehung zwischen Herrscher und Subjekt, zur Sicherstellung der Zuneigung zwischen Vater und Sohn, des Friedens zwischen Brüdern und des Zusammenklangs zwischen Mann und Weib... Dies nennt man die Zeit der Kleinen Friedlichkeit.[332]

Die frühere Gemeinschaft machte der Gesellschaft Platz. Riten beruhen nun aber auf moralischen Grundlagen und unterscheiden sich somit von »Gesetzen«, die – nach chinesischem Verständnis – schlichtweg nur den Willen des Herrschers bezeugen. Somit wies sogar das Zeitalter der Kleinen Friedlichkeit (*Hsiao-k'ang*) Zustände auf, die, im Vergleich zu nachfolgenden Zeitaltern, durchaus wünschenswert waren. Assistiert von ihren Ministern widmeten die weisen Kaiser »den Riten stete Aufmerksamkeit, manifestierten Rechtlichkeit und handelten in gutem Glauben.« Von wie vielen späteren Herrschern kann das gesagt werden?

Trotz taoistischer Untertöne inspirierten die beiden Stufen der Goldenen Vergangenheit, wie sie in der »Entwicklung der Riten« vermerkt sind, die konfuzianischen wie auch die nicht-konfuzianischen Gelehrten, die in diesem Kapitel ihre Ideale ausgesprochen fanden. Da nun die Zustände während des Zeitalters der Großen Einheit sich als ziemlich unerreichbar erwiesen, wurde das Zeitalter der Kleinen Friedlichkeit, historisch besonders mit der frühen Chou-Dynastie

---

331 Nach W.T. de Bary (Hrg.), *Sources of Chinese Tradition*, S. 175 f.
332 Ebd., S. 176.

identifiziert (der Zeit des Herzogs von Chou), zum Modell und *Vorbild* aller folgenden Generationen. Durch die ganze chinesische Geschichte hindurch haben Gelehrte ihrer Sehnsucht nach Wiedereinsetzung etwa solcher Einrichtungen wie des Brunnen-Feld-Systems der Landverteilung und sogar des politischen Feudalismus zum Ausdruck gebracht. Wieder und wieder erhob sich der Ruf nach Wiederherstellung vor-ch'in-zeitlicher Zustände; der Weg der Tyrannen (*pa*) sollte dem sanften Weg der Könige (*wang*) weichen.
Die Ineinssetzung des konfuzianischen »Utopia« mit der Goldenen Vergangenheit, die damit ein Modell für Gegenwart und Zukunft wurde, wurde definitiv vor allem mit dem Auftreten neo-konfuzianischer Philosophen während der Sung- und Ming-Dynastien. Der reformistische Schwung jener Tage ist etwas Neues und findet sich in früheren Zeiten nur selten. Der Philosoph Chu Hsi gab eine metaphysische Interpretation der Geschichte, worin er das entfernte Altertum als vom himmlischen Prinzip (*T'ien-li*) beherrscht beschrieb, als unter der Regierung von Yao und Shun die Menschen nach den vom Himmel gegebenen Tugenden der Menschlichkeit, der Rechtlichkeit, des Anstands und der Weisheit lebten. Unglücklicherweise mußte die Goldene Vergangenheit einem anderen Zeitalter weichen; dies wurde nun von menschlichen Begierden (*jen-yü*) beherrscht, Selbstinteresse war nun nicht mehr Ausnahme, sondern Regel und treibende Kraft der Despoten, die den Königstitel usurpierten. Chu sah sittliche Erziehung und Sorgfältigkeit bei der Wahl der Herrscher als den Schlüssel zur Wiederherstellung der Goldenen Vergangenheit an.[333]
Man hat neo-konfuzianische Philosophen manchmal als Konservative bezeichnet, die einen soziopolitischen *status quo* unterstützen und Reformen oft feindlich gegenüberstehen. Den Tatsachen aber wird eine solche Schwarzweißmalerei nicht gerecht. Häufig predigten die Philosophen moralische Regeneration und widmeten der Moralität der Mittel ebensoviel Aufmerksamkeit wie dem angestrebten Zweck, wohingegen die praktischen Politiker, ob nun konservativ oder reformistisch, bloß an pragmatischer Politik interessiert waren. Die Philosophen bewahrten sich auch große machtpolitische Unabhängigkeit und versuchten durch gütliches Zureden den unumschränkten Absolutismus einzugrenzen, während die Politiker – vor allem die sehr hochgestellten – eher versuchten, die Würde und Autorität des Herrschers zu bestärken, um somit ihre praktischen politischen Pläne besser durchführen zu können. Mithin ist es Verdienst der Philosophen, die utopische Vision am Leben erhalten zu haben, als Schutz der ethischen Idee im politischen Leben.
Der Versuch der Lokalisierung einer idealen Gesellschaft im Zeitlichen eher denn als im Räumlichen beweist eine gewisse Selbstgenügsamkeit des konfuzianischen China, Mitte seiner eigenen geographischen Welt, und zeigt geringes Interesse an der Erforschung des Unbekannten außerhalb seiner Grenzen.

---

333 »Neo-Confucian Utopian Theories«, S. 18. (Anm. 328)

Die Plazierung einer idealen Gesellschaft in einer Goldenen Vergangenheit und die angenommme Möglichkeit einer Wiederherstellung damaliger Zustände weist auf eine stark zyklische Zeitauffassung hin. Sie steht im Gegensatz zu der eher linearen Auffassung, wie sie im Christentum und seinen Millenniumsträumen besteht. Aber die konfuzianische utopische Mentalität hat ihre eigenen linearen Dimensionen, die sich in allegorischen Auslegungen des klassischen *Buchs der Frühling-Herbst Annalen* zeigt. Dies begann mit der Han-Dynastie, als Tung Chung-shu von den Drei Zeitaltern sprach, die in diesem Text offenbart seien – jenen Jahren, deren Augenzeuge Konfuzius gewesen, jenen Jahren, von denen er durch mündliche Überlieferung gehört hatte, und den Jahren, von denen er durch überlieferte Berichte wußte. Dies stellte eine Umkehrung der chronologischen Ordnung dar. Aber Ho Hsiu, Repräsentant der Kung-yang Schule allegorischer Interpretation, arrangierte diese Drei Zeitalter in einer zeitlichen Ordnung – er beschrieb sie als Zeit der Unordnung (*chü-luan*), als Zeit des Kommenden Friedens (*sheng-p'ing*) und des Großen Friedens (*t'ai-p'ing*), während er sie gleichzeitig als Enthüllung eines Maßstabes für gute Regierung seiner historischen Gegenwart und der Zukunft auswies.[334]

Man kann eine gewisse Parallele zwischen dem hier erwähnten Kommenden beziehungsweise Großen Frieden und der im *Buch der Riten* erwähnten Kleinen Friedlichkeit und Großen Einheit entdecken, wenn auch die »Entwicklung der Riten« eher Devolution zeigt als Evolution. In der späten Ch'ing-Dynastie hat K'ang Yu-wei die Kung-yang Interpretationen neu belebt und in seiner eigenen utopischen Abhandlung – dem *Buch der Großen Einheit* – explizit auf diese Parallelen hingewiesen. K'ang Yu-wei war dem Einfluß abendländischer utopischer Ideen ausgesetzt. Aber die Kombination von *Buch der Riten* und *Frühling-Herbst Annalen* bietet eine Zeit- und Geschichtssicht, die man als spiralförmig beschreiben kann – ein zyklischer Fortschritt der menschlichen Gesellschaft. Doch muß man zugeben, daß für den größten Teil der chinesischen Geschichte die utopische Vision mit der Wiederherstellung der Goldenen Vergangenheit gleichgesetzt wurde, und der Glaube an ihre historische Tatsächlichkeit verlieh dem Glauben an ihre mögliche Wiederherstellung Zuversicht – vorausgesetzt, es würde sich der rechte weise Herrscher finden.

Wir haben erwähnt, daß sogar in westlicher utopischer Mentalität eine gewisse Nostalgie nach einer verlorenen Vergangenheit besteht, wenn auch die Suche nach einer idealen Zukunft Vorrang hat. Dies trifft nicht allein auf die Annahme eines Urzustandes menschlicher Unschuld und Glückseligkeit im »Garten Eden« zu, sondern auch auf die Beschreibung der frühen gemeinschaftlichen Güterteilung, wie man sie in der Apostelgeschichte findet. Diese Nostalgie kann sogar im Marxismus gefunden werden, der sich auf eine pri-

---

334 Ebd., S. 22.

mitive kommunistische Gesellschaft in entfernter Vergangenheit beruft, die dem zukünftigen Utopia vage ähnlich sieht. Allgemein könnte man es so ausdrücken, daß die lineare Geschichtssicht in der abendländischen utopischen Mentalität vorherrscht, wenn auch gewisse Spuren zyklischer Vorstellungen vorhanden sind.

Wenn nun die westliche – und besonders die christliche – Mentalität mehr lineare Züge aufweist, während die konfuzianischen Träume eher zyklisch orientiert zu sein scheinen, so treffen sich doch beide in einer gemeinsamen Annahme: daß es der Mensch sei, der Geschichte macht. Es ist der Mensch, der sich eine Zukunft schafft nach Maßgabe seines Traums, sei sie nun mit einem kommenden Goldenen Zeitalter assoziiert oder aber mit der Wiederherstellung eines vergangenen Zustandes. Für Christen wie auch für Konfuzianer besitzen Mensch und Geschichte, somit auch Gesellschaft und Staat, höchste Bedeutung. In diesem Punkt unterscheiden sich Christentum und Konfuzianismus von den aus Indien stammenden Religionen wie Hinduismus und Buddhismus, mit ihrer Nichtachtung des Zeitlichen, Säkularen, sozialer und politischer Gegebenheiten.

Die heutige Situation

Wieviel ist vom Konfuzianismus im China von heute, in der Volksrepublik, übriggeblieben? Wie und in welcher Art haben die alten Ideale in der neuen politischen Vision und in der neuentstandenen sozialen Struktur überlebt? Diese Fragen sind schwer zu beantworten, vor allem nach der intensiven Anti-Konfuzius-Kampagne, die auf die Große Proletarische Kulturrevolution von 1964 und später folgte.

Offensichtlich zielt das China von heute auf eine völlige Auslöschung konfuzianischer Einflüsse aus allen Formen des Lebens und Denkens. In der Völkischen Tageszeitung vom 10. Januar 1967 finden wir folgende Äußerungen:

> In unserem sozialistischen neuen China gibt es selbstverständlich keinerlei Raum für konfuzianische Konzepte und kapitalistische und revisionistische Ideen, die im Dienst der Ausbeuter stehen. Wenn diese Ideen nicht mit der Wurzel ausgerissen werden, dann werden Stärkung der Diktatur des Proletariats und Aufbau von Sozialismus und Kommunismus unmöglich sein. In der Großen Proletarischen Kulturrevolution war es eine unserer wichtigsten Aufgaben, den steifgewordenen feudalen Kadaver abzunehmen und die durch und durch reaktionären konfuzianischen Konzepte vollständig auszurotten.[335]

---

335 Donald E. MacInnis, *Religious Policy and Practice in Communist China: A Documentary History* (New York, 1972), S. 294. (Dt.: Religionskritik im kommunistischen China, Göttingen 1974.)

Und das Ziel dieser Ausrottung ist wohlbekannt: Einrichtung der unumschränkten Autorität der Gedanken von Mao Tse-t'ung.[336]
Interessanterweise weist diese hingebungsvolle Arbeit am Aufbau einer neuen politischen und kulturellen Vision auf eine deutlich *dialektische* Korrelation zwischen dem Konfuzianismus und der neuen Staatsideologie hin. Wie einst das konfuzianische *Tao*, so wird nun der Dialektische Materialismus gelehrt und als unfehlbare Lehre verehrt, Norm aller Philosophie, Logik, Geschichte und sogar der »Eschatologie«. An Stelle der Mythe vom »Philosophen-König« haben wir nun die greifbare Realität eines Parteivorsitzenden, gleichzeitig politischer Herrscher, Wächter und Verfechter der neuen Ideologie, Vater und Mutter des Volkes. Das Ziel der chinesischen Gesellschaft ist ein Neuer Sozialismus – eine umfassende Vision mit starken Anklängen an die konfuzianische ideale Gesellschaft, wie sie in der Formel »allen gehörig« (*ta-t'ung*) ausgesprochen ist.[337]
Der chinesische Kommunismus unterscheidet sich vom klassischen Marxismus in einem wesentlichen Punkt: der Begriff »Proletariat« wird durch den Begriff »Volk« ersetzt. Das Volk – die »Massen« – sind zur Vorhut der Revolution geworden, Quelle aller Wahrheit und aller Weisheit. Auch dies hat seine Wurzeln in der konfuzianischen – auch bei Menzius vertretenen – Betonung der »allerhöchsten Wichtigkeit« des Volkes. Denn »der Himmel sieht, wie mein Volk sieht; der Himmel hört, wie mein Volk hört«.[338] Der chinesische Kommunismus hat mindestens in der Theorie seine Lehre von der Verantwortung des Herrschers vor dem Volke ganz deutlich ausgesprochen.[339]
Die dialektische Korrelation zwischen chinesischem Kommunismus und Konfuzianismus ist so stark, daß ein Autor sie folgendermaßen kommentiert hat:

Mao hat nichts anderes getan, als sich selbst als neuen Konfuzius einzusetzen, als einen Gegen-Konfuzius; dies war in der Kulturrevolution implizit ausgesagt und in der berühmten Sammlung der *Aussprüche des Vorsitzenden Mao Tse-t'ung*. Mao wünscht in diesem neuen Zeitalter so zu wirken, wie Konfuzius in der traditionellen chinesischen Gesellschaft gewirkt hat. Und dies kann er nur durch schärfste Abgrenzung des Neuen gegen das Alte erreichen...
Zwar hat Mao sich scharf gegen die konfuzianischen Werte und das ganze ihrem Ausdruck dienende Sozialsystem gewendet, letztendlich aber nur eben diese Werte in einem anderen Kontext neu erstellt. Der revolutionäre Kampf selbst, mit seiner unablässigen Selbstprüfung, ist nichts anderes als eine transponierte Version des traditionellen chinesischen Strebens zu täglich wiederholter innerer Erneuerung... Der Wille zum Dienst an anderen, der Wunsch, sich der Gemeinschaft unterzuordnen, ... ist die in einem neuen

---

336 Ebd.
337 Dai Sheng-yü, *Mao Tse-t'ung and Confucianism* (unveröffentlichte Dissertation, University of Pennsylvania, 1953), S. 46–55.
338 James Legge, *The Chinese Classics*, Bd. 3, S. 292 (aus dem *Buch der Urkunden*, Die große Deklaration, Teil 2).
339 Mao an André Malraux, zitiert bei MacInnis, a. a. O., S. 17.

Kontext vorgenommene Manifestierung der traditionellen Tugend *jen*... Der Schlüssel zum Verständnis Maos liegt darin, daß man ihn als einen Gegen-Konfuzius erkennt, dessen größte historische Sendung darin liegt – was ihm selbst nicht bewußt ist –, eine Erneuerung der konfuzianischen Tradition in Gang zu setzen.[340]

Gewiß bleibt die Korrelation dialektisch. Wenn das letzte soziale Ziel der konfuzianischen Vision der »Großen Einheit« – man ist versucht zu sagen, der »Großen Gleichheit« – ähnlich ist, so ist doch der *Weg*, auf dem dies Ziel erreicht wird, von dem traditionellen Weg sehr verschieden. Wir hören nicht von einer Restauration der Vergangenheit und der sozialen Harmonie, sondern mehr von Klassenkampf und sozialistischer Revolution – sogar von permanenter Revolution. Es mag sein, daß die Konturen der neuen kollektiven Gesellschaft und der neuen Ideologie gewisse Gemeinsamkeiten mit den Konturen der konfuzianischen Klan-Gesellschaft aufweisen. Aber der soziale Brennpunkt wie auch der Gehalt dieser Ideen ist völlig verändert. Die Spannweite der philosophischen Ausrichtung ist nicht länger auf Harmonie ausgerichtet, sondern auf Kampf, auf Widerspruch, auf Revolution. Eine extremistische Doktrin hat die gemäßigte Doktrin ersetzt.

Für diejenigen, denen eher an Gemeinsamkeiten als an Unterschieden gelegen ist, könnten die folgenden Worte einen Hinweis auf die Zukunft geben:

Konfuzius wird eines Tages als der Titan der chinesischen Tradition erkannt werden, der Mao so ausdauernd herausgefordert hat wie Mao ihn. Schon jetzt können wir Konfuzius als verborgenen Grund für Maos Befürchtungen ausmachen, als Richter seiner Taten, als den Hauptgegner Maos während des ganzen Verlaufs der Kulturrevolution... Bis auf den heutigen Tag ist Konfuzius Inspiration und unüberwindliche Nemesis Maos geblieben... Problematisch ist die Frage, wie lange die gegenwärtige Kluft zwischen alter und neuer Ordnung bestehen bleiben wird... Lao Tzu weist uns darauf hin, daß die Bewegung des Tao zur Wiederkehr neigt, sich auf sich selbst richtet. Die unterbrochenen Linien der Hexagramme des I Ching neigen sich der Verbindung zu, während die geschlossenen Linien sich der Unterbrechung zuneigen. In diesem Sinne können wir erwarten, daß die chinesische Revolution in gewisser Hinsicht umkehren, ihre Vergangenheit neu suchen und finden kann, und dies nicht zur Verneinung des Gegenwärtigen, sondern um die bemerkenswerten Erfolge der Gegenwart zu befestigen und zu erhalten.[341]

Schlussbemerkung

In diesen Tagen entdecken Christen mehr und mehr die politische Bedeutung der ursprünglichen christlichen Botschaft und die Verantwortung, die sie den Gläubigen hinsichtlich sozialer und politischer Probleme auferlegt, auf der Suche nach einer gerechteren Gesellschaft. Auf der anderen Seite war der Kon-

---

340 Thomas Berry, »Mao Tse-t'ung: The Long March«, in *Theological Implications of the New China* (Genf und Brüssel, 1974), S. 67.
341 Ebd.

fuzianismus, der als mehr »verbreitete« denn »organisierte« Religion in ganz Ostasien an den Zustandsänderungen durch Revolutionen und politischen Wechsel leidet, nicht imstande, diesem Wechsel effektiv die Stirn zu bieten, trotz des wesentlich politischen Charakters seiner eigenen Lehren. Tatsächlich bleibt der Konfuzianismus passiv und wird von den politischen Mächten in Ländern wie Südkorea und Taiwan als theoretische Rechtfertigung einer paternalistischen und autoritären Regierung benutzt, die sich zuzeiten intellektuell und politisch repressiv gezeigt hat und zeigt. In der Volksrepublik und in Nordkorea ist der Konfuzianismus offiziell abgeschafft, um der marxistischen politischen Ideologie, wie sie von den herrschenden Regierungen eben begriffen wird, unumschränkte Herrschaft zu sichern.

Welche Zukunftsaussichten bestehen für Christen und Konfuzianer, um politisch aus ihren jeweiligen Traditionen zu lernen? Wo liegen die Widersprüche in der Suche eines Christen nach politischem Sinn seines Glaubens und wie können konfuzianische Einsichten und Erfahrungen der Christenheit als Bezugspunkt dienen und dem Konfuzianismus als Ausgangspunkt für Wandlung und neue Bedeutung?

Wie schon erwähnt, haben führende christliche Denker und zahlreiche nachdenkliche Gläubige die Fähigkeit bewiesen, politisch vom Dialog mit Marxisten zu lernen. Sie waren bereit, gewisse Elemente der marxistischen Auffassung vom Menschen, von Gesellschaft und Geschichte zu akzeptieren, soweit diese dem christlichen Glauben nicht diametral entgegengesetzt sind; man hat in manchen marxistischen Auffassungen einen religiösen Sinn von Hingabe und Zielrichtung entdeckt, der christlichem Gefühl in mancher Hinsicht entspricht. Damit haben sie den Konfuzianern ein Beispiel zur Nachahmung gegeben. Es ist nicht die Zeit für eine Polarisierung der Gegensätze, sondern für echte Überlegung im Lichte kritischer Selbstbetrachtung. Denn konfuzianische Gelehrte – ausgenommen die in der Volksrepublik, denen keine Wahl offensteht und die gezwungen wurden, dem Konfuzianismus abzuschwören – haben das Studium des Marxismus größtenteils vernachlässigt und es vorgezogen, in einer irrealen intellektuellen Atmosphäre zu leben, romantisch verbunden mit der vergangenen Glorie einer Tradition, die einer radikalen Herausforderung gegenübersteht.

Um voneinander lernen zu können, von marxistischen Theorien wie auch von kritischen Theoretikern, müssen Christen und Konfuzianer zunächst die *Wesenheiten* christlicher oder konfuzianischer Lehren und ihres Umfelds begreifen lernen. Damit erschaffen sie sich eine Ausgangsposition, von der aus sie die Verdienste ihrer eigenen Vergangenheit und die Möglichkeiten zukünftigen Wachstums einschätzen können. Dies wird ihnen auch helfen, die Werte marxistischer und anderer sozialer Theorien abzuschätzen, ohne dabei ihre Grundpositionen aufzugeben. Für Christen besteht eine gewisse Ironie darin, daß die jüngste Missionsgeschichte sich hauptsächlich im Bereich von Allianzen mit politischen und militärischen Mächten abspielte, die sich mit dem westlichen Imperialismus verbunden hatten. Hierin liegt der Hauptgrund für die heutige Zurückweisung des Christentums seitens der sozialistischen Regierungen Ostasiens und anderer Gebiete. Zusätzlich bestand auch ein rassisches, kulturelles und religiöses Überlegenheitsgefühl – das Ergebnis von Unkenntnis anderer Überlieferungen und ihres Selbstverständnisses wie auch einer triumphalistischen dogmatischen Orientierung: der Bekehrung der Ungläubigen. An diesem Punkt haben die christlichen Missionen gewiß zur Geburt des sozialistischen China beigetragen, indem sie die alte »feudale« Gesellschaft geschwind durch eine bourgeois-kapitalistische Phase und dann in die sozialistische Gegenwart geleitet haben.[342]

Außerdem gibt es noch ein anderes Problem: die Transzendenz der Politik. Wenn man sagt, daß Theologie, die vom Selbstverständnis des Menschen ausgeht, politisch bewußt werden muß, um sich selbst und ihrer Botschaft treu zu bleiben, so bedeutet es doch nicht, daß sich Theologie ausschließlich mit sozial und politisch relevanten Problemen beschäftigen muß. Schließlich sind wir Zeugen gewesen der Entwicklung von Theologien der Hoffnung, des Protests, der Revolution und der Befreiung; aus ihnen haben wir die inhärenten Verantwortungen des Christen gegenüber schwerem Unrecht gelernt. Aber wir müssen auch darauf hinweisen, daß manches wichtige Problem ungelöst geblieben ist: beispielsweise das Problem der Gewalt in der Revolution und die Frage, wie Gewalt kontrolliert und »eingeschränkt« werden könne. Und wir sollten auch fragen, ob Themen der Hoffnung, der Revolution, des Protests und der Befreiung denn alles sind, wofür Theologie steht. Bedeutet politische Verantwortlichkeit ein totales Aufgehen in der Welt und in ihren Problemen, oder sollte der Christ hier nicht, wie in seinem geistigen Leben von Gebet und Meditation, auch ein bestimmtes Enthobensein, wenigstens im Geiste, von seinen säkularen Beschäftigungen aufweisen, und ebenso eine bestimmte Verbundenheit zu den Werten sozialer Gerechtigkeit und politischer Gleichheit? Besteht sonst nicht das Risiko, daß man den wirklichen Sinn von Hoffnung, einer wahren Eschatologie, und das *religiöse* Wesen der Revolution und der Befreiung vergißt, die Jesus Christus erreicht hat, der allein dem Christen Vorbild sein kann?

Ein aus Indien schreibender Theologe, der die schwierige soziale Situation und die vielfältige religiöse Landschaft kommentierte, äußerte sich auch zur Wichtigkeit der *Praxis* christlicher Sozialethik in diesem Lande. Er hat darauf hinge-

---

342 Vgl. meine Überlegungen zum Thema christlicher Glaube und chinesische Erfahrung, vorgetragen auf der Louvain-Konferenz, veröffentlicht als »The Christian Way and the Chinese Wall«, in *America*, Bd. 131, Nr. 14 (9. November 1974), S. 275–78. Die Konferenz fand im September 1974 statt, nach einer vorbereitenden Zusammenkunft in Bastad (Schweden) im Januar 1974.

wiesen, daß es von gleicher Bedeutung sei, dem christlichen Bewußtsein verhaftet zu bleiben, der Welt zugetan wie auch von ihr abgewendet zu sein, denn, so sagt er, die Kirche ist *in* der Welt, aber nicht *von* der Welt. Er sagt seinen christlichen Lesern, daß die Hindus und Buddhisten Indiens die christliche Besorgnis um soziale und politische Relevanz als naiv und recht diesseitig betrachten, verglichen mit der Suche nach dem Brahman-atman oder *nirvāna*.[343]

Aus diesen Worten könnte man ableiten, daß das Christentum eine gewisse Mittelstellung einnimmt – in seiner Haltung gegenüber Hindus und Buddhisten, die allzu weltabgewandt sind und den Konfuzianern, die manchmal allzu weltzugewandt erscheinen. Es liegt deshalb an der eigenen Betrachtungsweise, ob das Christentum als »diesseitig« oder »jenseitig« betrachtet werden sollte.

Um noch einmal auf die Worte J. Russell Chandrans zurückzukommen:

Die Kirche versteht sich als neue Schöpfung Gottes in Christo und nicht schlicht als Agent der Gesellschaft. Es ist eine Gemeinschaft, ins Sein gebracht als Leib Christi und sie teilt die letzten Belange Gottes und ... (wartet) auf die Erfüllung einer neuen Menschlichkeit und die Zusammenfassung aller Dinge in Christo.[344]

Für den Christen findet sich der letzte Sinn des Christentums im Kreuz und der Auferstehung Jesu Christi, um dessentwillen wird er immer »in der Welt sein, aber nicht von der Welt«.

---

343 Vgl. J. Russell Chandran, »Where Other Religions Dominate«, in John Bennett (Hrg.), *Christian Social Ethics in a Changing World* (New York, 1966), S. 230.
344 Ebd.

ZEITTAFEL

Legendäre Epoche

Die »Drei Erhabenen«
Die »Fünf Gottkaiser« (Der Gelbe Kaiser, Yao, Shun, usw.)

Das alte China: frühe Königliche-Dynastien

Hsia-Dynastie 3. bis 2. Jahrtausend v. Chr.
 Begründer: König Yü, der »Flut-Beherrscher«
Shang-Dynastie ca. 1766–1123 v. Chr.
 Begründer: König T'ang
 Die Religion des Altertums
 (Orakelknocheninschriften)
Chou-Dynastie 1122–221
 (Aufstieg des Humanismus)
  (Bronzeinschriften)
  Ch'un-ch'iu (Frühling-Herbst-Periode) 722–481
   Konfuzius ca. 551–479
   Lao-tzu
  Chan-kuo (Periode der kämpfenden Reiche) 453–221
   Mo-tzu ca. 468–376 (Mohismus)
   Menzius ca. 371–289 (Konfuzianismus)
   Hsün-tzu ca. 298–238 (Konfuzianismus)
   Chuang-tzu (Taoismus)
   (Legalismus, Yin-Yang-Schule, usw.)

Das kaiserliche China

Frühe Periode (3. Jh. v. Chr.–5. Jh. n. Chr.)

Ch'in-Dynastie 221–207 (ein vereinigtes Kaisertum)
 Verbrennung der Bücher (213 v. Chr.)
Han-Dynastie 220 v. Chr.–202 n. Chr.
 Konfuzianismus als »Staatsreligion« (2. Jh. v. Chr.)
 Einführung des Buddhismus (1. Jh. n. Chr.)
 Taoismus als Religion (Chang Tao-ling: 2. Jh. n. Chr.)

Die Drei Reiche 220–280
Chin-Dynastie 265–419
   Neo-Taoismus (Philosophie)
Die Sechs Dynastien (China geteilt 317–588)
   Kumarajiva in Nordchina (402–413)
   Verbreitung des Buddhismus und des Taoismus

Mittlere Periode (6. Jh. – 9. Jh.)

Sui-Dynastie 589–618
   Buddhismus als Staatsreligion Japans (594)
T'ang Dynastie 618–906
   (Nestorianer in China)
   Höhepunkt des Buddhismus (7. Jh. – 8. Jh.)
   (Hsüan-tsang 596–644)
   (Hui-neng 638–713)
   Verfolgung des Buddhismus (845)

Spätere Periode (10. Jh. – 20. Jh.)

Fünf Dynastien 907–960
Sung-Dynastie 960–1279
(Juden in Kaifeng)
(Dschurdschen-Herrschaft im Norden 1115–1234)
   Höhepunkt des Neo-Konfuzianismus
   Chu Hsi (1130–1200)
Yüan-Dynastie 1260–1367 (Mongolische Herrschaft)
   Kublai-Khan 1260–1294 (Regierungszeit)
   Herrschaft des tibetischen Buddhismus unter den Mongolen
   (Franziskaner-Missionare in China)
   (Marco Polo in China)
Ming-Dynastie 1368–1644
   Wang Yang-ming (1472–1529)
   (Matteo Ricci und Jesuiten-Missionare in China)
   »Das christliche Jahrhundert« in Japan
Ch'ing-Dynastie 1644–1911 (Mandschu-Herrschaft)
   Erster Opium-Krieg 1839–1842
   (Rückkehr der christlichen Missionare, 19. Jh.)
   T'ai-p'ing Aufstand 1850–1864
   Boxer-Aufstand 1900

DAS REPUBLIKANISCHE CHINA

Republik 1912–1949
4. Mai-Bewegung (1919)
Gründung der KP Chinas (1921)
Chinesisch-japanischer Krieg 1937–1945
Volksrepublik seit 1949
(Vertreibung der christlichen Missionare)
»Kulturrevolution« (1966–1977)
(Anti-Konfuzius-Kampagne 1973–1974)
Der Sturz der »Vierer-Bande« (1977)
(Politik der Modernisierung, Liberalisierung der Religionspolitik)

DAS CHRISTENTUM IN CHINA

Übersicht

Vier missionarische Versuche

1. 7.–9. Jh.		Nestorianer
	845	Verfolgung (Buddhisten und alle »fremden« Religionen)
2. 13. Jh.–14. Jh.		Franziskaner-Missionare (bei den Mongolen) 20 000 Menschen getauft
3. 16. Jh.–18. Jh.		Matteo Ricci und die Jesuiten
	1601	Ricci in Peking; 1610 Tod Riccis
	1631	Adam Schall in Peking (Mission u. a. der Franziskaner in Südchina)
	1658	Greogry Lo (»Lopez«) erster chinesischer Priester, 1685 zum Bischof geweiht Ritenstreit
	1704	Clemens XI. gegen die Riten
	1742	Benedikt XIV. gegen die Riten
	1773	Jesuiten-Orden aufgelöst
	1800	210 000 Katholiken in China
	1802	Missionstätigkeit in China verboten
4. 19. Jh.–20. Jh.		Protestanten und Katholiken
	1807	Robert Morrison in Südchina
	1840	1. Opiumkrieg
	1842	Vertrag von Nanking (Schutz für Missionare)
	1950	3 Millionen Katholiken; 1,5 Millionen Protestanten
	1951	Vertreibung der Missionare
	1951	Die »Drei-Selbst«-Bewegung unter Protestanten
	1957	Katholische Patriotische Vereinigung
	1958	Zwei Bischöfe ohne römische Erlaubnis geweiht
	1966–76	Kulturrevolution (alle Kirchen geschlossen; alle Priester usw. im Gefängnis)
	1972	Eine katholische Kirche in Peking für Diplomaten offen Ein Protestantischer Gottesdienst sonntags für Diplomaten
	1982	Neue Verfassung (Artikel 36) »Die Bürger der Volksrepublik China erfreuen sich der Religionsfreiheit. Kein staatliches Organ, keine öffentliche oder private Institution darf die Bürger zum Glauben oder Nichtglauben in einer Religionsgemeinschaft zwingen.

Der Staat schützt legitime Religionsausübung. Niemand darf die Religion mißbrauchen, um gegenrevolutionäre Kräfte zu unterstützen oder Aktionen auszutragen, die öffentlichen Befehlen widersprechen, die Gesundheit der Bürger schädigen oder das staatliche Erziehungssystem untergraben.
Kein fremdes Land darf die Religionsausübung bestimmen.«

1987 Ca. 2000 Kirchen wieder geöffnet.

AUSWAHLBIBLIOGRAPHIE

Es folgt eine Bücherliste zu vergleichender Philosophie, Religionswissenschaft, Konfuzianismus und Christentum. Spezielle Untersuchungen und Monographien sind in den Fußnoten angegeben und in dieser Liste nicht noch einmal aufgeführt.

Allgemeine Untersuchungen: Anthologien und vergleichende Studien

Chan, W. T. et al., *The Great Eastern Religions: An Anthology*, New York 1968.
Chang, K. C., *Art, Myth and Ritual*. Cambridge, Mass. 1983.
Eliade, M., *Die Religionen und das Heilige: Elemente der Religionsgeschichte.* Frankfurt 1986.
ders. und Kitagawa, J. M., *The History of Religions: Essays in Methodology.* Chicago 1959.
Gernet, J., *Chine et christianisme. Action et reaction*. Paris 1982.
Hartshorne, C. et al., *Philosophers Speak of God*. Chicago 1953.
Heiler, F., *Das Gebet: Eine religionsgeschichtliche und religionspsychologische Untersuchung*. 3. Aufl. München 1921.
Hocking, W. E., *Living Religions and a World Faith*. New York 1951.
Kaplan, A., *The New World of Philosophy*. New York 1961.
Kitagawa, J. M., *Religions of the East*. Philadelphia 1963.
Nakamura, H., *Parallel Developments: A Comparative History of Ideas*. New York und Tokio 1975.
Otto, R., *Das Heilige*. Breslau 1917.
Oxtoby, W. G., *Offenes Christentum*. München 1986.
Rowley, H. H., *Prophecy and Religion in Ancient China and Israel*. London 1956.
Smith, W. C., *The Faith of Other Men*. New York 1963.
Smart, N., *The Religious Experience of Mankind*. London 1970.
Tillich, P., »Das Christentum und die Begegnung der Weltreligionen« (*Gesammelte Werke*, Bd. 5, S. 51–137). Stuttgart 1964.
Toynbee, A., *Mankind and Mother Earth*. London 1976.
Waldenfels, H. – Imoos T. (Hrg.), *Fernöstliche Weisheit und christlicher Glaube. Festgabe für Heinrich Dumoulin*. Mainz 1985.

Spezialwerke: Konfuzianismus

a. Klassiker und Philosophen in Übersetzungen und Anthologien

Chan, W. T., *A Source Book of Chinese Philosophy*. Princeton 1963.
de Bary, W. T. (Hrg.), *Sources of Chinese Tradition*. New York 1960.
Lau, D. C., *Lao-tzu: Tao-te ching*. London 1963.
ders., *Mencius*. London 1970.
Legge, J., *The Chinese Classics*. Oxford 1893–99. 5 Bände. Die *Vier Bücher* sind nachgedruckt in *Confucius*. New York 1971.
Waley, A., *The Analects of Confucius*. London 1939.
Watson, B., (Übers.) *Chuang-tzu: Basic Writings*. New York 1964.
ders., *Han Fei Tzu: Basic Writings*. New York 1964.
ders., *Hsün-tzu: Basic Writings*. New York 1963.
ders., *Mo-tzu: Basic Writings*. New York 1963.

b. Andere Werke

Chan, W. T., *Religious Trends in Modern China*. New York 1953.
Creel, H. G., *Chinese Thought from Confucius to Mao Tse-tung*. Chicago 1955.
ders., *Confucius, the Man and the Myth*. New York 1949.
Eber, I. (Hrg.), *Confucianism*. New York 1985.
Fingarette, H., *Confucius: The Secular as Sacred*. New York 1972.
Fung Yu-lan, *A History of Chinese Philosophy*. Übers. von Derk Bodde. Princeton 1952–53, 2 Bände.
ders., *A Short History of Chinese Philosophy*. New York 1948.
Jaspers, K., »Konfuzius« (*Die großen Philosophen*, Bd. 1, S. 154–185). München 1957.
Schwartz, B. I., *The World of Thought in Ancient China*. Cambridge, Mass. 1985.
Smith, D. H., *Confucius*. New York 1973.
ders., *Chinese Religions*. New York 1968.
Waley, A., *Three Ways of Thought in Ancient China*. London 1939.
Weber, M., »Die Wirtschaftsethik der Weltreligionen: Konfuzianismus und Taoismus« (*Gesammelte Aufsätze zur Religionssoziologie*, Bd. 1, S. 276–536). Tübingen 1920.

Spezialwerke: Christentum

Bonhoeffer, D., *Widerstand und Ergebung*. München 1962.
Bultmann, R., *Theologie des Neuen Testaments*. 3. Aufl. Tübingen 1958.
Conzelmann, H., *Grundriß der Theologie des Neuen Testaments*. 2. Aufl. München 1967.
Häring, B., *Das Gesetz Christi*. Freiburg 1954.
Küng, H., *Christ sein*. München 1974.
ders., *Existiert Gott?* München 1978.
Rahner, K., *Schriften zur Theologie*. 16 Bände. Einsiedeln 1962–84.
Sacramentum Mundi: Theologisches Lexikon für die Praxis, hrg. von K. Rahner et al. 4 Bände. Freiburg 1967–69.
Schnackenburg, R., *The Moral Teaching of the New Testament*. New York 1971.
Theologisches Wörterbuch zum Neuen Testament, hrg. von G. Kittel und G. Friedrich. 10 Bände. Stuttgart 1933–79.
Tillich, P., *Systematische Theologie*. 3 Bände. Stuttgart 1956–66.
(Vatikanum II) *Kleines Konzilskompendium*, hrg. von K. Rahner und H. Vorgrimler. Freiburg 1966.

BIBLIOGRAPHISCHER NACHTRAG

Die folgende ausgewählte deutsche Bibliographie beinhaltet einige Veröffentlichungen, die für die in dem Buch von Julia Ching *Konfuzianismus und Christentum* angesprochenen Themen relevant sind. Es wurden vor allem die deutschen Übersetzungen der chinesischen Klassiker, dann einige (ältere und neuere) allgemeine, vornehmlich philosophisch-geschichtliche, Werke und schließlich Veröffentlichungen zu den einzelnen Themen aufgenommen. Diese Bibliographie ist keineswegs erschöpfend. Sie soll lediglich dem deutschen Leser zur allgemeinen Orientierung und zur weiterführenden Lektüre über die Problematik, die in diesem Buch diskutiert wurde, verhelfen.

Der Literaturnachtrag beschränkt sich auf die bibliographische Angabe des Verfassers, des Titels (bei mehreren Veröffentlichungen sind diese in alphabetischer Reihenfolge gesammelt) und des Erscheinungsortes. Bei den Zeitschriften wurden der Jahrgang, das Jahr, die Nummer und die Seiten des Beitrages angegeben.

Bauer, Wolfgang (Hrg.), *China und die Fremden. 3000 Jahre Auseinandersetzung in Krieg und Frieden.* München 1980.

ders., *China und die Hoffnung auf Glück. Paradiese, Utopien, Idealvorstellungen in der Geistesgeschichte Chinas.* München 1974.

Bäcker, Jörg, *»Prinzip der Natur« und »Sein und Selbst vergessen« – Theorie und Praxis des Neokonfuzianismus anhand der »Aufgezeichneten Aussprüche des Hsieh Liang-tso (1050–1121)«. Mit Berücksichtigung der ch'anbuddhistischen Einflüsse.* Bonn 1982.

Béky, Géllert, *Die Welt des Tao.* Freiburg–München 1972.

Bieg, Lutz, *Die geistigen Kräfte des alten China: der Konfuzianismus*, in J. M. Kroker (Hrg.), *China – Auf dem Weg zur »Großen Harmonie«.* Stuttgart 1974, 12–28.

Cavin, Albert, *Der Konfuzianismus.* Stuttgart 1981.

Chan, Wing-Tsit, *Religiöses Leben im heutigen China.* München 1953.

Chang, Carsun, *Wang Yang-ming. Abschnitt aus der Geschichte der neukonfuzianischen Philosophie*, in *Die Tatwelt* 11 (1935) 140–153.

Chang, Ch'un-shen, *Dann sind Himmel und Mensch in Einheit. Bausteine chinesischer Theologie.* Freiburg–Basel–Wien 1984.

Chang, Tsung-tung, *Metaphysik, Erkenntnis und Praktische Philosophie im Chuang-Tzu. Zur Neu-Interpretation und systematischen Darstellung der klassischen chinesischen Philosophie.* Frankfurt a. M. 1982.

China-Handbuch. Hrg. von Wolfgang Franke und Brunhild Staiger. Düsseldorf 1974.

Chinesisch-Deutsches Lexikon der chinesischen Philosophie. Übersetzt aus dem »Ci hai« von Lutz Geldsetzer und Hong Han-ding. Aalen 1986.
Ching, Julia, *Die Herausforderung der chinesischen Religion* (Taoismus), in Concilium 22 (1986) 1, 54–58.
dies., *Der religiöse Sinn der Chinesen*, in Concilium 15 (1979) 6/7, 358–361.
dies., *Wozu sind wir auf Erden? Ein asiatischer Beitrag*, in Concilium 13 (1977) 10, 542–544.
Ching, Julia/Küng, Hans, *Christentum und chinesische Religion.* München 1988.
Cho, K. K., *Das Absolute in der taoistischen Philosophie*, in D. Papenfuss/ J. Söring (Hrg.), *Transzendenz und Immanenz.* Stuttgart 1977, 239–255.
Cuttat, Jacques A., *Asiatische Gottheit – Christlicher Gott. Die Spiritualität der beiden Hemisphären.* Einsiedeln 1971.
Debon, Günther (Hrg.), *Ostasiatische Literaturen.* Wiesbaden 1984.
Dschuang Dsi (Chuang-tzu), *Das wahre Buch vom südlichen Blütenland.* Übers. von Richard Wilhelm. Düsseldorf–Köln 1969 (Die Philosophie Chinas).
Eichhorn, Werner, *Allgemeine Bemerkungen über das Religiöse im alten China*, in Oriens Extremus 26 (1979) 1/2, 13–21.
ders., *Die alte chinesische Religion und das Staatskultwesen.* Leiden-Köln 1976.
ders., *Das Herz im chinesischen Denken*, in K. Thomae (Hrg.), *Das Herz im Umkreis des Denkens.* Biberach 1969, 53–86.
ders., *Der »Name Gottes« in religiösen Strömungen des alten China*, in H. Stietencron (Hrg.), *Der Name Gottes.* Düsseldorf 1975, 66–74.
ders., *Die Religionen Chinas.* Stuttgart–Berlin–Köln–Mainz 1973.
ders., *Die Westinschrift des Chang Tsai. Ein Beitrag zur Geistesgeschichte der Nördlichen Sung.* Leipzig 1937; Nachdruck: Nendeln 1966 (Abh. für die Kunde des Morgenlandes XXII, 7). Hier bes. 9–29: Der Neukonfuzianismus und die Westinschrift.
Felber, Roland, *Kontinuität und Wandel im Verhältnis des Maoismus zum Konfuzianismus*, in Zeitschrift für Geschichtswissenschaft 23 (1975) 6, 686–699.
Franke, Herbert, Trauzettel, Rolf, *Das chinesische Kaiserreich.* Frankfurt a. M. 1968.
Forke, Alfred, *Chinesische Mystik.* Berlin 1922.
ders., *Die Gedankenwelt des chinesischen Kulturkreises.* München–Berlin 1927.
ders., *Geschichte der alten chinesischen Philosophie.* Hamburg 1927.
ders., *Geschichte der mittelalterlichen chinesischen Philosophie.* Hamburg 1934.
ders., *Geschichte der neueren chinesischen Philosophie.* Hamburg 1938.

Franke, Otto, *Li Tschi. Ein Beitrag zur Geschichte der chinesischen Geisteskämpfe im 16. Jahrhundert*. Berlin 1938 (Abh. der Preußischen Akademie der Wissenschaften 1937. Phil.-historische Klasse, Nr. 10).

ders., *Chinesische Geisteskämpfe im 16. Jahrhundert*, in *Forschungen und Fortschritte* 14 (1938) 185–186.

ders., *Li Tschi und Matteo Ricci*. Berlin 1938 (Abh. der Preußischen Akademie der Wissenschaften 1939), 1–24.

ders., *Studien zur Geschichte des konfuzianischen Dogmas und der chinesischen Staatsreligion: Das Problem des Tsch'un-ts'iu und Tung Tschungschu's Tsch'un-ts'iu fan-lu*. Hamburg 1920.

Franke, Wolfgang, *China und das Abendland*. Göttingen 1962.

Frühling und Herbst des Lü Bu We. Aus dem Chinesischen verdeutscht und erläutert von Richard Wilhelm. Jena 1928.

Gernet, Jacques, *Die chinesische Welt*. Frankfurt a. M. 1979.

ders., *Christus kam bis nach China. Eine erste Begegnung und ihr Scheitern*. Zürich–München 1984.

Graf, Olaf, *Dschu Hsi: Djin-si lu. Die sungkonfuzianische Summe mit dem Kommentar des Yä Tsai übersetzt und erläutert von...* Tokyo 1953.

ders., *Tao und Jen. Sein und Sollen im sungchinesischen Monismus*. Wiesbaden 1970.

Granet, Marcel, *Das chinesische Denken. Inhalt. Form. Charakter*. Hrg. und eingeleitet von M. Porker. München–Zürich 1963.

Greiner, Peter, *Der Herrscher und das Gesetz – Gemeinsamkeiten im konfuzianischen und legistischen Staatsdenken*, FS H. Steininger, 415–423.

Grimm, Tilemann, *Erziehung und Politik im konfuzianischen China der Ming Zeit*. Wiesbaden 1960.

Hackmann, Heinrich, *Chinesische Philosophie*. München 1927.

Heinrichs, Maurus, *Katholische Theologie und asiatisches Denken*. Mainz 1963.

ders., *Die Bedeutung der Missionstheologie, aufgewiesen am Vergleich zwischen den abendländischen und chinesischen Kardinaltugenden*. Münster 1954.

Herzer, Rudolf, *Konfuzius in der Volksrepublik China*, in *Zeitschrift der Deutschen Morgenländischen Gesellschaft* 119 (1970) 2, 302–331.

Hofinger, Johannes, *Der Symbolwert des Herzens in der chinesischen Sprache*, in *Neue Zeitschrift für Missionswissenschaft* XI (1955) 56–62.

Houang, François, *Christus an der chinesischen Mauer*. Luzern 1959.

Hsia, Adrian (Hrg.), *Deutsche Denker über China*. Frankfurt a. M. 1985.

Hsün Tzu. Übers. von Herman Köster. Kaldenkirchen 1967.

I Ging. Das Buch der Wandlungen. Übers. von Richard Wilhelm. Düsseldorf–Köln 1956 (Die Philosophie Chinas).

Kaltenmark, Max, *Lao-tzu und der Taoismus*. Aus dem Französischen von Manfred Porkert, Frankfurt a. M. 1981.

Kern, Iso, *Matteo Riccis Verhältnis zum Buddhismus*, in *Monumenta Serica* 36 (1984–1986) 65–126.

Kim, Hung-hi, *»Caritas« bei Thomas von Aquin im Blick auf den konfuzianischen Zentralbegriff »Jen«*. Frankfurt a. M. 1981.

Kirsch, Guy/Mackscheidt, Klaus, *China: Ordnungspolitik in einem konfuzianischen Land*. Baden-Baden 1988.

Konfuzius. Materialien zu einer Jahrhundert-Debatte. Gesammelt von Joachim Schickel. Frankfurt a. M. 1976.

Kramers, Robert P., *Der vollkommene Mensch in konfuzianischer und in christlicher Sicht. Das gegenwärtige Gespräch zwischen chinesischen Konfuzianern und Christen*, in *Evangelische Missions-Zeitschrift* 23 (1966) 2, 87–101.

ders., *Konfuzius, Chinas entthronter Heiliger?* Bern–Frankfurt a. M. 1979.

Kuepers, J. J. A. M., *Das konfuzianische China und die katholische Mission*, in ders., *China und die katholische Mission in Süd-Shantung 1882–1900. Die Geschichte einer Konfrontation.* Steyl 1974, 59–105.

Kungfutse, *Gespräche. Lun Yü.* Übers. von Richard Wilhelm. Düsseldorf–Köln 1955 (Die Philosophie Chinas).

ders., *Schulgespräche. Gia Yü.* Übers. von Richard Wilhelm, Düsseldorf–Köln 1961 (Die Philosophie Chinas).

Küng, Hans, *»Gott« in China – Folgen einer Zensur*, in: *Orientierung* 42 (1978) 49–51.

Laotse, *Tao te king. Das Buch des Alten vom Sinn und Leben.* Übers. von Richard Wilhelm. Düsseldorf–Köln 1957 (Die Philosophie Chinas).

Larre, Claude, *Transzendenz – chinesisches Denken*, in: *Concilium* 15 (1979) 6/7, 371–376.

Leimbigler, Peter, *Der Begriff »li« als Grundlage des politischen Denkens in China*, in H. Link u. a. (Hrg.), *China. Kultur, Politik, Wirtschaft. Festschrift für Alfred Hoffmann.* Tübingen–Basel 1976, 199–209.

Li Gi. Das Buch der Sitte. Über Kultur und Religion des alten China. Übers. von Richard Wilhelm. Düsseldorf–Köln 1958 (Die Philosophie Chinas).

Liä Dsi. *Das wahre Buch vom quellenden Urgrund. Die Lehren der Philosophen Liä Yü Kou und Yang Dschu.* Übers. von Richard Wilhelm. Düsseldorf–Köln 1972 (Die Philosophie Chinas).

Mo Ti. Gegen den Krieg. Solidarität und allgemeine Menschenliebe. Übers. von H. Schmidt–Glintzer. Düsseldorf–Köln 1975 (China im Umbruch).

Mong Dsi (Mong Ko) (Meng-tzu). Übers. von Richard Wilhelm. Jena 1921.

Needham, Joseph, *Wissenschaftlicher Universalismus. Über Bedeutung und Besonderheit der chinesischen Wissenschaft.* Hrg., eingeleitet und übers. von Tilman Spengler. Frankfurt a. M. 1979.

Nemeshegyi, Peter, *Gottesbegriffe und Gotteserfahrungen in Asien*, in *Concilium* 13 (1977) 3, 148–154.

Ohm, Thomas, *Asiens Nein und Ja zum westlichen Christentum.* München 1960.
Ommerborn, Wolfgang, *Geistesgeschichtliche Forschung in der VR-China: Die gegenwärtige Bewertung des Zhu Xi (1130–1200) und seiner Konzeption von Li und Qi.* Bochum 1987.
Opitz, Peter J., *Chinesisches Altertum und konfuzianische Klassik. Politisches Denken in China von der Chou-Zeit bis zum Han-Reich.* München 1968.
ders., *Kontroversen über Konfuzius. Notizen zum Versuch einer Richtigstellung,* in: Politische Studien 26 (1975) 47–63.
ders. (Hrg.), *Vom Konfuzianismus zum Kommunismus.* München 1969.
Porkert, Manfred, *Untersuchungen einiger philosophisch-wissenschaftlicher Grundbegriffe und Beziehungen in China,* in Zeitschrift der Deutschen Morgenländischen Gesellschaft 110 (1961) 2, 422–452.
Rauguin, Yves, *Wege der Kontemplation in der Begegnung mit China.* Einsiedeln 1972.
Religion und Philosophie in Ostasien. Festschrift für Hans Steininger zum 65. Geburtstag. Hrg. von G. Naundorf, K.-H. Pohl, H.-H. Schmidt. Würzburg 1985 (Abgekürzt als FS H. Steininger).
Roetz, Heiner, *Mensch und Natur im alten China. Zum Subjekt-Objekt Gegensatz in der klassischen chinesischen Philosophie. Zugleich eine Kritik des Klischees vom »chinesischen Universismus«.* Frankfurt a. M. 1984.
Schatz, Klaus, *Inkulturationsprobleme im ostasiatischen Ritenstreit des 17./18. Jahrhunderts,* in Stimmen der Zeit 197 (1979) 593–608.
Schlette, H. R., *Neukonfuzianismus und Abendland. Ein neuer Beitrag zum Ost-West-Vergleich,* in Zeitschrift für Missions- und Religionswissenschaft 57 (1973) 1, 60–64.
Schluchter, Wolfgang (Hrg.), *Max Webers Studie über Konfuzianismus und Taoismus. Interpretation und Kritik.* Frankfurt a. M. 1985.
Senger, Harro von, *Rückbesinnung auf Konfuzius in der Volksrepublik China?* in Zeitschrift der Deutschen Morgenländischen Gesellschaft 133 (1983) 2, 377–392.
Shaw, Yu-ming, *Die chinesische Kultur im Urteil des Westens,* in Concilium 15 (1979) 6/7, 347–357.
Shimada, Kenji, *Die Neo-Konfuzianische Philosophie: Die Schulrichtungen Chu Hsis und Wang Yang-mings.* Übers. von Monika Übelhör. Berlin 1987.
Siegrid, Paul (Hrg.), *Kultur: Begriff und Wort in China und Japan.* Berlin 1984.
Song, Choan-seng, *Die zeitgenössische chinesische Kultur und ihre Bedeutung für die Aufgabe der Theologie,* in Theologische Stimmen I, 52–72.
Spaar, Wilfried, *Die kritische Philosophie des Li Zhi und ihre Rezeption in der Volksrepublik China.* Wiesbaden 1984.

Staiger, Brunhild (Hrg.), *China: Natur – Geschichte – Gesellschaft – Politik – Staat – Wirtschaft – Kultur*. Tübingen 1980.

dies., *Die gesellschaftspolitische Relevanz der Diskussion über Konfuzius in der Volksrepublik China*, in *Internationales Asienforum* 3 (1971) 412–421.

dies., *Das Konfuzius-Bild im kommunistischen China*. Wiesbaden 1969.

dies., *Die Yang-wu-Bewegung im Spiegel der Gegenwart*, in *Oriens Extremus* 24 (1977) 1/2, 125–133.

dies., *Wird Konfuzius wieder zitierfähig?* in *China aktuell* 1977, 935–942.

Stange, Hans O. H., *Chinesische und abendländische Philosophie. Ihr Unterschied und seine geschichtlichen Ursachen*, in *Saeculum* 1 (1950) 3, 380–396.

Steininger, Hans, *Konfuziuskult und Ahnenverehrung – ein Beitrag zur Inkulturation der katholischen Kirche auf Taiwan und in ganz China?* in »...*denn ich bin bei Euch«. Festgabe für J. Glazik und B. Willeke zum 65. Geburtstag*, hrg. von Hans Waldenfels. Zürich o. J., 309–313.

ders., *Die Stellung des Menschen im Konfuzianismus und im Taoismus*, in H. Gadamer / P. Vogler (Hrg.), *Neue Anthropologie*, Bd. 6: Philosophische Anthropologie, 1. Teil. Stuttgart 1975, 206–243.

Strauß, Victor von, *Schi-king. Das kanonische Liederbuch der Chinesen*. Übers. und erklärt von... Heidelberg 1880 (Reprogr. Nachdruck 1969).

Strickmann, Michel, *Therapeutische Rituale und das Problem des Bösen im frühen Taoismus*, in *FS H. Steininger*, 185–200.

Stumpfeld, Hans, *Hauptquellen der philosophischen Literatur Chinas*, in G. Debon, *Ostasiatische Literaturen*, aaO. 61–75.

Thomas, M. M., *Das Problem der christlichen Ethik in asiatischer Perspektive*, in *Handbuch der christlichen Ethik*, Bd. 1. Freiburg–Gütersloh 1979, 363–377.

Trauzettel, Rolf, *Die chinesische Geschichtsschreibung*, in G. Debon, *Ostasiatische Literaturen*, aaO., 77–89.

ders., *Individuum und Heteronomie. Historische Aspekte des Verhältnisses von Individuum und Gesellschaft in China*, in *Saeculum* 28 (1977) 340–364.

Tu, Wei-ming, *Die neokonfuzianische Ontologie*, in W. Schluchter (Hrg.), *Max Webers Studien*, aaO., 271–297.

Übelhör, Monika, *Die Auflösung des konfuzianischen Bildungsbegriffs bei Wang Yang-ming*, in *Asiatische Studien* XXXIV (1980) 1, 1–17.

dies., *Geistesströmungen der späten Ming-Zeit, die das Wirken der Jesuiten in China begünstigten*, in *Saeculum* 23 (1972) 2, 172–185.

dies., *Hsü Kuang-ch'i (1572–1633) und seine Einstellung zum Christentum*, in *Oriens Extremus* 15 (1968) 2, 192–257; 16 (1989) 1, 41–74.

dies., *Das kosmische Ordnungsprinzip (t'ien-li) und die persönlichen Wünsche des Menschen (jen yü)*, in *Oriens Extremus* 27 (1980) 1, 25–32.

Weber-Schäfer, Peter, *Altchinesische Hymnen. Aus dem »Buch der Lieder« und den »Gesängen von Ch'u« übertragen und erläutert von...* Köln 1967.

ders., *Der Edle und der Weise. Oikumenische und imperiale Repräsentation der Menschheit im Chung-yung, einer didaktischen Schrift des Frühkonfuzianismus.* München 1963.

ders., *Oikumene und Imperium. Studien zur Ziviltheologie des chinesischen Kaiserreichs.* München 1968.

Wilhelm, Richard, *Chinesische Lebensweisheit.* Tübingen 1950.

Wright, Arthur F., *Der moderne Forscher und die chinesische Geschichtsschreibung. Einige Hinweise zur Orientierung*, in Saeculum 23 (1972) 323–331.

Yang Yo, Sub, *Vollkommenheit nach paulinischem und konfuzianischem Verständnis: ein Vergleich des Begriffs »teleios« bei Paulus und Ch'eng, dem Verfasser des Buches Chung-yung.* St. Ottilien 1984.

Zimmermann, Georg, *Die Bedeutung des Herzens in taoistischen Texten*, in Asiatische Studien XXXIX (1985) 1/2, 45–53.

Zimmermann, James H., *Die Zeit in der chinesischen Geschichtsschreibung*, in Saeculum 23 (1972) 332–350.

SACH- UND PERSONENREGISTER

Absolute, Das 135–147
Adam 88f., 91
Aleksandrov, G. F. 61
Amitabha, Buddha 153
Anti-Konfuzius-Kampagne 65–68, 76, 79f., 137, 148, 180
Arai Hakuseki 44
Aristoteles, Aristoteliker 22
Augustinus 87, 90, 200
Avalokitesvara, Boddhisattra 153

Bakunin, M. A. 45
Barth, K. 82, 94
Bellah, R. 45, 82
Bernard-Maître, H. 32
Berry, T. 208
Beziehung 111–115, 146ff.
Bloch, E. 124, 192
Böse, Das 87–93
Bonaventura 14
Bonhoeffer, D. 82f., 98, 101
Bouvet, J. 70
Bouyer, L. 101, 161f.
Bruce, J. P. 142
Buber, M. 93, 177
Buddha, Buddhisten 19, 23, 37, 43f., 61, 119, 155, 192
Bultmann, R. 59, 82
Burgess, A. 118

Cameron, J. M. 184ff.
Chan, W. T. 27, 92, 108, 110, 135f., 138f., 143f., 146, 152
Chandran, J. R. 211
Chang, Carsun 27, 149
Chang Chih-tung 44
Chang Pin-lin 55
Chang Tsai 110, 137
Chao Chi-pin 62ff., 66f.
Ch'en K. 37, 153
Ch'en Tu-hsiu 55ff., 75
Cheng Hsüan 195
Ch'eng Hao 110, 137
Ch'eng Yi 97, 137, 195
Ch'ien Hsüan-t'ung 58, 195

Ching, Julia 87, 99, 103–106, 144f., 170, 196, 201, 204
Chou Tun-yi 136–143
Chow Tse-tsung 45, 56f.
Chu Hsi 62, 70, 97, 136–143, 152, 167, 170, 178, 196
Chu Yüan-chang 202
Chuang-tsu 52f., 62–65, 169, 201
Conzelmann, H. 84, 124
Cooper, M. 34
Couplet, P. 68
Cox, H. 82
Creel, H. G. 55, 59, 158

Dai Sheng-yu 207
Dallet, Ch. 39
Darwin, Ch. 45
de Bary, W. T. 9, 27, 114, 170, 203
d'Elia, M. 38
de Harlez, C. 177
de Lubac, H. 82, 124, 153, 156
Demieville, P. 31
de Rachewiltz, I. 30
Dewey, J. 55f., 73
Dumoulin, H. 153, 167, 170
Dunne, G. H. 32
Dupré, L. 121
Duyvendak, J. J. L. 38

Eberhard, W. 88
Eckhart, Meister 136, 144f.
Eichhorn, W. 125
Eichrodt, W. 84
Eusebius von Cäsarea 185

Familie 111–117
Fang Chao-ying 38
Fang Hao 32
Fenélon, F. 70
Feuerbach, L. 45
Fingarette, H. 109
Fung Yu-lan 52, 63, 68, 96f., 111, 141, 168, 174, 180, 191

Galilei, G. 31
Gallaher, L. J. 32

Gebet 17, 157–161, 165, 173
Gefühle 105, 165–169
Gehorsam 112, 184, 191, 195
Geist 103, 142 f.
Gemeinde, Gemeinschaft 22, 111–117, 192
Geschichte 129 f., 152–155, 200 f.
Gesetz 104 f., 119
Gewissen 17, 88, 103–111
Glaube 24, 28, 39, 115, 119
Gott 17, 24, 37–42, 73, 81, 121–154, 157–161, 181 f.
Greeley, A. 22

Häring, B. 104, 106
Han Fei Tzu 52, 54, 61, 65, 201
Han Yü 97
Hartshorne, C. 139
Hegel, G. W. F. 72, 136, 188
Heiler, F. 17, 122, 156, 162, 181
Herz 84, 104–108, 152, 192
Himmel, Himmel-und-Erde, Gott-im-Himmel 38, 105 f., 125–135, 152, 158–161, 185, 207 f.
Hinduismus 22 f.
Hocking, W. E. 18
Holbach, P. H. D. 45
Hou Wai-lu 62 f., 66, 149
Hsiao Kung-ch'üan 195, 197
Hsiung Shih-li 145
Hsü Fu-kuan 27, 119
Hsü Kuang-ch'i 42
Hsü Shen 195
Hsün-tzu 67, 85, 89 f., 133 ff., 169, 173, 180
Hu Shih 55 f., 75, 105
Huang Tsung-hsi 199
Humanismus 81
Hung Hsiu-ch'üan 62

Icyasu, T. 35, 44
Ignatius von Antiochien 100 f.

Jansen, M. 75
Japan 33, 35, 43–46, 57, 78, 112, 167, 192
jen, Liebe 27, 63 ff., 108–111, 145–148
Jesuiten 17, 30–42, 57, 69 f., 181
Johnston, W. 72
Juden, Judentum 23, 121–124, 183, 191

Karlgren, B. 126
K'ang-hsi 35, 41
K'ang Yu-wei 58, 205
Kirche 22, 36, 184, 187, 192, 211
Kitagawa, J. 13, 46
Kolumbus, C. 31
Konstantin d. Gr. 185
Korea 18, 35 f., 39, 43–46, 78, 148, 167
Kraemer, H. 18
Kramers, R. P. 27, 119
Ku Chieh-kang 58
Kuan Chung 195
Küng, H. 9, 82 f., 94, 99, 115, 152, 183
Kult, Liturgie 46, 173–179
Kuo Mo-jo 60 ff., 66

Lamarck, J. 45
Lancashire, D. 43
Lao-tzu 52 f., 62, 65
Lau, D. C. 164, 191
Lecomte, L. 70
LeGall, S. 72
Legalisten 54 f., 65, 76 f., 119, 150
Legge, J. 15, 20, 73, 85, 94, 127–130, 154, 165 f., 177, 189, 207
Leibniz, G. W. 41, 70
Lenin, U. 76
Levenson, J. 75
Liang Su-ming 88
Lin Piao 65 f.
Liu-hsia Hui 95
Liu Shao-ch'i 65 f.
Liu Shu-hsien 149
Liu Shun-te 33
Lo Wen-tsao (Gregory Lopez) 42
Longobardi, N. 70
Loyalität 194–199
Lu Chiu-yüan 143
Lu Hsün 55 f., 75

Ma Jung 196
MacInnis, D. 206 f.
Machiavelli, N. 201
Maitreya, Buddha 202
Malebranche, N. 71
Mandat des Himmels 132, 187–190, 192
Mariana, L. 193
Martyrium 100–103
Marx, K., Marxismus 29, 35, 45 f., 59–65, 75 f., 119, 149, 205
Maverick, L. A. 71

Meditation 163–169, 179 f.
Meisner, M. 60
Mencius 52, 55, 61, 71, 81, 86 f., 89–92, 95 f., 104, 113, 130, 143, 169, 180, 185, 191 f., 197, 207
Methode, Methodologie 12–15, 59–63, 73
Metz, J. B. 175
Missionare 30–46
Moltmann, J. 82, 85, 185
Montecorvino, J. v. 31
Montesquieu, C. 71
Morus, T. 200 f.
Moses 123
Moslem 23
Mo-tzu, Mohisten 52 f., 60 f., 65, 77, 95 f., 131, 156
Mou Tsung-san 27
Moule, A. C. 31
Münzer, T. 192
Munro, D. H. 85 f.
Murray, J. C. 123
Mystik 17, 122, 155–172, 179–182

Natur, menschliche 85, 125
Nestorianer 31
Newton, I. 31
Nikolaus von Kues 85, 140
Niebuhr, R. 85

Offenbarung 152 ff.
Ogden, S. M. 83
Ott, H. 124
Ovid, P. 103

Pascal, B. 91
Paulus 84, 90, 106
Philosophie 11 f., 19, 26, 46, 55, 145
Pinot, K. 70
Platon 22, 123, 201
Politik 183–211
Polo, M. 31
Po-yi 95
Priester Johannes 30
Priesterschaft, Priestertum 26, 116
Prophetie, prophetisch 17, 157

Quesnay, F. 71

Rahner, K. 82 f., 90, 101, 123, 172
Rebellion 191 ff.

Religion 11 f., 23, 26, 28, 82
Ricci, M. 30, 32, 38, 70, 87, 181
Ricoeur, P. 93
Ritus 39–42, 165, 172–182
Rivière, C. 74
Robinson, J. M. 59
Rosso, A. S. 41
Rousseau, J.-J. 71
Rowley, H. H. 156
Royce, J. 195
Rubin, V. 55
Rule, P. 32, 38–42
Russell, B. 73

Saeki, Y. 31
Sakrament 172 f.
Schelling, F. W. J. 136, 145
Schicksal 131
Schillebeeckx, E. 81, 124
Schnackenburg, R. 108
Schöpfung 127 ff., 150
Schram, S. R. 214
Schurhammer, G. 39
Servier, J. 200
Seuse, H. 110
Shao-cheng, Mao 67
Shih, J. 125, 133, 152, 173
Shinto 23, 43
Shryock, J. 46
Smith, D. H. 15, 176
Smith, J. 121, 142
Söderblom, N. 122
Soothill, W. E. 15, 176
Spiritualität 28, 165, 170
Ssu-ma Ch'ien 59
Ssu-ma Kuang 197
Stalin, J. 60
Stoiker 103
Sudbrack, J. 156, 172
Sünde 87–93, 158

T'ang 81
T'ang Chün-i 27, 81, 119
T'ang Yung-t'ung 37
Taoismus 53, 73, 77, 119
Tao-sheng 97
Teilhard de Chardin, P. 73, 110, 136, 141, 147
Tetsujiro, I. 45
Thomas von Aquin, thomistisch 22, 82, 91, 137

229

Tien Tcheu-kang 125
Tillich, P. 83, 93, 121
Tilmann, K. 163
Transzendenz 17, 19, 28, 93 f., 155–171
Treadgold, D. 69, 72
Ts'ai Shang-ssu 62
Tseng-tzu 195
Tse-tung, Mao, Maoismus 49, 59, 66, 76, 207 f.
Tu Erh-wei 125
Tung Chung-shu 109, 113 f., 190
Tyrann, Tyrannei 111, 191–193

Unsterblichkeit 106 f.

Verstand 84, 104–108
Vertrauen 184
Voltaire, F.-M. 41, 45, 71

Wang An-shih 198
Wang Ch'ung 107, 133, 135
Wang Ken 63
Wang Yang-ming 62, 104, 143 ff., 149, 198
Watson, B. 54, 133

Weber, M. 156, 188
Weischedel, W. 144
Weise, Der, Weisheit 27, 93–103, 114, 143, 191
Wen 96
Wen T'ien hsiang 102
Wilhelm, H. 128
Wolf, A. P. 112
Wolff, Ch. 41, 70
Wu 55, 96
Wu, John C. H. 105

Yao und Shun 95, 193
Yang, C. K. 103
Yang Chu 52, 66, 96
Yang Jung-kuo 63 f., 66, 90, 131, 150
Yen Yüan Hui 108, 160
Yi Pai-sha 55 f.
Youn Eul-sou 39
Yü 152

Zaehner, R. C. 16, 19, 168
Zhdanow, A. A. 61
Züricher, E. 37